Sybille Stöbe-Blossey (Hrsg.)

Kindertagesbetreuung im Wandel

Sybille Stöbe-Blossey (Hrsg.)

Kindertages-betreuung im Wandel

Perspektiven für die Organisationsentwicklung

VS VERLAG FÜR SOZIALWISSENSCHAFTEN

Bibliografische Information der Deutschen Nationalbibliothek
Die Deutsche Nationalbibliothek verzeichnet diese Publikation in der
Deutschen Nationalbibliografie; detaillierte bibliografische Daten sind im Internet über
<http://dnb.d-nb.de> abrufbar.

1. Auflage 2010

Alle Rechte vorbehalten
© VS Verlag für Sozialwissenschaften | GWV Fachverlage GmbH, Wiesbaden 2010

Lektorat: Stefanie Laux

VS Verlag für Sozialwissenschaften ist Teil der Fachverlagsgruppe
Springer Science+Business Media.
www.vs-verlag.de

Das Werk einschließlich aller seiner Teile ist urheberrechtlich geschützt. Jede Verwertung außerhalb der engen Grenzen des Urheberrechtsgesetzes ist ohne Zustimmung des Verlags unzulässig und strafbar. Das gilt insbesondere für Vervielfältigungen, Übersetzungen, Mikroverfilmungen und die Einspeicherung und Verarbeitung in elektronischen Systemen.

Die Wiedergabe von Gebrauchsnamen, Handelsnamen, Warenbezeichnungen usw. in diesem Werk berechtigt auch ohne besondere Kennzeichnung nicht zu der Annahme, dass solche Namen im Sinne der Warenzeichen- und Markenschutz-Gesetzgebung als frei zu betrachten wären und daher von jedermann benutzt werden dürften.

Umschlaggestaltung: KünkelLopka Medienentwicklung, Heidelberg
Druck und buchbinderische Verarbeitung: Ten Brink, Meppel
Gedruckt auf säurefreiem und chlorfrei gebleichtem Papier
Printed in the Netherlands

ISBN 978-3-531-17086-2

Inhalt

1 Einleitung: Kindertagesbetreuung im Wandel – Perspektiven
für die Organisationsentwicklung (Sybille Stöbe-Blossey) 9

2 Die Entwicklung der Frauenerwerbsarbeit und die Anforderungen
an eine nachhaltige Familienpolitik (Sirikit Krone /
Sybille Stöbe-Blossey) 17
2.1 Zunehmende Erwerbsbeteiligung von Frauen 17
2.2 Arbeitslose und Arbeit suchende Mütter 19
2.3 Probleme des Wiedereinstiegs 21
2.4 Differenzierte Arbeitszeiten 23
2.5 Arbeitszeitwünsche berufstätiger Mütter 25
2.6 Nachhaltige Betreuungsstrukturen für eine nachhaltige
Familienpolitik 28
2.7 Fazit 31

3 Die Beschäftigungsentwicklung in der institutionellen
Kindertagesbetreuung (Sirikit Krone) 33
3.1 Personalvolumen 34
3.2 Arbeitszeitstrukturen 38
3.3 Befristung 44
3.4 Qualifikationsniveau 45
3.5 Altersstruktur 47
3.6 Geschlechterverteilung 49
3.7 Arbeitslosigkeit 50
3.8 Fazit 52

4 Flexible Betreuungsformen im Bundesländer-Vergleich –
Rahmenbedingungen und Auswirkungen (Sybille Stöbe-Blossey) 55
4.1 Flexible Betreuung – Bedarf und pädagogische Fragen 56
4.2 Regulierungsstrukturen im Überblick 62
    4.2.1 Personalstandards und Gruppenstrukturen 63
    4.2.2 Regelungen zum Platz-Sharing 65
    4.2.3 Unterschiedliche Formen von Flexibilisierungsspielräumen 67
    4.2.4 Kindbezogene Finanzierungssysteme – Flexibilisierung als
    Zielgröße 69
    4.2.5 Regelungen für atypische Arbeitszeiten 72

	4.2.6	Zwischenbilanz	73
4.3		Flexibilisierung, Beschäftigung, Organisationsentwicklung	74
	4.3.1	Gestaltung der Arbeit	74
	4.3.2	Flexible Betreuungszeiten als Herausforderung für das Management	77
	4.3.3	Rahmenbedingungen für die Personalwirtschaft bei flexibler Betreuung	80
	4.3.4	Der Anstieg befristeter Beschäftigungsverhältnisse	82
	4.3.5	Teilzeitbeschäftigung und flexibler Betreuungsstrukturen – quantitative Auswertungen	84
4.4		Fazit	90

5 Zum Funktionswandel von Kindertageseinrichtungen – Das Beispiel „Familienzentrum" (Sybille Stöbe-Blossey) ... **95**

5.1	Die Tageseinrichtung als Zentrum für niederschwellige und integrierte Dienstleistungen	95
5.2	Das Projekt „Familienzentrum" in Nordrhein-Westfalen	97
5.2.1	Vom Wettbewerb zum Gütesiegel	98
5.2.2	Was leistet ein Familienzentrum?	100
5.3	Das Projekt „Familienzentrum" aus der Perspektive der Beschäftigten	104
5.3.1	Motivation der Beschäftigten	105
5.3.2	Teamentwicklung im Familienzentrum	107
5.3.3	Zur Entwicklung der Leitungsfunktion	108
5.3.4	Exkurs: Zur Umsetzung des KiBiz	115
5.4	Fazit	119

6 Neue Anforderungen in der frühkindlichen Bildung (Sybille Stöbe-Blossey / Anika Torlümke) ... **121**

6.1	Bildungsleitlinien in den Bundesländern	122
6.2	Der Übergang Kindergarten – Grundschule als zentrales Thema frühkindlicher Bildungsarbeit	127
6.3	Länderregelungen zum Übergang Kindergarten – Grundschule	133
6.3.1	Regelungen zu Kooperation und Übergang in Gesetzen und Verordnungen	136
6.3.2	Das Thema „Übergang" in den Bildungsleitlinien	141
6.3.3	Zwischenbilanz	145
6.4	Bildungsleitlinien und Übergangsmanagement: Erfahrungen in drei Bundesländern	146
6.4.1	Umsetzung der Bildungsleitlinien	146

    6.4.2   Übergang Kindergarten – Grundschule 148
6.5   Fazit 152

**7   Pädagogische Mitarbeiter/innen in der Offenen Ganztagsschule
      (Sybille Stöbe-Blossey) 155**
7.1   Die Offene Ganztagsschule – Rahmenbedingungen in
            Nordrhein-Westfalen 155
    7.1.1   Finanzierungsstruktur 156
    7.1.2   Trägerstrukturen 157
    7.1.3   Personalausstattung 159
    7.1.4   Qualitätsstandards und -entwicklung 159
    7.1.5   Möglichkeiten flexibler Betreuung 162
    7.1.6   Zwischenbilanz 165
7.2   Arbeitsbedingungen in der Offenen Ganztagsschule –
            Empirische Befunde 165
7.3   Personalmanagement in der Offenen Ganztagsschule –
            Ergebnisse einer Befragung 169
    7.3.1   Beschäftigungsstruktur 170
    7.3.2   Gruppenstrukturen 173
    7.3.3   Zeitstruktur 175
7.4   Fazit 178

**8   Organisationsentwicklung in Kindertageseinrichtungen:
      Das Instrument der Dienstplangestaltung (Elke Katharina Klaudy). 181**
8.1   Die Anpassung der Arbeitszeit an die Anforderungen 182
8.2   Planung von bedarfsorientiertem Personaleinsatz 185
8.3   Anforderungen an eine flexible Dienstplangestaltung 188
8.4   Mitarbeiterorientierte Dienstplangestaltung aus der Perspektive
            der Beschäftigten 192
8.5   Fazit 194

**9   Die Trägerqualität und die Beschäftigungs- und Organisations-
      entwicklung in Kindertageseinrichtungen
      (Karin Altgeld / Sybille Stöbe-Blossey) 195**
9.1   Trägerstrukturen und ihre Entwicklung 196
9.2   Das Teilprojekt „Trägerqualität in der Nationalen
            Qualitätsinitiative" 205
9.3   Ausblick: Zur Gestaltung von Trägerqualität 209

Literatur 213

Sybille Stöbe-Blossey

1 Einleitung: Kindertagesbetreuung im Wandel – Perspektiven für die Organisationsentwicklung

Die Kindertagesbetreuung in Deutschland befindet sich in einem tief greifenden Wandel. Dieser Wandel kann nicht ohne Auswirkungen für die in den Institutionen der Kindertagesbetreuung beschäftigten Mitarbeiterinnen und Mitarbeiter und die Organisation der Arbeit bleiben. „Beschäftigungsverhältnisse, Organisationsentwicklung und Personalwirtschaft in der institutionellen Kindertagesbetreuung" (BOP) – so lautete der Titel eines ForschungsProjekts, das die Abteilung „Bildung und Erziehung im Strukturwandel" (BEST) am Institut Arbeit und Qualifikation der Universität Duisburg-Essen vom 01.09.2006 bis zum 30.11.2008 mit Förderung der Hans-Böckler-Stiftung durchführte. Hintergrund des Projekts sind gesellschaftliche und politische Entwicklungen, die zu veränderten Anforderungen an die Arbeit in der institutionellen Kindertagesbetreuung führen:

- Erstens wird der (offiziell zwar schon seit langem verankerte) Bildungsauftrag der institutionellen Betreuung – nicht zuletzt im Zuge der Debatten um die PISA-Studie – stärker betont. In den Tageseinrichtungen werden Instrumente eingeführt, die zu einer besseren Realisierung dieses Auftrags beitragen sollen. Nicht zuletzt formuliert der 12. Kinder- und Jugendbericht (BMFSFJ 2005) den Anspruch eines umfassenden Bildungsverständnisses „vor und neben der Schule". Diese Debatte hat Impulse gegeben sowohl für die Erarbeitung von Leitlinien zur Bildungsarbeit in den einzelnen Bundesländern als auch von unterschiedlichen Konzepten der Qualitätsentwicklung und -evaluation (Esch / Klaudy / Micheel / Stöbe-Blossey 2006).
- Zweitens lassen sich gesellschaftliche Entwicklungen beobachten, die mit einem Anstieg sozialer Disparitäten und mit Veränderungen der familiären Strukturen einhergehen.[1] Zu nennen sind beispielsweise die steigende Zahl an Ein-Eltern- und so genannten Patchwork-Familien, die angesichts wachsender Mobilität abnehmenden Unterstützungsstrukturen der traditionellen Großfamilie oder auch die immer öfter konstatierte Überforderung vieler

---
[1] Vgl. Kösters 1999: 41ff. und Wieners 1999; speziell im Hinblick auf die Institution Kindergarten Fthenakis 2000 und BMFSFJ 2003b: 11ff.

Familien in der Erziehung. Betreuungseinrichtungen müssen verstärkt eine kompensatorische Funktion übernehmen und werden immer stärker gefordert, sich zu einem Knotenpunkt in einem Netzwerk familienbezogener Dienstleistungen und zu einem Ort der niederschwelligen Vermittlung für unterschiedliche Formen der Unterstützung von Familien zu entwickeln.

- Drittens nimmt die Erwerbstätigkeit von Frauen mit Kindern weiter zu, und die Arbeitszeiten werden differenzierter. Der schon seit Jahren feststellbare Trend zur Ausdifferenzierung von Arbeitszeiten beschleunigt sich: Nach Angaben des Statistischen Bundesamtes stieg der Anteil der Erwerbstätigen, die (zumindest teilweise) Wochenend-, Schicht- und/oder Abend- bzw. Nachtarbeit leisten, von ca. 42 % im Jahre 1991 auf etwa die Hälfte im Jahre 2000. Nur fünf Jahre später – im Jahre 2005 – erreichte dieser Anteil nahezu die 60-Prozent-Marke (59,9 %). Dabei arbeitet der überwiegende Teil dieser Beschäftigten nicht täglich, sondern in höchst unterschiedlichem Umfang zu diesen „atypischen" Zeiten – egal, ob eine Vollzeit- oder eine Teilzeitbeschäftigung vorliegt. In der Teilzeitarbeit ist festzustellen, dass die klassische Halbtagsstelle am Vormittag vielfach der Vergangenheit angehört; stattdessen gibt es höchst unterschiedliche Zeitstrukturen. (Esch / Klaudy / Stöbe-Blossey 2005) Daraus ergibt sich ein Bedarf nach verlängerten Öffnungszeiten und nach flexiblen, am Bedarf der einzelnen Familie orientierten Betreuungsangeboten. Gleichzeitig entstehen neue Betreuungsformen vor allem für Schulkinder und unter Dreijährige.
- Viertens führt die demographische Entwicklung zu einem Rückgang der Kinderzahlen. Dies könnte in den nächsten Jahren zu einem Abbau von Bildungs- und Betreuungsangeboten führen. Umgekehrt wird allerdings der Ausbau der Kindertagesbetreuung als ein wesentlicher Faktor zur Beeinflussung der demographischen Entwicklung diskutiert (Rürup / Gruescu 2003): Die Erleichterung der Vereinbarkeit von Beruf und Familie soll Familien in ihrer Entscheidung unterstützen, ihren Kinderwunsch zu realisieren. Darüber hinaus ist jetzt schon absehbar, dass es in einigen Jahren mangels Nachwuchs in vielen Bereichen zu einem Fachkräftemangel kommt. Dem kann nur durch eine frühzeitige und umfassende Förderung des künftigen Arbeitskräftepotenzials entgegengewirkt werden. Insofern wird die Förderung frühkindlicher Bildung und Betreuung zu einem Thema von volkswirtschaftlich zentraler Bedeutung.

Vor dem Hintergrund dieser Entwicklungstrends wurde im Projekt BOP der Frage nachgegangen, was die skizzierten, sich wechselseitig überlagernden gesellschaftlichen und politischen Entwicklungen und Anforderungen für die Beschäftigten in der institutionellen Kindertagesbetreuung bedeuten und welche

Gestaltungsbedarfe sich daraus ergeben. Mit dem Begriff „institutionelle" Kindertagesbetreuung sind alle Formen der Betreuung erfasst, die durch Institutionen erfolgen. In erster Line handelt es sich dabei um Einrichtungen der Jugendhilfe (Kinderkrippen, Kindergärten und Horte mit Ganztags- oder Teilzeitbetreuung und mit unterschiedlicher altersmäßiger Zusammensetzung der Gruppen), deren Strukturen in den einzelnen Bundesländern durch entsprechende Gesetze geregelt sind. Hinzu kommt die Betreuung an Schulen, die in den letzten Jahren einen immer höheren Stellenwert hat. Was die Berufsgruppen betrifft, so geht es in allen diesen Bereichen im Kern um Erzieher/innen. Diese Berufsgruppe stand denn auch im Mittelpunkt des Interesses des BOP-Projekts.

Die Forschungsabteilung BEST knüpft damit an Projekte an, die sie – ebenfalls mit Förderung der Hans-Böckler-Stiftung – in den letzten Jahren durchgeführt hat.[2] Zu nennen ist hier zunächst das Projekt „Bedarfsorientierte Kinderbetreuung – Gestaltungsaufgaben für die Kinder- und Jugendpolitik" (BeKi), dass von 2003 bis 2005 lief (Esch / Klaudy / Stöbe-Blossey 2005). Die erste Komponente dieses Projekts konzentrierte sich auf die Analyse der Betreuungsbedarfe vor dem Hintergrund der Entwicklung der Frauenerwerbstätigkeit und der Anforderungen des Arbeitsmarktes, auf dem in immer stärkerem Maße Arbeit zu differenzierten Zeiten erwartet wird. In diesem Kontext wurde in Nordrhein-Westfalen eine repräsentative Telefonbefragung von 1.400 Müttern mit Kindern unter 14 Jahren durchgeführt, in der Arbeitszeitstrukturen, vorhandene Betreuungslösungen und Wünsche an die Betreuungsangebote erhoben wurden. Dabei stellte sich heraus, dass sich aus der Entwicklung der Arbeitszeitstrukturen sehr differenzierte und individuelle Kinderbetreuungsbedarfe ergeben.

Die zweite Komponente des Projekts betraf die Beobachtung von diesbezüglichen politischen Strategien auf Landes- und Kommunalebene. Hier zeigte sich, dass die organisatorische Umsetzung flexibler Anforderungen in den Einrichtungen der Kindertagesbetreuung einen entscheidenden Engpassfaktor darstellt. Dies gilt umso mehr, als dass die Einrichtungen sich nicht nur mit der Anforderung an eine flexible, bedarfsorientierte Zeitgestaltung, sondern dass sie sich auch mit weiteren inhaltlichen Anforderungen im Hinblick auf die Förderung der Kinder konfrontiert sehen. Auch wurde deutlich, dass vielerorts neue Betreuungsmodelle entstehen.

Als sich diese Ergebnisse im Laufe des Projekts abzeichneten, war dies für uns der Anlass, im Anschluss an das eher auf die Ebene der politischen Steuerung ausgerichtete BeKi-Projekt nun die Ebene der Betreuungsinstitutionen und

---

[2] Der Hans-Böckler-Stiftung – und hier namentlich Frau Dr. Erika Mezger – sei an dieser Stelle für die Möglichkeit gedankt, das Feld der institutionellen Kindertagesbetreuung umfassend zu erschließen und die vorhandenen Arbeiten zu ergänzen, indem nun der Fokus auf die Perspektive der Beschäftigten und die Organisationsentwicklung in den Einrichtungen gerichtet wird.

vor allem ihrer Beschäftigten in den Blick nehmen zu wollen. Während BeKi sich auf die Makroebene bezog, stellte das BOP-Projekt die Mikroebene in den Mittelpunkt und befasste sich mit Beschäftigungsverhältnissen, Organisationsentwicklung und Personalwirtschaft in der institutionellen Kindertagesbetreuung.

2004/2005 förderte die Hans-Böckler-Stiftung außerdem eine Transparenz-Studie über Qualitätskonzepte in der Kindertagesbetreuung (Esch / Klaudy / Micheel / Stöbe-Blossey 2006). Hier wurden unterschiedliche Verfahren der Qualitätssicherung und -entwicklung analysiert. Des Weiteren waren Mitarbeiter/innen der Abteilung BEST von 2006 bis 2008 an der wissenschaftlichen Begleitung des Projekts „Familienzentrum NRW" beteiligt, in dessen Rahmen sich ein Drittel der nordrhein-westfälischen Tageseinrichtungen für Kinder zu Familienzentren weiterentwickeln und ihr Leistungsangebot durch die Kooperation mit Familienberatung und -bildung sowie durch eine Vernetzung mit der Kindertagespflege ergänzen sollen. Schließlich koordinierte BEST 2007/2008 im Auftrag des Bundesministeriums für Bildung und Forschung ein Projekt zum Thema „Übergangsmanagement" und setzte sich dabei vertieft mit der Gestaltung des Übergangs vom Kindergarten in die Grundschule auseinander.

Alle drei Projekte beleuchten inhaltliche Anforderungen, die sich an die Kindertageseinrichtungen stellen, und geben einen Einblick in den rapiden Veränderungsprozess, dem diese Einrichtungen ausgesetzt sind. Während die Transparenz-Studie über Qualitätskonzepte neben dem Projekt BeKi einen zweiten Anknüpfungspunkt für das Projekt BOP gebildet hatte, wurden die Erfahrungen aus den teilweise zeitlich parallel zu BOP laufenden Projekten über Familienzentren und Übergangsmanagement unmittelbar in das BOP-Projekt einbezogen und durch Beschäftigtenbefragungen zu dem jeweiligen Themenfeld ergänzt.

Im Rahmen des BOP-Projekts wurden als Grundlage Auswertungen statistischer Daten vorgenommen. Dabei ging es zum einen um eine Beschreibung aktueller Trends zur Entwicklung der Frauenerwerbstätigkeit, da sich daraus Anforderungen an die Kinderbetreuung ergeben. Zum anderen wurden Daten aus der Jugendhilfe- und der Arbeitsmarktstatistik ausgewertet, um vorliegende Informationen zur Beschäftigungsentwicklung in der Kindertagesbetreuung einzubeziehen.

Ein wesentliches Element von BOP bestand in der Durchführung von qualitativen Beschäftigtenbefragungen in Form von leitfadengestützten Interviews, die teils persönlich, teils telefonisch durchgeführt wurden. Diese Befragungen wurden, um die unterschiedlichen Rahmenbedingungen in den jeweiligen Bundesländern berücksichtigen zu können, auf die drei Länder Bayern, Brandenburg und Nordrhein-Westfalen konzentriert. Die Auswertung dieser Interviews erlaubt einen explorativen Zugang zur Problemsicht der Mitarbeiter/innen in der Kindertagesbetreuung. Repräsentativ sind die Ergebnisse selbstverständlich nicht; insbesondere dort, wo – auf der Basis einer Anzahl von etwa 20 Interviews pro Land – Vergleiche zwischen den drei an den Beschäftigtenbefragungen beteiligten Bundesländern gezogen wurden, haben diese eher den Charakter von Hypothesen als von „abschließenden" Ergebnissen. Im Einzelnen enthielt das BOP-Projekt folgende Befragungen:

- Zu Beginn des Projekts wurden in den Ländern Bayern, Brandenburg und Nordrhein-Westfalen 12 Expertengespräche mit Vertreter/inne/n der für die Jugendhilfe zuständigen Ministerien, mit Vertreter/inne/n von Trägern von Kindertageseinrichtungen sowie mit Repräsentant/inn/en der Gewerkschaften (ver.di, GEW) und Berufsverbänden geführt. Diese Expertengespräche dienten vor allem der Präzisierung der Fragestellungen des Projekts.
- Um einen ersten Einblick in die Perspektive der Beschäftigten zu gewinnen, wurden im Frühjahr 2007 in Bayern, Brandenburg, Nordrhein-Westfalen insgesamt 83 leitfadengestützte Telefoninterviews mit Beschäftigten (größtenteils Erzieherinnen) in Kindertageseinrichtungen durchgeführt. Angesichts der Bedeutung des Themas „Familienzentrum" wurde in Nordrhein-Westfalen ein Schwerpunkt auf Einrichtungen gelegt, die im Sommer 2006 im Rahmen einer Pilotphase mit diesem Entwicklungsprozess begonnen hatten. Hier wurden insgesamt 18 der 30 Gespräche in Nordrhein-Westfalen geführt (je drei in insgesamt sechs Einrichtungen). Die übrigen Gespräche verteilten sich auf zwölf Einrichtungen unterschiedlicher Träger in unterschiedlichen Regionen Nordrhein-Westfalens. Damit sind in der Stichprobe insgesamt 18 Einrichtungen vertreten. In Brandenburg und Bayern wurden jeweils 26 bzw. 27 Interviews in Einrichtungen in verschiedenen Regionen und in unterschiedlicher Trägerschaft geführt. Thematisch ging es in den Interviews um Einschätzungen der Entwicklungen in der Kindertagesbetreuung, um die Bewertung von Flexibilisierung, um den Umgang mit Qualitätsentwicklung und Leitlinien zur Bildungsarbeit und um Fragen von Management und Organisationsentwicklung. (vgl. zusammenfassend Altgeld / Klaudy / Stöbe-Blossey 2007)
- Im Herbst 2008 wurde diese Befragung durch eine Nachbefragung derselben Personen ergänzt. Schwerpunkte waren hier die Einschätzung aktueller Entwicklungen (insbesondere in Nordrhein-Westfalen, wo zum 01.08.2008 ein neues Kindergartengesetz in Kraft getreten war) sowie das Thema „Übergang Kindergarten – Grundschule". In den sechs Familienzentren in Nordrhein-Westfalen wurden nicht mehr alle drei Interviewpartnerinnen aus der Erstbefragung, sondern jeweils nur eine Person angesprochen. Auf diese Weise ergab sich eine Gesamtzahl von 71 möglichen Interviews, von denen 56 realisiert werden konnten. 15 Personen konnten nicht erneut befragt wer-

den, größtenteils wegen Personalwechsel, teilweise wegen fehlender Bereitschaft zu einem zweiten Interview.
- Im Sommer 2007 wurde eine Interviewserie mit Mitarbeiter/inne/n in Offenen Ganztagsschulen in Nordrhein-Westfalen durchgeführt. In diesem Bundesland wurde die Nachmittagsbetreuung von Schulkindern seit 2003 sukzessive und nahezu vollständig von den Horten als Bestandteil von Kindertageseinrichtungen in die Schulen verlagert. Dieses Feld war von besonderem Interesse, weil es ein Beispiel für ein neues Arbeitsfeld von Erzieher/inne/n bildet – außerhalb der Strukturen und des Regulierungskontextes der Jugendhilfe. Hier wurden insgesamt 40 Interviews durchgeführt. Interviewpartner/innen waren größtenteils Mitarbeiter/innen der Offenen Ganztagsschule; ergänzend wurden zusätzlich zur Klärung der Rahmenbedingungen auch Vertreter/innen von Trägern der Offenen Ganztagsschule sowie aus Kommunen befragt.

Darüber hinaus wurde im Sommer 2007 eine Email-Befragung aller Landesjugendämter zur Regulierung flexibler Betreuung im jeweiligen Bundesland durchgeführt. Im Herbst 2008 wurden die Ergebnisse durch eine Nachbefragung aktualisiert. Schließlich wurde eine Reihe von anderen Studien im Hinblick auf die Fragestellung des BOP-Projekts ausgewertet. Insbesondere ist hier zum einen ein Länderreport zu nennen, den die Bertelsmann Stiftung im Jahre 2008 publiziert hat und der im Kontext von BOP vor allem bezüglich der Daten zu Betreuungszeiten und Arbeitszeiten von Beschäftigten in der Kindertagesbetreuung von Interesse war (Bertelsmann Stiftung 2008). Zum anderen wurden Synopsen hinzugezogen, die im Rahmen des Projekts zum Übergangsmanagement über Bildungsleitlinien der Länder und die Regulierung des Übergangs Kindergarten – Grundschule erstellt worden waren.[3]

Die Darstellungen in dieser Studie folgen einer thematischen Strukturierung; insofern bilden zwar einige Erhebungen den Schwerpunkt bestimmter Kapitel, die Ergebnisse anderer Erhebungen wiederum werden in unterschiedlichen thematischen Zusammenhängen angesprochen. Die Studie enthält folgende Kapitel:

---

[3] Angesichts der Veränderungen, denen die Regulierung der Kindertagesbetreuung laufend – und in 16 Bundesländern mit unterschiedlichen Akzenten – unterliegt, kann nicht mit Sicherheit davon ausgegangen werden, dass die Darstellung zum Zeitpunkt der Fertigstellung der Studie vollkommen aktuell ist. Dies gilt sowohl für die Ergebnisse der Befragung der Landesjugendämter als auch für die Synopsen zum Thema Übergangsmanagement. Eine Aktualisierung aller Erhebungen zum Zeitpunkt des Abschlusses der Studie wäre mit zu großem Aufwand verbunden – und wahrscheinlich nach Ende der Aktualisierung an der einen oder anderen Stelle auch schon wieder überholt – gewesen. Daher wird in den einzelnen Kapiteln, in denen derartige Auswertungen angesprochen sind, jeweils der Stand der Informationen erwähnt.

Am Anfang steht ein Überblick über die aktuelle Entwicklung der Frauenerwerbsarbeit (2). Im Anschluss erfolgt eine Beschreibung der Beschäftigungsentwicklung in der Kindertagesbetreuung anhand statistischer Daten (3). Die folgenden Kapitel setzten sich mit einigen inhaltlichen Entwicklungen in der Kindertagesbetreuung und ihren Auswirkungen für die Beschäftigten auseinander: Hier geht es um die Flexibilisierung (4), um die Funktionserweiterung von Kindertageseinrichtungen am Beispiel der Einrichtung von Familienzentren (5) und um die Entwicklung der Bildungsarbeit unter besonderer Berücksichtigung des Übergangs Kindergarten – Grundschule (6). Im folgenden Kapitel wird mit der Offenen Ganztagsschule in Nordrhein-Westfalen ein neues Arbeitsfeld von Erzieher/inne/n untersucht (7). Das 8. Kapitel schließlich widmet sich Gestaltungsoptionen, die sich aus der Problemanalyse ergeben, und stellt dabei das Thema der Gestaltung von Dienstplänen in den Vordergrund (8). Abschließend wird die Bedeutung der Trägerqualität für die Organisationsentwicklung thematisiert (9). Dieses Kapitel stellt gleichzeitig einen Ausblick auf weitere Forschungs- und Entwicklungsperspektiven dar.

Sirikit Krone / Sybille Stöbe-Blossey

2 Die Entwicklung der Frauenerwerbsarbeit und die Anforderungen an eine nachhaltige Familienpolitik

Umfang und Gestalt des Bedarfs an institutioneller Kinderbetreuung stehen in einem direkten Zusammenhang zur Entwicklung der Beteiligung von Frauen am Erwerbsleben. Die Vereinbarkeit von Beruf und Familie obliegt in Deutschland nach wie vor vorrangig den Müttern, die in der Mehrzahl nach der Geburt ihrer Kinder ihre Berufstätigkeit unterbrechen, wenn nicht sogar aufgeben, oder zumindest die Arbeitszeit reduzieren. Die Ansprüche vieler Frauen stehen einer solchen Entwicklung jedoch entgegen: Für die Mehrzahl ist die eigene Erwerbstätigkeit eine Selbstverständlichkeit geworden, und zwar ohne dabei auf eine eigene Familie verzichten zu wollen. Art und Umfang der Frauenerwerbsarbeit stellen also eine zentrale Bedingungsgröße bei der Bestimmung des Kinderbetreuungsbedarfes dar. Einleitend erfolgt in diesem Kapitel eine quantitative Darstellung der Entwicklung der Erwerbsbeteiligung von Frauen (2.1). Im Folgenden stehen die Situation arbeitsloser und Arbeit suchender Mütter (2.2) sowie die Probleme des Wiedereinstiegs nach einer Familienpause (2.3) im Fokus. Die Problematik der Vereinbarkeit (2.4), die Arbeitszeitwünsche von Müttern (2.5) sowie die sich daraus ableitenden Anforderungen an eine nachhaltige Familienpolitik (2.6) schließen das Kapitel ab.

2.1   Zunehmende Erwerbsbeteiligung von Frauen

Die Erwerbsbeteiligung von Frauen zeigt in Deutschland in den vergangenen Jahren einen klaren Aufwärtstrend: Lag die Frauenbeschäftigungsquote im Jahre 1997 noch bei 55 %, so war sie 10 Jahre später, zu Beginn des Jahres 2007, bis auf 63 % angestiegen (vgl. BA 2007/1). Die Erwerbsquoten zeigen jedoch ein verzerrtes Bild über den Integrationsgrad von Frauen in den Arbeitsmarkt, da eine Vielzahl von ihnen lediglich einer Teilzeit- oder geringfügigen Beschäftigung nachgeht bzw. nachgehen kann. Die Quote sozialversicherungspflichtiger Beschäftigung der Frauen im ersten Quartal 2008 lag mit 45,9 % deutlich niedriger als die der Männer mit 54,0 % (vgl. BA 12/08).

In Westdeutschland hat jede zweite Frau keine Vollzeitstelle; insofern kommt der in Vollzeitäquivalenten umgerechneten Erwerbsquote eine hohe Aussagekraft zu. Für 2003 liegen diese Zahlen vor und es zeigt sich, dass hinter einer Frauenerwerbsquote von 59 % lediglich eine Quote von 46 % im Vollzeitäquivalent steht. Damit ist die Vollzeitäquivalentquote im Gegensatz zur einfachen Erwerbstätigenquote bei den Frauen von 1992 bis 2003 sogar um 2 Prozentpunkte gefallen (vgl. Cornelißen 2005). Dieser Effekt zeigt sich in Westdeutschland wesentlich deutlicher als in Ostdeutschland und betrifft insbesondere westdeutsche Frauen in der Altersgruppe 28 bis 35 Jahre, also in der Lebensphase, in die Familiengründung und Zusammenleben mit kleinen Kindern fällt (vgl. Grundig 2005).

Die Geburt des ersten Kindes bedeutet für viele Frauen nach wie vor den (temporären) Ausstieg aus dem Erwerbsleben oder zumindest eine Reduzierung der Arbeitszeit. Auch der Wiedereinstieg nach der Familienpause erfolgt in der Mehrzahl der Fälle nicht in einer Vollzeitstelle, um die Verpflichtungen aus Familie und Beruf miteinander verbinden zu können. Teilzeitbeschäftigung und geringfügige Beschäftigung sind nach wie vor Frauensache. So ist jede vierte Frau lediglich geringfügig beschäftigt; sie stellen damit 2/3 dieser Gruppe am Arbeitsmarkt. Gingen Frauen im Jahre 2007 einer sozialversicherungspflichtigen Beschäftigung nach, so tat dies jede dritte von ihnen nur in Teilzeit. Im Vergleich dazu lag der Anteil der teilzeitbeschäftigten Männer nur bei 5 % (BA 2007/2).

Die Teilzeitbeschäftigung von Frauen steht in einem direkten Zusammenhang mit der Anzahl ihrer Kinder im Alter von unter 12 Jahren. In der Gruppe der 20- bis 49-Jährigen lag im Jahr 2003 der Teilzeitanteil bei Frauen ohne Kinder bei 27 %, bei Frauen mit einem Kind bereits bei 54 % und bei Frauen mit zwei Kindern stieg er auf 66 % (vgl. Aliaga 2005). Der Einfluss der Anzahl der Kinder auf den Umfang der Arbeitszeiten von Eltern zeigt stark ausgeprägte geschlechtsspezifische Unterschiede (Angaben für 2006). Bei Männern steigt die Länge der durchschnittlichen wöchentlichen Arbeitszeiten von 39,6 Stunden (ohne Kinder) auf einen Umfang von 41,6 Stunden (3 oder mehr Kinder). Frauen arbeiten bei steigender Kinderzahl weniger, nämlich ohne Kinder durchschnittlich 32,8 Stunden und mit 3 und mehr Kindern 22,2 Stunden wöchentlich (vgl. Kümmerling et al. 2008: 5).

Signifikante Unterschiede zeigen sich auch bei der Teilzeitquote im Vergleich zwischen Ost- und Westdeutschland: Mütter zwischen 25 und 64 Jahren arbeiten im Deutschland-West mit einem Kind zu 60 %, ab zwei Kindern zu 73 % in Teilzeit. Die Quote in Deutschland-Ost beginnt bei 30 % mit einem Kind, wächst marginal auf 32 % mit zwei Kindern und steigt auf 44 % ab drei Kindern (Datenbasis: Mikrozensus 2004). Hier machen sich die nach wie vor deutlich besser ausgebauten Strukturen der öffentlichen Kindertagesbetreuung in den neuen Bundesländern und die damit verbundenen Traditionen und Einstellungen bemerkbar.

Einen großen Einfluss haben das Vorhandensein sowie das Alter von Kindern nicht nur auf die jeweiligen Arbeitszeitverteilungen, sondern ebenfalls auf die Erwerbsbeteiligung überhaupt. Während die Erwerbstätigenquote der Väter nur unwesentlich in Abhängigkeit vom Alter des jüngsten Kindes variiert, zeigen sich bei den Müttern große Unterschiede. Die Quote bei Frauen mit Kindern unter 3 Jahren lag im Jahr 2006 lediglich bei 28 %, sie steigt bei Müttern mit 3- bis 5-jährigen Kindern bereits auf 55 % an, mit 6- bis 9-Jährigen auf 63 % und mit Kindern zwischen 10 und 14 Jahren auf 69 % (vgl. Statistisches Bundesamt 2008a: 38f.).

Weitere Faktoren, welche die Arbeitszeitdauer von Müttern beeinflussen, sind, neben den Möglichkeiten der Kinderbetreuung, insbesondere bestehende betriebliche Bedingungen, der Grad der Qualifikation sowie die berufliche Orientierung der Frau (vgl. Klenner / Pfahl 2008). So sind höher qualifizierte Mütter stärker am Erwerbsleben beteiligt, ihre berufliche Orientierung ist ausgeprägter und auch ihre Arbeitszeiten länger als die weniger qualifizierter. Auch steigen sie seltener und auch für kürzere Zeiträume aus dem Erwerbsleben aus, was sicher auch darauf zurückzuführen ist, dass eine höhere Qualifikation oft einhergeht mit einem höheren Verdienst, der es den Frauen ermöglicht, auch kostspieligere, private Kinderbetreuungsangebote wahrzunehmen.

2.2 Arbeitslose und Arbeit suchende Mütter

Herstellung und Erhalt der Beschäftigungsfähigkeit von Frauen mit Kindern im Betreuungsalter sind – wie gezeigt wurde – in erheblichem Umfang abhängig von den Möglichkeiten und der Realisierung einer bedarfsorientierten Kinderbetreuung. Dies gilt nicht nur für Frauen, die bereits einer Beschäftigung nachgehen und damit im Erwerbssystem integriert sind, sondern auch – und vielleicht sogar in erhöhtem Maß – für die Frauen, die Arbeit suchend sind. Der Frauenanteil am Arbeitslosenbestand im Jahresdurchschnitt 2008 lag bei 49,0 % (2007: 49,6 %; 2006: 47,9 %); im Jahresdurchschnitt 2008 betrug die Arbeitslosenquote von Frauen 8,2 % und die der Männer 7,5 %. Damit sind Frauen nicht nur etwas häufiger von Arbeitslosigkeit betroffen als Männer, sondern sie verbleiben auch häufiger für einen längeren Zeitraum in diesem Status. 36,5 % der Frauen, die im Dezember 2008 von Arbeitslosigkeit betroffen waren, müssen zu den Langzeitarbeitslosen (> 12 Monate arbeitslos) gezählt werden. Männer waren hiervon nur zu 30,6 % betroffen (vgl. BA 12/2008). Nach Rechtskreisen sortiert, ergab sich im Jahresdurchschnitt für 2008 bei den Frauen eine Verteilung von 68 %

Arbeitslosen im Rechtskreis SGB II (Grundsicherung, insbesondere für Langzeitarbeitslose) und 32 % im Rechtskreis SGB III (Leistungen der Arbeitslosenversicherung) (vgl. BA 12/2008).

Alleinerziehende unter den Arbeitslosen sind in der Regel weiblich: Ihr Anteil an allen Arbeitslosen lag im Dezember 2007 bei den Frauen bei 16,5 %, bei den Männern hingegen lediglich bei 1,1 %.[4] Neben den Arbeitslosenzahlen aus der offiziellen Statistik muss zudem die Zahl der nicht gemeldeten Arbeit Suchenden, die in der Mehrzahl ebenfalls weiblich sind, zur Problembeschreibung der Erwerbslosigkeit von Frauen mitgedacht werden. Deren Weg zurück in eine Existenz sichernde sozialversicherungspflichtige Erwerbstätigkeit ist häufig blockiert.

Aktuelle Zahlen der Kundenbefragung im Rahmen der Wirkungsforschung zum SGB II belegen den Zusammenhang zwischen Kinderbetreuung und Arbeitslosigkeit noch einmal eindringlich: Selbst bei ansonsten gegebener Beschäftigungsfähigkeit geben 25 % der ALG II-Bezieher/innen an, dass sie eine „Betreuungsverpflichtung" haben und sich dies als Vermittlungshemmnis auswirken kann (ZEW/IAQ/TNS Emnid 2007: 48). Insgesamt erklären 55 % der Befragten mit mindestens einem Kind unter 3 Jahren, dass sie an einer Arbeitsaufnahme gehindert sind. Der Anteil bei den Frauen liegt sogar bei 83 %; Männer sind lediglich zu 10 % betroffen (ZEW/IAQ/TNS Emnid 2007: 109).

Da die Regelungen des SGB II vorsehen, dass Leistungsbezieher mit einer Betreuungsverpflichtung gegenüber Kindern unter 3 Jahren nicht dem Arbeitsmarkt zur Verfügung stehen müssen, wird damit die Auszeit für viele junge Mütter staatlicherseits zementiert. Ab dem dritten Lebensjahr der Kinder steht deren Erziehung nach den Bestimmungen des § 10 SGB II grundsätzlich nichts mehr der Zumutbarkeit einer Arbeitsaufnahme von Eltern entgegen. Darüber hinaus sind die Träger der Arbeitsvermittlung in § 10 SGB II aufgerufen, die erwerbsfähigen Erziehenden bei der Suche nach einer Kinderbetreuungsmöglichkeit zu unterstützen, die Beratungspraxis ist jedoch höchst unterschiedlich. Die Durchführungshinweise der BA zum SGB II greifen in den Regelungen zum § 10 Abs. 1 Nr. 3 „Kinderbetreuung" zudem lediglich den Zumutbarkeitsaspekt auf und führen ihn aus. Keine Erwähnung und weitere Ausführung findet die Soll-Bestimmung dahingehend, die erwerbsfähigen Erziehenden bei der Aufnahme einer beruflichen Tätigkeit entsprechend zu unterstützen, ihnen vorrangig einen Platz zur Tagesbetreuung anzubieten und ihnen damit bei der Lösung des Betreuungsproblems behilflich zu sein.

---

[4] Zahlen zur Betreuung der Kinder unter drei Jahren aus: Statistische Ämter des Bundes und der Länder. September 2007: Kindertagesbetreuung regional 2006. Statistisches Bundesamt, Wiesbaden 2007

Eine Befragung im Rahmen der Wirkungsforschung zum SGB II zeigte, dass eine solche bevorzugte Berücksichtigung in 16 % der ARGEn und bei 26 % der kommunalen Träger praktiziert wird. Feste Platzkontingente halten nur sehr wenige Träger der Grundsicherung für SGB II-Klientinnen vor. Eine auf die Bedürfnisse der Teilnehmerinnen in Maßnahmen abgestimmte Kinderbetreuung realisierten in den ARGEn nur 11 %, bei den kommunalen Trägern allerdings gut die Hälfte. Zusätzliche Plätze wurden kurzfristig bei ca. 30 % der ARGEn eingerichtet und bei 43 % der kommunalen Träger (IAW 2007: 127).

Wie oben beschrieben gehört es im Rechtskreis des SGB II zu den Aufgaben der Fallmanager/innen in der Arbeitsvermittlung, Arbeit suchenden Frauen bei der Lösung des Kinderbetreuungsproblems zu helfen und sie damit zurück in den Arbeitsmarkt und heraus aus dem Leistungsbezug zu bringen. Allerdings ist der Anreiz für die Grundsicherungsträger häufig gar nicht gegeben, da die Frauen, insbesondere wenn sie eine Teilzeitbeschäftigung aufnehmen, auch weiterhin auf Transferleistungen angewiesen sind, weil die Entlohnung für den Lebensunterhalt nicht ausreicht (so genannte „Aufstocker"). So waren im Jahr 2005 knapp 70 % der teilzeitbeschäftigten Aufstocker weiblich, die Mehrzahl der langfristigen Aufstocker (> 9 Monate), die sogar einer Vollzeiterwerbstätigkeit nachgingen, lebten in einer Bedarfsgemeinschaft mit Kindern (vgl. BA 2007). Dementsprechend bewerten die für die Umsetzung des SGB-II zuständigen Stellen, gefragt nach dem Stellenwert arbeitsmarktpolitischer Instrumente, die Maßnahme „Betreuung von Kindern/Angehörigen" im Durchschnitt als weniger wichtig (vgl. IAW 2007: 79). Diese Daten weisen darauf hin, dass das Thema „Kinderbetreuung" in der Arbeitsvermittlung (noch) nicht den Stellenwert hat, der ihm zur Ausschöpfung der Potenziale zur Verbesserung der Beschäftigungsfähigkeit von Frauen zukommen würde und der vom Gesetzgeber ursprünglich intendiert war.[5]

2.3 Probleme des Wiedereinstiegs

Unabhängig davon, ob Mütter eher auf eigenen Wunsch ihre frühere Berufstätigkeit zum Zwecke der Kindererziehung unterbrochen haben oder ob sie eher ungewollt aus dem Erwerbsleben ausgeschieden sind, weil sie die Vereinbarkeit von Familie und Beruf nicht realisieren konnten, ist die Lösung des Kinderbetreuungsproblems entscheidende Voraussetzung für einen Wiedereinstieg. Dies gilt in verstärktem Maße für Mütter mit Kindern unter drei Jahren, da hier die Versorgung mit öffentlichen Krippenplätzen bei etwa 12 % liegt und somit auf

---

[5] Zu gleichen Ergebnissen sind wir in von uns im Sommer 2008 im Kontext eines Lehrforschungsprojekts an der Universität Duisburg-Essen durchgeführten Interviews mit Mitarbeiterinnen in einigen ausgewählten ARGEn im Ruhrgebiet gekommen.

kostspieligere Alternativen, wie zum Beispiel Tagesmütter, ausgewichen werden muss. Zum Stichtag 15.3.2006 lag die Betreuungsquote der Kinder unter 3 Jahren bundesweit bei 13,6 %. 12,1 % wurden in öffentlichen Tageseinrichtungen und 1,5 % in Tagespflege betreut. Hierbei sind große regionale Unterschiede zu berücksichtigen, insbesondere im Vergleich alte/neue Länder. In 40 % der Kreise in Deutschland wurden lediglich bis zu maximal 10 % der Kinder unter drei Jahren in einer Tageseinrichtung oder durch private Tagespflege betreut. Diese Kreise lagen ausschließlich in den alten Bundesländern. In den Kreisen, die in den neuen Ländern liegen, betrug die Quote mindestens 20 %, bei drei Viertel der Kreise sogar 35 %.

Auch mit älteren Kindern sehen sich viele Frauen nicht in der Lage, eine Vollzeitstelle aufzunehmen. Lediglich 25 % der arbeitslosen Frauen bejahen diese Möglichkeit, gegenüber 83 % der arbeitslosen Männer (ZEW/IAQ/TNS Emnid 2007: 109). Alleinerziehende, und das sind in der überwiegenden Mehrzahl Mütter, sind von der Problematik auch im Rechtskreis SGB II besonders betroffen: 62 % von ihnen geben an, wegen Kinderbetreuung dem Arbeitsmarkt nicht zur Verfügung zu stehen (ZEW/IAQ/TNS Emnid 2007: 48).

Die skizzierte Situation ist nicht neu, sie wiegt allerdings umso schwerer, als die Entwicklungen der rechtlichen Rahmenbedingungen die Notwendigkeit der aktiven Teilnahme am Erwerbsleben für Frauen zur Sicherung ihres Lebensunterhalts immer dringlicher werden lassen. Das SGB II zielt darauf ab, geschlechtsspezifische Unterschiede in Bezug auf Verpflichtungen seitens der Erwerbslosen wie auch der Leistungen für Fördermaßnahmen zu eliminieren. Gleichzeitig setzt das neue Unterhaltsrecht, dessen Regelungen zum 1.1.2008 in Kraft getreten sind, neue Maßstäbe. Frauen können nicht mehr davon ausgehen, dass sie materiell über ihre Ehemänner abgesichert sind, auch dann nicht, wenn sie für die Kinderbetreuung ihren Beruf (temporär) aufgeben. Eine Unterhaltspflicht gegenüber dem geschiedenen Ehegatten besteht in Zukunft nur noch bis zum Ende des dritten Lebensjahres des jüngsten Kindes. Trotz Billigkeitsprüfung, bei der insbesondere „die Belange des Kindes, die Möglichkeiten der Kinderbetreuung, die Gestaltung von Kinderbetreuung und Erwerbstätigkeit in der Ehe sowie die Dauer der Ehe insbesondere zu berücksichtigen" (www.anwalt-seiten.de/law_blog/?p=78) sind, wird man in Zukunft dem betreuenden Elternteil früher als bisher die Aufnahme oder Aufstockung einer Erwerbstätigkeit zumuten können.

Gelingt der Wiedereinstieg nach einer Familienphase, so ist er für viele Frauen mit Einbußen bei der Bezahlung, dem Qualifikationsniveau und der sozialen Sicherheit des Beschäftigungsverhältnisses verbunden. Die mangelhafte soziale Absicherung bei geringfügiger Beschäftigung und sozialversicherungspflichtiger Beschäftigung in Teilzeit bei geringer Stundenzahl führt bei einer

Mehrzahl der Mütter zu Abhängigkeiten vom Partner oder von den sozialen Sicherungssystemen. Darüber hinaus sind die Möglichkeiten eines beruflichen Aufstiegs, verbunden mit mehr Verantwortung, besserer Bezahlung und längerfristigeren Perspektiven in diesen prekären Beschäftigungsverhältnissen nicht gegeben. Die genannten Zahlen zeigen eindrucksvoll, inwieweit die Entwicklung weiblicher Erwerbsbeteiligung von Familienplanung und dem Leben mit Kindern unter den Bedingungen nach wie vor aufgrund lückenhafter öffentlicher Betreuungsstrukturen eingeschränkt wird.

2.4 Differenzierte Arbeitszeiten

Arbeitszeiten und Kinderbetreuungszeiten passen in Deutschland immer weniger zusammen. Die Arbeitszeitgestaltung einer modernen Dienstleistungsgesellschaft fordert von ihren Beschäftigten immer mehr Flexibilität ein: Heutige Arbeitszeiten – bei Voll- wie auch bei Teilzeitarbeitsplätzen – variieren nach Lage und Dauer stärker als noch vor einigen Jahren und entfernen sich berufsübergreifend mehr und mehr von den traditionellen Normalarbeitszeiten. Mehr als jede/r zweite Beschäftigte arbeitet in Deutschland mittlerweile zu „untypischen" Arbeitszeiten, wie samstags und sonntags, nachts und in Wechselschichten (vgl. Böckler-Impuls 18/2006). Waren es 1991 erst 34 %, die zu Randzeiten arbeiten mussten, hat sich ihr Anteil bis zum Jahr 2007 auf 59 % erhöht (vgl. Seifert 2008). Besonders stark zugenommen hat die Arbeit an Samstagen; die Hälfte der Beschäftigten muss zumindest hin und wieder auf ein langes Wochenende verzichten. Neben der Zunahme an gesundheitlichen und sozialen Risiken für die Beschäftigten sind Konflikte und Belastungen im Familienalltag hier vorprogrammiert.

Betrachten wir die Arbeitszeiten der Frauen mit mindestens einem Kind unter 13 Jahren, so zeigt sich eine Zunahme in allen Bereichen der atypischen Arbeitszeiten. Im Zeitraum zwischen den Jahren 2000 und 2007 haben die Nachtarbeit und die Arbeit am Wochenende deutlich zugenommen. Es ist anzunehmen, dass diese Arbeitszeitverteilung sich belastend auf das Zusammenleben mit Kindern in der Familie auswirkt.

Lag der Anteil derjenigen Mütter, die nie in der Nacht arbeiten, im Jahre 2000 noch bei 82,4 %, so sank er bis zum Jahr 2007 auf 77,3 %. Ähnlich verhält es sich mit der Sonntagsarbeit: Verneinten im Jahre 2000 noch 66,1 % der befragten Frauen mit Kindern die Frage, ob sie sonntags immer, teilweise oder gelegentlich arbeiten, so waren es im Jahre 2007 nur noch 60,9 %. Die Zahlen zeigen, dass der allgemeine Trend zu einer Ausdifferenzierung der Arbeitszeiten und Zunahme der so genannten Randarbeitszeiten bei Müttern ebenso gilt wie für alle.

Tabelle 1: Entwicklung atypischer Arbeitszeiten – Frauen in Haushalten mit mindestens 1 Kind < 13 Jahren (2007) bzw. 14 Jahren (2000)

	Abendarbeit %	Nachtarbeit %	Samstagsarbeit %	Sonntagsarbeit %
	2000 / 2007	2000 / 2007	2000 / 2007	2000 / 2007
nie	56,6 / 54,6	82,4 / 77,3	45,9 / 43,0	66,1 / 60,9
teilweise	39,9 / 42,2	15,9 / 22,0	39,2 / 44,6	26,5 / 33,3
immer	3,5 / 3,2	1,7 / 0,7	14,9 / 12,4	7,1 / 5,8

Quelle: SOEP, Welle 2000 und 2007, Berechnungen durch Marcel Erlinghagen / eigene Berechnungen

Insbesondere im Dienstleistungsbereich, wie zum Beispiel dem Einzelhandel, in dem typischerweise viele Frauen tätig sind, ist geringfügige Beschäftigung in „Randzeiten" weit verbreitet. Die ungünstige Lage der Arbeitszeit verschärft die Vereinbarkeitsproblematik zwischen Beruf und Familie, wobei auch die sich in den letzten Jahren verstärkt entwickelnde Flexibilisierung der Arbeitszeiten nicht per se aus diesem Dilemma führt. Zum einen liegt der Anteil der berufstätigen Mütter (mit Kindern unter 12 Jahren) mit flexiblen Arbeitszeiten mit 10 Prozentpunkten deutlich unter dem der allein lebenden Frauen (vgl. Hardarson 2007: 4). Zum anderen, und dies ist ggf. auch schon eine Erklärung für das vorangegangene Datum, bedeutet Flexibilisierung nicht unbedingt einen größeren Gestaltungsspielraum für die abhängig Beschäftigten. Vielmehr kann es zu einer Verschärfung des Zeitproblems aufgrund von Verfügbarkeitsansprüchen seitens der Arbeitgeber „rund um die Uhr" führen. Demgegenüber haben feste Gleitarbeitszeiten den großen Vorteil einer planbaren Größe für die Organisation eines Familienalltags mit den unterschiedlichen Zeitstrukturen der Systeme Beruf und Familie.

Entsprechend den Unterschieden in Umfang und Lage der Arbeitszeiten von Eltern sind die benötigten Betreuungszeiten von Familien mit Kindern. Die öffentliche Infrastruktur in den Kindertageseinrichtungen bietet aber nach wie vor ganz überwiegend nur Standardöffnungszeiten von 7.00/8.00 bis 16.00/17.00 Uhr an, und auch die Schulkindbetreuung – soweit überhaupt vorhanden – endet meistens im Nachmittag. Flexible Arbeitszeiten, die den Zeiterfordernissen von

Eltern eigentlich besser gerecht werden müssten, können Beschäftigte mit Kindern auch deshalb entgegen den Erwartungen seltener in Anspruch nehmen als Beschäftigte ohne Kinder (vgl. Hardarson 2007).

Dies stellt vor allem berufstätige Eltern – erst recht mit Kindern unter drei Jahren – vor Probleme. Die Familien müssen stets nach individuellen Lösungen suchen, um Kinderbetreuungserfordernisse und Arbeitszeiten in Einklang zu bringen. Das Spektrum dieser privaten Betreuungsmodelle ist darum auch breit gefächert: Mütter gehen dann arbeiten, wenn der Vater die Betreuung übernehmen kann; sie nutzen die öffentliche Kinderbetreuungsinfrastruktur und ergänzen sie um Großeltern und andere Familienangehörige, um Nachbarn, Freunde, aber auch um Tagesmütter und private Kinderfrauen. Wer ein solches privates Betreuungsnetz nicht aufbauen kann, muss andere Lösungen in Kauf nehmen.

So hat die Telefonbefragung im BeKi-Projekt (vgl. Esch / Klaudy / Stöbe-Blossey 2005), das von der Forschungsabteilung BEST für die Hans-Böckler-Stiftung zwischen 2003 und 2005 durchgeführt wurde (vgl. 1), zutage gefördert, dass viele Frauen mit Kindern unter 14 Jahren

- nicht im gewünschten Umfang beschäftigt sind (also teilweise und teilweise weniger Stunden arbeiten, als sie eigentlich wollten)
- in anderen Tätigkeiten arbeiten, als sie ausgebildet sind (vor allem als geringfügig Beschäftigte)
- freiwillig oder unfreiwillig in die Arbeitslosigkeit gehen oder
- sie sich ganz (zumindest zeitweise) aus ihrer Berufstätigkeit zurückziehen.

Kinderbetreuungsaufgaben beeinflussen also grundsätzlich die Erwerbstätigkeit von Eltern, insbesondere von Müttern. Sie sind es nämlich zumeist, die ihre zeitlichen Möglichkeiten, einer Beschäftigung nachzugehen, begrenzen. Das existierende Kinderbetreuungsangebot hat damit auch heute noch Auswirkungen auf Qualität und Umfang der Beschäftigung von Müttern. Die vorhandenen Lücken in der öffentlichen Infrastruktur beeinträchtigen ihre Beschäftigungsfähigkeit und damit auch ihre Chancen bei bestehender Arbeitslosigkeit wieder vermittelt zu werden.

2.5 Arbeitszeitwünsche berufstätiger Mütter

Der oben skizzierte Umfang sowie die Verteilung der Arbeitszeiten bei Müttern entsprechen häufig nicht ihren Arbeitszeitwünschen. Die von den weiblichen abhängig Beschäftigten gewünschten Wochenarbeitszeiten liegen in Deutschland im Durchschnitt bei knapp 30 Stunden (vgl. Holst 2007). Unabhängig von Geschlecht sowie der Beschäftigung in Vollzeit oder Teilzeit besteht bei gut der Hälfte der Erwerbstätigen in Deutschland (Ost wie West) der Wunsch, die Arbeitszeit zu verändern. Insbesondere Teilzeit-Erwerbstätige in Westdeutschland möchten mit 35 % ihre Arbeitszeit erhöhen. Dieser Anteil hat sich in den letzten zehn Jahren verdreifacht. 12 % von ihnen würde die Teilzeit allerdings auch gerne weiter reduzieren. Bei den Vollzeit-Erwerbstätigen zeigen sich keine signifikanten Unterschiede zwischen Ost- und Westdeutschland: 17 % bzw. 18 % würden gerne mehr arbeiten und 29 % bzw. 30 % möchten ihre Vollzeit reduzieren (vgl. Statistisches Bundesamt 2008a: 143f.).

Die Notwendigkeit zur Vereinbarkeit von Familie und Beruf stellt für viele Frauen mit Kindern besondere Anforderungen an Arbeitszeiten, die eine solche Vereinbarkeit unterstützen bzw. erst ermöglichen. In unterschiedlichen Lebensphasen entstehen differente Zeiterfordernisse, um eine ausgewogene Work-life-balance herzustellen. Die Bedingungen für die Zeitbedarfe und damit die Arbeitszeitwünsche von Müttern sind nicht nur abhängig von Anzahl und Alter der Kinder sowie den Möglichkeiten zur Kinderbetreuung. Auch die mehr oder weniger partnerschaftliche Verteilung der Erwerbs- und Familienarbeit bedingen Unterschiede in den formulierten Arbeitszeitwünschen. So zeigt sich in einer Arbeitnehmer/innen-Befragung des WSI aus dem Jahre 2008, dass Frauen, die in einer „modernisierten Ernährer-Konstellation (Mann: Vollzeit; Frau: Teilzeit)" leben, eine wöchentliche Arbeitszeit von 22,5 Stunden präferieren würden. Leben sie in einer „egalitären Arbeitszeitkonstellation (beide Vollzeit bzw. beide Teilzeit)" liegt die Wunscharbeitszeit bei 26,5 Wochenstunden und im „Alleinernährer-Modell", wenn die Frau berufstätig ist, bei 29,3 Stunden in der Woche. Frauen, die in einer egalitären oder vom traditionellen Rollenmodell abweichenden Konstellation leben, streben also ein höheres Stundenvolumen an. Selbst bei Alleinernährerinnen liegt diese Wunschzeit allerdings deutlich unterhalb einer Vollzeitstelle.

Eine große Unzufriedenheit mit ihrer Wochenarbeitszeit zeigt sich bei Alleinerziehenden, von denen sich jede/r zweite eine Veränderung wünscht. 40 % der Mütter auf Halbzeitstellen und 18 % von allen würden ihre Arbeitszeit gerne erhöhen, stoßen dabei jedoch auf verschiedene Widerstände bzw. Unvereinbarkeiten in den Betrieben und ihren Familien. Demgegenüber würde etwa ein Viertel, meist in Vollzeit Beschäftigte, ihre Arbeitszeiten gern reduzieren. Die höchste Akzeptanz erfährt eine substanzielle Teilzeitarbeit zwischen 20 und 35 Wochenstunden auch bei den berufstätigen Alleinerziehenden. Etwa 2/3 von ihnen wünscht sich einen solchen Arbeitszeitumfang, um den Anforderungen des Berufes und der Erziehung ihrer Kinder gerecht werden zu können (vgl. BMFSFJ 2008).

Die bereits oben erwähnte BeKi-Telefonbefragung, die zwischen 2003 und 2005 durchgeführt wurde, kam zu ähnlichen Ergebnissen: Die höchste Zufriedenheit mit ihrer Arbeitszeit finden wir mit 86,2 % in der Gruppe der klassisch teilzeitbeschäftigten Frauen (15 bis < 25 Wochenstunden). Gut ein Viertel der geringfügig Beschäftigten (<15 Stunden) würde gern mehr arbeiten (26,4 %). Umgekehrt würde gut ein Viertel der Vollzeitbeschäftigten eine geringere Stundenzahl vorziehen (27,3 %). Auch bei den vollzeitnah Teilzeitbeschäftigten (25 bis < 35 Wochenstunden) würde ein Fünftel gern die Arbeitszeit reduzieren, ein Zehntel möchte sie lieber erhöhen. Von den Frauen, die gern die Arbeitszeit erhöhen würden, nannten 65,6 % fehlende Möglichkeiten der Kinderbetreuung als Hinderungsgrund; das Hauptproblem, das trotz eines entsprechenden Wunsches der Arbeitszeitreduzierung entgegensteht, liegt in der finanziellen Situation (46,2 %) (vgl. Esch / Klaudy / Stöbe-Blossey 2005: 57f.).

Die Analysen des BeKi-Projekts zum Thema Arbeitszeitpräferenzen werden folgendermaßen zusammengefasst: „Teilzeitarbeit (mindestens) eines Partners entspricht somit in hohem Maße den Wünschen der Frauen. Eine Studie des Instituts der Deutschen Wirtschaft (DIW) zeigt darüber hinaus, dass teilzeitbeschäftigte Mütter am zufriedensten sind – zufriedener als nicht Erwerbstätige, vor allem aber zufriedener als Vollzeitbeschäftigte (Trzcinski / Holst 2003). Eine international vergleichende Studie, die tatsächliche Arbeitszeiten und Arbeitszeitwünsche in den EU-Ländern und Norwegen untersucht, verweist ebenfalls auf eine grundsätzlich positive Bewertung von Arbeitszeiten unterhalb des Vollzeitniveaus – aber auch auf eine eher negative Einschätzung geringfügiger Beschäftigung. Die Präferenzen großer Gruppen von Beschäftigten richten sich dieser Studie zufolge auf eine „substanzielle Teilzeitarbeit". Insbesondere Frauen wünschen demnach häufig Arbeitszeiten, die zwar oberhalb des Niveaus geringfügiger Beschäftigung und auch der halben Stelle, aber unterhalb des Vollzeitniveaus liegen (vgl. Bosch / Wagner 2002). Dies betrifft somit auch Länder mit einer gut ausgebauten Infrastruktur in der Kinderbetreuung, so dass der Wunsch nach Teilzeitarbeit zwar zweifellos auch, aber eben nicht ausschließlich als Reaktion auf mangelnde Betreuungsmöglichkeiten interpretiert werden kann. Teilzeitarbeit sollte also nicht als Notlösung betrachtet werden, sondern als eine von vielen Frauen positiv bewertete Möglichkeit zur Vereinbarkeit von Beruf und Familie. (...) Mit dieser Aussage kann und soll nicht negiert werden, dass aufgrund der geschlechtsspezifischen Unterschiede bei der Verbreitung von Teilzeitarbeit damit eine faktische Benachteiligung von Frauen im Hinblick auf Karrierechancen einhergeht. Angesichts der dargestellten Präferenzen dürfte aber eine generelle Förderung von Teilzeitarbeit mehr zur Chancengleichheit beitragen als eine Orientierung am Modell der Vollzeiterwerbstätigkeit für alle." (Esch / Klaudy / Stöbe-Blossey 2005: 42)

Diese Aussagen werden unterstrichen durch die Ergebnisse von Befragungen zum Thema „Zeit". Trotz eines hohen Zusammenhaltes der Familien fühlen sich viele gerade jüngere Eltern unter Druck, den unterschiedlichen Anforderungen aus Beruf und Familie gerecht zu werden. So geben knapp ein Drittel der Eltern unter 45 Jahre in einer Befragung des BMFSFJ zum Familienleben an, nicht genug Zeit für die Familie zu haben (vgl. BMFSFJ 2008a; vgl. auch Klenner / Pfahl 2008).

Die Ausgestaltung der öffentlichen Kinderbetreuung ist in diesem Kontext in doppelter Hinsicht von Bedeutung. Zum einen bedeutet eine gut organisierte Infrastruktur eine zeitliche Entlastung von Eltern und reduziert damit die Zeitnot. Dies gilt allerdings nur dann, wenn die Betreuungszeiten hinreichend flexibel sind und der, wie dargestellt, sehr unterschiedlichen Lage der Arbeitszeiten der Eltern Rechnung tragen. Zum anderen darf nicht übersehen werden, dass sich die Wünsche der Familien – auch dies kommt in den Befragungen zum Ausdruck – nicht nur auf eine erweiterte Kinderbetreuung richten, sondern auch auf mehr (gemeinsame) Zeit für die Familie. Auch diese Bedürfnisse müssen bei der Organisation der Kinderbetreuung berücksichtigt werden – letztlich geht es um die Schaffung und Förderung von „Zeitwohlstand" (Seehausen 2008) für Familien.

2.6 Nachhaltige Betreuungsstrukuren für eine nachhaltige Familienpolitik

Der 7. Familienbericht der Bundesregierung (BMFSFJ 2006) greift das skizzierte Spannungsfeld mit seiner Forderung nach einer nachhaltigen Familienpolitik auf. Hier wird über einige qualitative Studien über die Zufriedenheit von Kindern berichtet (Klenner / Pfahl / Reuyß 2003; Roppelt 2003). Besonders zufrieden sind demnach Kinder, deren Eltern eine mittlere Arbeitsbelastung aufweisen. Kinder nicht erwerbstätiger Mütter fühlen sich hingegen oft zu stark beobachtet und kontrolliert, Kinder von Eltern mit hoher Arbeitsbelastung leiden nicht selten unter Zeitstress und mangelnder Zuwendung (BMFSFJ 2006: 232f.). Zweifellos ist im Hinblick auf Aussagen über die Präferenzen von Kindern Vorsicht geboten, weil hierzu kaum Forschungsergebnisse zur Verfügung stehen. Die zitierten Aussagen könnten jedoch darauf hindeuten, dass die Präferenzen der Kinder Parallelen zu den Arbeitszeitpräferenzen der Mütter aufweisen, die bei einem Stundenvolumen, das wahrscheinlich eine mittlere Arbeitsbelastung beinhaltet, mit ihrer Arbeitszeit am zufriedensten sind.

Der Familienbericht betont in diesem Kontext, dass „Care" und Fürsorge knappe Ressourcen in modernen Gesellschaften sind. Fürsorge, so der Familienbericht, bedeutet, sich um andere zu sorgen und sich für das emotionale, menschliche und physische Wohlergehen verantwortlich zu fühlen (BMFSFJ 2006:

254). Dies wiederum braucht Zeit, denn Fürsorge besteht nicht nur aus personaler und emotionaler Betroffenheit und Anteilnahme, sondern auch aus einer Vielzahl von alltäglichen Handlungen (ebd.: 256). Der Familienbericht bezieht sich auf Arlie Hochschild (2003a/b, 2004), die als zukunftsweisendes Modell das einer „warm-modernen" Familienbeziehung formuliert, in der Männer und Frauen gleichwertig Fürsorgeaufgaben wahrnehmen (BMFSJ 2006: 255). Dieses Modell wird einem „kalt-modernen" Modell entgegengesetzt, das Fürsorge für andere im Wesentlichen auf Institutionen verlagert, ohne dass man sich über die Konsequenzen für die Betroffenen klar ist.

Ein „warm-modernes" Modell entsteht nicht automatisch: „Ein Familienmodell, das in diesem Sinne als warm und modern bezeichnet wird, setzt eine Kompetenzerweiterung von jungen Erwachsenen voraus. Beide Partner müssen in der Phase der Familiengründung, beim Aufwachsen der Kinder und bei der Entwicklung der Generationenbeziehungen mit Großeltern und Kindern aushandeln können, wie sie gemeinsam oder arbeitsteilig die ökonomische Basis ihrer Partnerschaft und der Familie sichern, wie sie ihre jeweiligen beruflichen Perspektiven entfalten und wie sie in diesem Kontext Fürsorge für andere integrieren können." (ebd.: 256) Diese Herstellungs- und Aushandlungsleistungen, so der Bericht weiter, seien aber nur möglich, wenn sie in entsprechende Rahmenbedingungen eingebettet sind.

Die Förderung dieser Rahmenbedingungen wiederum wird als Element einer nachhaltigen Familienpolitik verstanden. Eine nachhaltige Familienpolitik in diesem Sinne erfordert eine Zeitpolitik für Familien, und eine Zeitpolitik für Familien erfordert

- die Kombination von Flexibilität und Verlässlichkeit
- die Ermöglichung unterschiedlicher „richtiger" Zeitmuster für Familien ohne normative Vorgaben (ebd.: 243).

Mit der Realisierung einer solchen Zeitpolitik sind unterschiedliche Themenfelder angesprochen. Dazu gehören in der Arbeitswelt Strukturen, die Flexibilität mit Verlässlichkeit verbinden, und eine Betriebskultur, die die angesprochenen Herstellungs- und Aushandlungsleistungen zulässt (ebd.: 256, 261). Des Weiteren formuliert der Familienbericht Anforderungen an die staatliche Regulierung, etwa, indem er „Optionszeitenmodelle" anspricht, die Care-Zeiten im Lebenslauf ermöglichen (ebd.: 266ff.). Angesichts der dargestellten Arbeitszeitpräferenzen gehören dazu auch Modelle zur Förderung der Teilzeitarbeit durch geeignete Maßnahmen im Steuer- und Sozialversicherungsrecht oder Anrechnungsmodelle beim Elterngeld, die Teilzeitarbeit (in Kombination mit Elterngeld) finanziell attraktiv machen. Schließlich wird die Gestaltung der Infrastruktur für Kinderbetreuung angesprochen: „Komplexe Ökonomie erfordert komplexe Betreuungsarrangements", so lautet eine Zwischenüberschrift (ebd.: 238). Gefordert wird eine gezielte Abstimmung von Erwerbs- und Betreuungszeiten: „Erwerbszeiten und die Öffnungszeiten von Betreuungseinrichtungen werden, abhängig von lokalen Strukturen, zu passfähigen integrierten Angeboten entwickelt. Unter Berücksichtigung kommunaler und regionaler Besonderheiten können hier spezifische ‚Betreuungspakete' geschnürt werden, die auf die Zeitbedarfe von Eltern sowohl in ihrer Familien- als auch in ihrer Beschäftigtenrolle eingehen." (ebd.: 273)

Nun wäre es zweifellos von Interesse, alle drei Säulen einer Zeitpolitik für Familien näher zu diskutieren – die Gestaltung der Arbeitswelt, die staatliche Regulierung und die Kinderbetreuungsinfrastruktur. Dies würde jedoch den Rahmen der vorliegenden Studie sprengen. Angesichts des Themas – Kindertagesbetreuung im Wandel – kann hier nur auf den letztgenannten Aspekt eingegangen werden.

Für die Infrastruktur der Kindertagesbetreuung bedeutet die Realisierung einer Zeitpolitik für Familien eine Präzisierung und Differenzierung der Anforderungen, die sich aus der Entwicklung der Frauenerwerbstätigkeit ergeben. Es geht eben nicht nur um mehr Betreuung und um Betreuungsangebote zu unterschiedlichen Tageszeiten, und es geht auch nicht nur um Betreuung von hoher Qualität. Vielmehr sind nicht zuletzt Wahlmöglichkeiten der Familien im Hinblick auf die Betreuungszeiten von Bedeutung. Auch in der Kinderbetreuungsinfrastruktur müssen unterschiedliche „richtige" Zeitmuster von Familien Akzeptanz finden. Daran muss sich zum einen die (zum großen Teil durch das jeweilige Bundesland gestaltete) Regulierung der Kindertagesbetreuung orientieren, indem unterschiedliche Zeitmodelle ermöglicht und finanziell gefördert werden. Zum anderen – und dies ist im Sinne der Qualität unabdingbar – müssen auch pädagogische Konzepte dahingehend weiterentwickelt werden, dass sie mit einer Zeitpolitik für Familien kompatibel sind. Umgekehrt heißt dies: Pädagogische Konzepte, die auf feste Gruppen in festen Zeitstrukturen setzen, stehen im Widerspruch zu einer nachhaltigen Familienpolitik und sollten überdacht werden. Für die Beschäftigten in Kindertageseinrichtungen sind damit sowohl inhaltliche als auch zeitliche Herausforderungen verbunden. Für die Bewältigung dieser Herausforderungen bedarf es geeigneter Rahmenbedingungen in der öffentlichen Regulierung und nicht zuletzt einer Unterstützung von Seiten der Träger. Nur so können nachhaltige Betreuungsstrukturen für eine nachhaltige Familienpolitik entwickelt werden.

2.7 Fazit

Die Entwicklung der Frauenerwerbsarbeit als eine zentrale Rahmenbedingung für den Bedarf an Kindertagesbetreuung ist differenziert zu betrachten. Auf der einen Seite stehen eine gestiegene Frauenerwerbsquote und ein steigendes Interesse von Müttern an Erwerbstätigkeit. Aus dieser Situation ergeben sich erweiterte Anforderungen an die Kindertagesbetreuung, bei deren Organisation auch berücksichtigt werden muss, dass Erwerbsarbeit immer häufiger außerhalb der traditionellen „Normal-Arbeitszeiten" stattfindet. Auf der anderen Seite sind wachsende Anteile an Teilzeitarbeit und geringfügiger Beschäftigung zu verzeichnen. Diese Entwicklung spiegelt zweifellos Prekarisierungstendenzen auf dem Arbeitsmarkt, eine immer noch vorzufindende Fortschreibung einer geschlechtsspezifischen Arbeitsteilung und Mängel in der Kinderbetreuungsinfrastruktur wider und ist insofern kritisch zu betrachten. Unterschiedliche Befragungsergebnisse zeigen jedoch auch, dass – selbst bei einer Optimierung der Betreuungsangebote – die Forderung nach „Vollzeit für alle" den subjektiven Wünschen vieler Familien nicht entsprechen würde. Formuliert werden immer wieder das Problem der Zeitnot und der Wunsch nach mehr (gemeinsamer) Zeit für die Familie. Insbesondere Beschäftigte mit langen Arbeitszeiten wünschen sich ebenso dringend eine Reduzierung, wie Beschäftigte mit sehr kurzen Arbeitszeiten (vor allem in geringfügiger Beschäftigung) an einer Erhöhung ihrer Arbeitszeit interessiert sind. Insgesamt gibt es bei Männern und Frauen ein hohes Interesse an einer „substanziellen" Teilzeitarbeit.

Als Konsequenz aus den skizzierten Spannungsfeldern wird im letzten Abschnitt dieses Kapitels – unter Bezugnahme auf den 7. Familienbericht – die Forderung nach einer nachhaltigen Familienpolitik angesprochen. Diese muss eine Zeitpolitik für Familien beinhalten, welche individuell unterschiedliche Zeitpräferenzen und -modelle unterstützt. Eine entsprechend an den Bedürfnissen der Familien ausgerichtete Infrastruktur der Kinderbetreuung stellt ein entscheidendes Element einer solchen Zeitpolitik dar. Erforderlich sind dafür sowohl administrative und finanzielle Rahmenbedingungen als auch organisatorische und pädagogische Konzepte. Nachhaltig kann eine solche Infrastruktur nur sein, wenn sie auch für die dort Beschäftigten angemessene Strukturen bietet. Eine nachhaltige Familienpolitik erfordert somit auch eine nachhaltige Gestaltung der Beschäftigungsverhältnisse in der Kindertagesbetreuung.

Sirikit Krone

3 Die Beschäftigungsentwicklung in der institutionellen Kindertagesbetreuung

Die zunehmende Beachtung der Kindertagesbetreuung als gesellschaftliche Aufgabe und der damit verbundene Ausbau der institutionellen Kinderbetreuung spiegelt sich auch in der Entwicklung der Beschäftigtenzahlen der letzten Jahre in diesem Sektor wider. Nicht nur die absolute Zahl der Beschäftigten in Kindertageseinrichtungen ist gestiegen, auch das Qualifikationsniveau ist dem Anspruch nach qualitativ hochwertiger Betreuung folgend höher als früher. Einerseits erfährt die Tätigkeit des Betreuungspersonals in der öffentlichen Debatte eine höhere Anerkennung, andererseits entwickelt sich in den letzten Jahren ein professionelles Selbstverständnis, welches die Debatte um die Notwendigkeit einer Aufwertung der Erzieher/innen-Ausbildung vorantreibt. Eine markante Folge dieser Diskussionen ist die Einrichtung von Studiengängen für die Ausbildung zukünftiger Erzieher/innen an einer wachsenden Zahl von Fachhochschulen (vgl. GEW 2007).

Parallel zu der inhaltlichen Aufwertung von Ausbildungs- und Tätigkeitsniveaus der in der öffentlichen Kindertagesbetreuung pädagogisch tätigen Personen zeigen sich für ihre Beschäftigungssituation Prekarisierungstendenzen, die dem Anspruch einer qualitativ hochwertigen Betreuung eher entgegenstehen. Es gibt „kaum ein anderes Berufsfeld, das unter Fachkraftgesichtspunkten einen so hohen Anteil an Teilzeitbeschäftigten hat wie die Kindertageseinrichtungen", so DJI-Direktor Thomas Rauschenbach in einem Interview (DJI 2007: 3). Die Zahlen, die wir weiter unten vorstellen werden, zeigen eindrucksvoll diese Entwicklung. Ein weiterer Trend, ähnlich wie in vielen anderen Berufen, zeigt sich auch bei den Erzieher/inne/n: Das Personal in den Einrichtungen wird im Durchschnitt immer älter, für eine wachsende Gruppe der Beschäftigten ist es ein Beruf, den sie bis zur Verrentung ausüben, verbunden mit entsprechenden Anforderungen an ein altersgerechtes Arbeitsumfeld.

Die skizzierten Trends sollen in diesem Kapitel anhand einiger Kennzahlen der quantitativen Entwicklungen illustriert und konkretisiert werden. Dabei werden statistische Daten zur quantitativen Entwicklung der Beschäftigung (3.1), zu den Arbeitszeitstrukturen (3.2), zur Befristung von Arbeitsverhältnissen (3.3), zum Qualifikationsniveau (3.4), zur Altersstruktur (3.5), zur Geschlechterverteilung (3.6) sowie zur Arbeitslosigkeit (3.7) vorgestellt.

3.1 Personalvolumen

Zum aktuellsten Erhebungsstichtag, dem 15.03.2007[6], wurden bundesweit 425.547 tätige Personen in Kindertageseinrichtungen erfasst. Die Mehrzahl der Beschäftigten arbeitet mit 65 % in Tageseinrichtungen, die einem freien Träger angehören, nur 35 % sind bei einer Einrichtung in öffentlicher Trägerschaft beschäftigt.

Betrachtet man die Entwicklung im Zeitverlauf, so ist die Anzahl der Beschäftigten in diesem Bereich mit dem bundesweiten Ausbau der Tagesbetreuungsplätze seit 2002 kontinuierlich gestiegen. Rückblickend zeigt sich, dass im Zeitraum zwischen dem Anfang der 90er-Jahre und dem Jahr 2002 ein geradezu rasanter Strukturwandel stattgefunden hat: Ende 2002 waren bundesweit 374.170 Personen in Kindertageseinrichtungen tätig. Diese Zahl entspricht ziemlich genau der von 1990/1991. Dahinter verbirgt sich allerdings keine Beschäftigungsstabilität, sondern ein extrem gegenläufiger Trend in West- und Ostdeutschland: im Westen (ohne Berlin) ein Arbeitskräftezuwachs von 55,5 %, im Osten (ohne Berlin) eine Abnahme um 56,2 %.

Tabelle 2: Personal in Kindertageseinrichtungen in Deutschland

	1990 / 1991[7]	1994	1998	2002	2007
Gesamt	373.065	364.868	373.233	374.170	425.547
alte Länder ohne Berlin	180.985	240.053	276.077	281.404	328.509
neue Länder ohne Berlin	161.620	100.288	74.469	70.841	77.810

Quelle: Statistisches Bundesamt 2004 und 2008

Der Vergleich der Zahlen aus dem Jahr 2002 mit den Zahlen aus 1994 und 1998 zeigt, dass sich das Tempo der Entwicklung zum Ende der 90er-Jahre verlangsamt hat. Im Westen hat der Zuwachs zu knapp zwei Dritteln zwischen 1990 und 1994 stattgefunden; der Abbau im Osten konzentrierte sich noch stärker auf diesen Zeitraum. Im Westen ist der Zuwachs hauptsächlich auf die Realisierung des Rechtsanspruchs auf einen Kindergartenplatz zurückzuführen – Mitte der 90er-Jahre wurde vor diesem Hintergrund noch über einen drohenden Fachkräf-

---

[6] Quelle für die folgenden Zahlen zum Stichtag 15.03.2007: Statistisches Bundesamt 2008
[7] Die Zahlen aus den alten Bundesländern stammen vom 31.12.1990, die aus den neuen vom 21.12.1991.

temangel diskutiert (Beher / Knauer / Rauschenbach 1996: 13f.). Nachdem der Rechtsanspruch weitgehend erfüllt war, kam der Ausbau zwischen 1998 und 2002 zunächst allmählich zum Stillstand. Zwischen 2002 und 2007 fand dann ein erneuter Anstieg statt. Im Osten Deutschlands scheint der Abbau nicht nur zum Stillstand gekommen zu sein; vielmehr ist eine Trendwende mit einer Zunahme der Beschäftigung festzustellen, wenn diese Zunahme auch geringer ausfällt als im Westen.

Differenziert man nach Beschäftigten mit pädagogischen Aufgaben wie Erziehung, Bildung und Betreuung sowie nach Leitungs-, Verwaltungs- sowie hauswirtschaftlichem und technischem Personal, so entfällt im Zeitraum von 1998 bis 2006 – bei einem Beschäftigungszuwachs von insgesamt gut 50.000 – die Hälfte des neuen Personals von insgesamt 40.000 Personen auf den technisch-hauswirtschaftlichen Bereich. Somit haben wir in diesem Bereich im genannten Zeitraum eine Personalsteigerung von 50 %, im pädagogischen Bereich lediglich eine Steigerung um 5 %. Anders verhält es sich mit dem Zuwachs im Zeitraum zwischen 2006 und 2007, dem derzeit aktuellsten Erhebungszeitpunkt: Die Zahl der Beschäftigten ist insgesamt um 10.000 gestiegen, die alle auf den pädagogischen Bereich entfallen, womit die ersten Auswirkungen auf die Beschäftigungssituation deutlich werden, die beispielsweise durch die mit dem Tagesbetreuungsausbaugesetz verbundenen Perspektiven des Ausbaus der Betreuungsinfrastruktur ausgelöst werden.

Grafik 1: Tätige Personen in Kindertageseinrichtungen bundesweit

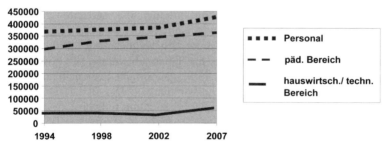

Quelle: Statistisches Bundesamt 2008

Im Ost-West-Vergleich fällt auf, dass der Zuwachs an Beschäftigtenzahlen vorrangig im alten Bundesgebiet zum Tragen kommt; dies gilt insbesondere für das pädagogische Personal sowie für den Bereich Hauswirtschaft / Technik. Anders verhält es sich mit dem Personalzuwachs in der Verwaltung, der in den neuen Bundesländern etwas höher ausfällt als in den alten.

Tabelle 3: Tätige Personen in Kindertageseinrichtungen
Steigerungsraten 1998 – 2007

	Bundesweit %	West %	Ost %
alle Beschäftigten	+ 14,0	+ 19,0	+ 4,5
päd. Personal	+ 14,0	+ 16,0	+ 9,0
Verwaltung	+ 214,0	+ 221,0	+ 251,0
Hauswirtschaft / Technik	+ 50,0	+ 78,0	+ 12,0

Quelle: Statistisches Bundesamt, diverse Jahrgänge, eigene Berechnungen

Wie später noch zu zeigen sein wird, ist Teilzeitbeschäftigung mit unterschiedlichen Stundenkontingenten sehr weit verbreitet; lediglich knapp 35 % sind hauptberuflich in Vollzeit (38,5 Std.) tätig. Insofern ist es interessant, zu den Beschäftigtenzahlen die entsprechenden Vollzeitäquivalente auszurechnen, um den Umfang des Personalvolumens richtig einschätzen zu können. Der Beschäftigtenzahl von ca. 267 Tsd. in Teilzeit Beschäftigten stehen lediglich knapp 142 Tsd. Vollzeitäquivalente gegenüber. Im Durchschnitt arbeiten die Teilzeitbeschäftigten also lediglich zu gut 50 % der regulären wöchentlichen Arbeitszeit. Die Entwicklung ausgedrückt in rechnerischen Vollzeitstellen zeigt, dass die Zahl der Beschäftigten zwar gestiegen ist, allerdings das Personalvolumen seit Anfang des Jahrtausends etwa gleich geblieben ist. Die Stagnation der Personalbilanz resultiert wahrscheinlich aus verschiedenen Entwicklungen: Der Bedarf im Hortbereich ist zurückgegangen, weil die Schulkinderbetreuung teilweise an die Schulen verlagert wurde (vgl. Kap. 7). Im Kindergartenbereich sinkt der Bedarf aufgrund des demografischen Wandels, wobei dies kompensiert wird durch die höhere Inanspruchnahme von Kindertagesbetreuungsplätzen, insbesondere von jüngeren Kindern[8].

---

[8] Die Zunahme der Kinderzahlen in Tageseinrichtungen von 2006 auf 2007 (plus ca. 27.000) entfällt zu 95 % auf die Gruppe der unter Dreijährigen (vgl. Statistisches Bundesamt, 2008).

Spezifiziert nach Art der Tageseinrichtung zeigt sich folgendes Bild im Vergleich zwischen 2006 und 2007 (jeweils Stichtag 15. März):

Tabelle 4: Tätige Personen in KiTas nach Art der Tageseinrichtung – 2006 / 2007

Tageseinrichtungen mit Kindern im Alter von ... bis unter ... Jahren	2006		2007	
0 – 3	3.029	0,7 %	4.106	1,0 %
2 – 8 (ohne Schulkinder)	192.529	46,4 %	191.609	45,0 %
5 – 14 (nur Schulkinder)	16.217	3,9 %	18.109	4,2 %
Kinder aller Altersgruppen	203.243	49,0 %	211.723	49,8 %

Quelle: Statistisches Bundesamt 2008

Im Vergleich erkennt man bereits eine Zunahme der Beschäftigten im Bereich der Betreuung der 0- bis 3-Jährigen. Hier zeigen sich erste Aufstockungen der Personalressourcen für Kinder unter drei Jahren auf der gesetzlichen Grundlage des Tagesbetreuungsausbaugesetzes.

Betrachtet man die Beschäftigten zum Stichtag 15.03.2007 ohne diejenigen, die im technischen und hauswirtschaftlichen Bereich tätig sind, so ergibt sich folgende Verteilung der 366.172 Personen nach Arbeitsbereichen:

Tabelle 5: Tätige Personen in KiTas nach Arbeitsbereichen Stichtag 15.03.2007

Gruppenleitung	147.722	40,3 %
Zweit- bzw. Ergänzungskraft	143.984	39,3 %
Förderung von Kindern nach SGB VIII / SGB XII i. d. Tageseinrichtung	13.016	3,5 %
Leitung	13.536	3,7 %
Verwaltung	3.057	0,8 %
Gruppenübergreifend tätig	44.857	12,2 %

Quelle: Statistisches Bundesamt 2008

Im Vergleich zu den Zahlen aus dem Jahr 2002 verdient zunächst die Anzahl der für Leitungstätigkeit freigestellten Beschäftigten besondere Beachtung; ihr Anteil ist in den vergangenen fünf Jahren absolut wie relativ gesunken. Im Jahre 2002 waren noch 5,1 % der in KiTas tätigen Personen für Leitungsaufgaben freigestellt, also etwa ein Viertel mehr als im Jahr 2007. Zweitens ist die Entwicklung des Verwaltungspersonals bemerkenswert: Dessen Anteil hat sich seit 2002 fast verdreifacht. Dies kann als Indiz dafür gewertet werden, dass die verwaltungstechnischen Aufgaben in den Kindertageseinrichtungen in den vergangenen Jahren stark zugenommen haben. Ergänzend muss allerdings auch berücksichtigt werden, dass im Verwaltungsbereich ein sehr großer Anteil an geringer Teilzeittätigkeit vorherrscht und sich hinter den Beschäftigtenzahlen ein wesentlich geringeres Beschäftigungsvolumen verbirgt.

Besondere Beachtung verdient zunächst die Zahl der für Leitungstätigkeit freigestellten Beschäftigten: Ihr Anteil ist in den vergangenen fünf Jahren absolut wie relativ gesunken. Im Jahre 2002 waren noch 5,1 % der in KiTas tätigen Personen für Leitungsaufgaben freigestellt, also etwa ein Viertel mehr als im Jahr 2007. Zweitens ist die Entwicklung des Verwaltungspersonals bemerkenswert: Dessen Anteil hat sich seit 2002 fast verdreifacht. Dies kann als Indiz dafür gewertet werden, dass die verwaltungstechnischen Aufgaben in den Kindertageseinrichtungen in den vergangenen Jahren stark zugenommen haben. Ergänzend muss allerdings auch berücksichtigt werden, dass im Verwaltungsbereich ein sehr großer Anteil an geringer Teilzeittätigkeit vorherrscht und sich hinter den Beschäftigtenzahlen ein wesentlich geringeres Beschäftigungsvolumen verbirgt.

3.2 Arbeitszeitstrukturen

Wie die errechneten Vollzeitäquivalente im Vergleich zu den Beschäftigtenzahlen bereits nahe legen, ist die Mehrzahl des Personals in Kindertageseinrichtungen in Teilzeit beschäftigt. Das Volumen der Teilzeit variiert dabei stark. Die meisten der Teilzeitbeschäftigten waren in 2007 mit einer Stundenzahl von 21 bis unter 32 Stunden tätig, ihr Anteil lag bei 44 % an allen Teilzeitkräften. 33 % waren lediglich mit weniger als 21 Stunden, also weniger als einer halben Stelle tätig. Knapp ein Viertel (23 %) arbeitete mit mehr als 32 Wochenstunden nur geringfügig unter dem Stundenkontingent einer Vollzeitstelle mit 38,5 Stunden.

Die Gruppe der nebenberuflich Tätigen ist mit 2,8 % an allen Beschäftigten die kleinste, die Stundenzahl der Beschäftigten liegt hier immer unter 20 Stunden. Wahrscheinlich handelt es sich in der Regel um eine geringfügige Beschäftigung.

Grafik 2: Tätige Personen in KiTas nach Arbeitszeitvolumen
Stichtag 15.03.2007
mit technisch / hauswirtschaftlichem Personal

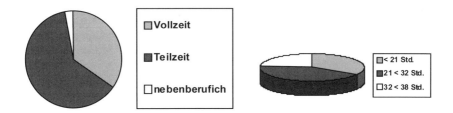

Quelle: Statistisches Bundesamt 2008

Ein ähnliches Bild bei der Verteilung der Arbeitszeitvolumina zeigt sich beim Personal in Kindertageseinrichtungen ohne Berücksichtigung der im hauswirtschaftlich/technischen Bereich Tätigen. Auch hier ist mit knapp 40 % weniger als die Hälfte in Vollzeit beschäftigt, jede/r zweite Teilzeitbeschäftigte arbeitet 21 bis unter 32 Stunden in der Woche und gut ein Viertel (28 %) mehr als 32 Stunden. Ein gravierender Unterschied zeigt sich in der Gruppe der vermutlich überwiegend geringfügig Beschäftigten, die weniger als 21 Stunden in der Woche tätig sind. Nur noch 22 % arbeiten mit einer so geringen Stundenzahl, da die Hälfte der knapp 90.000 in 2007 insgesamt mit weniger als 21 Stunden Beschäftigten im Bereich Technik und Hauswirtschaft tätig ist

Grafik 3: Tätige Personen in KiTas nach Arbeitszeitvolumen
Stichtag 15.03.2007
ohne technisch / hauswirtschaftliches Personal

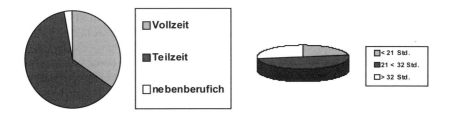

Quelle: Statistisches Bundesamt 2008

Betrachten wir die Verteilung des Beschäftigungsumfangs differenziert nach Arbeitsbereichen für das pädagogisch tätige und Verwaltungspersonal, so zeigt sich folgendes Bild:

Tabelle 6: Arbeitszeitvolumen nach Arbeitsbereichen Stichtag 15.03.2007

	Vollzeit	Teilzeit	davon:			nebenberuflich
			< 21 Std.	21 < 32 Std.	> 32 Std.	
Gruppenleitung	47,5 %	52,5 %	9,0 %	52,6 %	38,4 %	0,0 %
Zweit- bzw. Ergänzungskraft	33,5 %	62,8 %	28,5 %	53,4 %	18,1 %	3,7 %
Förd. von Kind. n. SGB VIII/ SGB XII i.d. Tageseinrichtung	23,2 %	66,0 %	38,9 %	38,2 %	22,9 %	10,8 %
Leitung	65,6 %	34,4 %	21,0 %	38,8 %	40,2 %	0,0 %
Verwaltung	10,2 %	36,6 %	62,9 %	27,9 %	9,2 %	53,2 %
Gruppenübergreifend tätig	30,7 %	61,4 %	28,4 %	44,6 %	27,0 %	7,9 %

Quelle: Statistisches Bundesamt 2008, eigene Berechnungen

Den größten Anteil an Vollzeitbeschäftigten haben mit 65 % die Leitungskräfte, aber bereits auf der Ebene der Gruppenleitungen halten sich Vollzeit- und Teilzeitbeschäftigte die Waage, Teilzeit dominiert sogar leicht. Bei den Zweit- bzw. Ergänzungskräften ist nur noch jede/r dritte Beschäftigte eine Vollzeitkraft. Nebenberuflich tätig sind insbesondere Verwaltungskräfte, auf Leitungsebene ist nebenberufliche Beschäftigung gar nicht und bei Zweitkräften in der pädagogischen Arbeit nur marginal anzutreffen.

Der Anteil der Vollzeitbeschäftigten liegt, wie oben bereits ausgeführt, in 2007 bei knapp 40 % im Bereich des pädagogischen und Verwaltungspersonals in der Kindertagesbetreuung. Dieser Durchschnitt wird signifikant überschritten bei den Praktikant/inn/en im Anerkennungsjahr (84,4 %) sowie Auszubildenden in anderen Bereichen (50,3 %) und ebenfalls bei Beschäftigten ohne abgeschlossene Berufsausbildung (57,5 %). Signifikant unter dem Durchschnitt liegt der Anteil bei Beschäftigten in Verwaltungs- und Büroberufen mit 8,9 % sowie bei Hauswirtschaftlern/Hauswirtschaftsleitern mit 13,2 %. Insgesamt zeigt sich folgendes Bild der Verteilung von Vollzeit- und Teilzeitbeschäftigung differenziert nach Berufsausbildungsabschluss:

Tabelle 7: Vollzeit- / Teilzeitanteil nach Berufsausbildungsabschluss Stichtag 15.03.2007

	Vollzeit-anteil in %	Teilzeit-anteil[9] in %
Dipl. Sozpäd./ Dipl. Sozarb. (FH)	43,8	56,2
Dipl.Päd. / Dipl. Sozpäd. / Dipl. Erzwiss. (Uni)	35,9	64,1
Dipl. Heilpäd. (FH)	41,7	58,3
Erzieher/innen	38,6	61,4
Heilpädagog/inn/en (Fachschule)	40,5	59,5
Kinderpfleger/innen	37,5	62,5
Assistent/innen im Sozialwesen	20,2	79,8
Sonst. soz./ sozpäd Kurzausbildung	21,9	78,1
Sonst. Sozial- und Erziehungsberufe	29,7	70,3
(Kinder)krankenschwestern / -pfleger	27,5	72,5
Sonst. Gesundheitsberufe	24,8	75,2
Lehrer/innen	21,1	78,9
Anderer Hochschulabschluss	17,6	82,4
Verwaltungs-/ Büroberufe	8,9	91,1
Hauswirtschafter/innen u. Wirtsch.leiter/innen	13,2	86,8
Sonst. Berufsausbildungsabschluss	18,7	81,3
Praktikant/innen im Anerkennungsjahr	84,4	15,6
Anderweitig noch in Berufsausbildung	50,3	49,7
Ohne abgeschlossene Berufsausbildung	57,5	42,5

Quelle: Statistisches Bundesamt 2008, eigene Berechnungen

---

[9] Teilzeit inklusive nebenberuflicher Teilzeitbeschäftigung

Der Teilzeitanteil unter den Beschäftigten in den Kindertageseinrichtungen hat in den letzten 15 Jahren stark zugenommen: Waren im Jahr 1990 noch knapp 75 % in Vollzeit tätig, so sank der Anteil bis zum Jahr 2007 auf knapp 35 %. Die Anteile der in Vollzeit bzw. Teilzeit Beschäftigten differiert zwischen den alten und neuen Bundesländern signifikant: Im Jahre 2007 lag der Anteil der Teilzeitkräfte bundesweit bei 62 %, in den neuen Ländern um 20 Prozentpunkte darüber und im Westen bei 58 %. Dies ist auf den ersten Blick umso überraschender, als die Frauenerwerbsquote in der ehemaligen DDR traditionell sehr hoch lag und die besseren strukturellen Bedingungen der institutionellen Kinderbetreuung es Frauen im Osten eher erlauben, voll berufstätig zu sein.

Diese Entwicklung ist sicher durch mehrere Faktoren bedingt, die sich in den westlichen und in den östlichen Bundesländern unterschiedlich darstellen (vgl. dazu auch Kap. 4.3.5). In den Einrichtungen der Kindertagesbetreuung sind fast ausschließlich Frauen beschäftigt, unter ihnen viele Mütter. Der Wunsch, nach einer Kinderpause wieder berufstätig zu sein, hat in den letzten Jahren deutlich zugenommen, der Anteil der Frauen auch mit kleinen Kindern, die in den Beruf zurückkehren, ebenfalls (vgl. Bothfeld et al. 2005; Holst 2007). Die Mehrzahl der Berufsrückkehrerinnen kann oder möchte diesen Wiedereinstieg aus verschiedenen Gründen lediglich in Teilzeit realisieren. Dieser Aspekt stellt wahrscheinlich in den westlichen Bundesländern den Hauptgrund für die Zunahme von Teilzeitarbeit dar. Die Entwicklung bei Beschäftigung in Kindertageseinrichtungen entspricht damit dem allgemeinen Trend, nach dem sich im Westen die wachsende Integration von Frauen in den Arbeitsmarkt vielfach über Teilzeitbeschäftigung realisiert.

Wie stark die Veränderungen in den letzten Jahren ausgeprägt sind, zeigt ein Blick auf einen Artikel von Thomas Rauschenbach aus dem Jahre 1996: Auf einer Fachtagung unter dem Titel „Erzieherin – ein Teilzeitberuf?" wurde vor allem die Frage thematisiert, dass viele Erzieherinnen Teilzeit arbeiten möchten, es aber nicht dürfen, worin ein möglicher Grund für die hohe Berufsausstiegsquote gesehen wurde (Rauschenbach 1996). Insofern kann der gestiegene Teilzeitanteil im Westen durchaus als eine Reaktion auf die Wünsche der Beschäftigten interpretiert werden.

In den östlichen Bundesländern, in denen der Anteil der Teilzeitbeschäftigten wesentlich höher liegt, dominiert hingegen die so genannte „unfreiwillige" Teilzeit. Der massive Beschäftigungsabbau, der dort seit Beginn der 90er-Jahre vollzogen wurde, wurde in vielen Einrichtungen dadurch sozial abgefedert, dass Stundenreduzierungen anstelle von Entlassungen vorgenommen wurden. Angesichts des Geburtenrückgangs und der Abwanderung ist dieser Trend nach wie vor von Bedeutung.

Grafik 4: Tätige Personen in KiTas – Entwicklung der Vollzeit / Teilzeit seit 1990

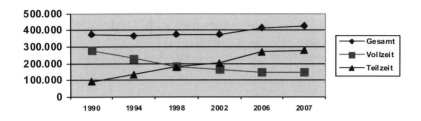

Quelle: Statistisches Bundesamt 2004 und 2008

Ein sprunghafter Anstieg der Teilzeitbeschäftigung um absolut 12.000 Personen hat von 2006 auf 2007 stattgefunden, begleitet von einem Rückgang der nebenberuflich Tätigen um 2.000 sowie einem leichten Anstieg der Vollzeitbeschäftigten um 1.000 Personen. Dies zeigt, dass die ersten Auswirkungen des Tagesbetreuungsausbaugesetzes und der mit der Ausweitung der Betreuungszeiten und Betreuungskapazitäten in den Einrichtungen verbundene höhere Personalbedarf sich überwiegend in der Schaffung von Teilzeitarbeitsplätzen realisiert. Dies ist sicherlich auch der Tatsache geschuldet, dass die Mehrzahl der neu geschaffenen Arbeitsplätze nicht im pädagogischen Bereich angesiedelt ist, sondern in dem sonstigen Versorgungsbedarf der Kinder, z.B. durch hauswirtschaftliches Personal für die Mittagessenversorgung, begründet ist.

Tabelle 8: Tätige Personen in KiTas – Vollzeit / Teilzeit / nebenberuflich im Jahr 2007

	Bundesweit	West	Ost
Vollzeit	35 %	39 %	17 %
Teilzeit	62 %	58 %	82 %
nebenberuflich	3 %	3 %	1 %

Quelle: Statistisches Bundesamt 2008

Gefragt nach Gründen für die Teilzeittätigkeit gab in einer von der GEW in 2007 durchgeführten Befragung die Mehrzahl mit knapp 45 % an, dies aufgrund von familiären bzw. persönlichen Verpflichtungen zu tun. Allerdings nannten auch 37 % der Befragten den Grund, dass sie keine Vollzeittätigkeit gefunden haben bzw. vom Arbeitgeber keine solche vorgesehen ist. In Ostdeutschland traf dies sogar auf drei Viertel der teilzeitbeschäftigten Erzieherinnen zu. Dies bestätigt die Vermutung, dass ein großer Teil der Teilzeitkräfte nicht freiwillig mit reduzierter Arbeitszeit tätig ist.

3.3 Befristung

Befristete Beschäftigung nimmt bei dem Personal in Kindertagesstätten bereits seit ca. 10 Jahren deutlich sichtbar zu. Die Steigerungsquote zwischen 1998 und 2002 lag bundesweit bei 54 %, d.h., fast 54.000 Beschäftigte waren unter der prekären Bedingung einer Befristung eingestellt. Die Beschäftigten in Westdeutschland sind deutlich häufiger von Befristungen betroffen: Ihr Anteil am Personal in Kindertageseinrichtungen lag bei 17 % gegenüber einem Anteil von lediglich 7 % in den neuen Ländern (Statistisches Bundesamt 2004). Dies hängt damit zusammen, dass Befristungen vor allem bei Neueinstellungen vorgenommen werden. Da im Osten in den letzten Jahren eher Personal abgebaut wurde, ist der Anteil an Befristungen mangels Neueinstellungen niedriger als im Westen, wo sich der Ausbau vielfach über befristete Einstellungen zu vollziehen scheint.

Besonders betroffen von dem Prekaritätsmerkmal „Befristung" sind offensichtlich die jüngeren Erzieher/innen. In der bereits oben zitierten Befragung der GEW in 2007 gab fast jede zweite Befragte unter 30 Jahren an, lediglich einen befristeten Arbeitsvertrag zu haben. Der Zugang zu einer gesicherten Beschäftigung ist gerade für die jüngeren, in den letzten Jahren erst eingestellten Fachkräfte schwierig geworden. Zweit- und Ergänzungskräfte werden offenbar besonders häufig befristet eingestellt; in der GEW-Studie gaben gut 26 % von ihnen an, befristet beschäftigt zu sein. Günstiger stellt sich die Situation für Leitungskräfte dar: Waren 15,5 % aller befragten Erzieherinnen befristet beschäftigt, so traf dies für nicht oder teilweise freigestellte Einrichtungsleitungen lediglich zu 6 % zu, für freigestellte zu 7,8 % (GEW 2007). Nach Trägern differenziert weist die GEW-Studie die höchste Befristungsquote mit 23,5 % in Wirtschaftsunternehmen und die niedrigste mit 11,9 % beim öffentlichen Träger aus. Gefragt nach den Befristungsgründen gab jede zweite Erzieherin an, dass eine Dauerstellung nicht zu finden war. Knapp 37 % war als Elternzeitvertretung tätig. Lediglich 1,8 % gaben an, eine Dauertätigkeit nicht zu wünschen.

3.4 Qualifikationsniveau

In den Debatten der letzten Jahre stehen immer wieder die gestiegenen Anforderungen an das Qualifikationsniveau des mit pädagogischen und Bildungsaufgaben betrauten Personals in Kindertageseinrichtungen im Mittelpunkt des Interesses. Der Umfang des Aufgabenspektrums ist gestiegen und damit auch das Anforderungsprofil an die Kenntnisse und Fähigkeiten des Personals sowie die Bereitschaft, sich regelmäßig weiterzubilden. Bereits in der Ausbildung werden Akzente neu gesetzt, insbesondere in der Erzieher/innen-Ausbildung sind zunehmend Tendenzen zur Akademisierung erkennbar. Ohne eine Berufsausbildung wird es, wie in so vielen Branchen, auch in der Kindertagesbetreuung immer schwieriger, eine Anstellung zu erhalten.

Diese Entwicklung schlägt sich auch in den Zahlen zu Beschäftigtengruppen nieder: Waren es im Jahre 1990 noch 10,5 % der Beschäftigten, die über keine abgeschlossene Berufsausbildung verfügten, so sank ihr Anteil kontinuierlich bis auf 1,8 % im Jahre 2007. Umgekehrt, wenn auch nicht in dem Ausmaß, hat sich die Beschäftigung des akademisch gebildeten Personals entwickelt: Lag ihr Anteil im Jahre 1999 erst bei 1,9 %, so ist er bis zum Jahre 2007 immerhin schon auf einen Anteil von 3,5 % gestiegen. Die folgende Tabelle zeigt die Entwicklung für die in den Einrichtungen der Kindertagesbetreuung häufigsten Berufsabschlüsse der Erzieher/innen und der Kinderpfleger/innen sowie für Berufe mit Hochschulabschluss und die Gruppe derer, die keinen beruflichen Abschluss haben.

Grafik 5: Tätige Personen in KiTas – nach Berufsausbildungsabschluss[10]

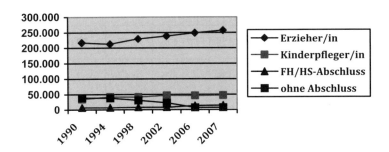

Quelle: Statistisches Bundesamt 2004 und 2008, eigene Berechnungen

---

[10] ohne technisches und hauswirtschaftliches Personal

Eine Spezifizierung des Qualifikationsniveaus anhand der beruflichen Abschlüsse des Personals in Kindertageseinrichtungen nach Arbeitsbereichen gibt Aufschluss darüber, welches Ausbildungsprofil in den jeweiligen Bereichen dominiert bzw. unterrepräsentiert ist. Deutlich überproportional gegenüber dem Anteil an allen Beschäftigten sind Erzieher/innen als Gruppenleitung (94,5 %) und gruppenübergreifend tätig (81,0 %), leicht überproportional sind sie in einer Leitungsfunktion zu finden (76,3 %) sowie zur Förderung von Kindern nach SGB VIII / SGB XII (77,1 %). Deutlich unter ihrem Anteil an der Gesamtpopulation sind Beschäftigte ohne einen berufsbildenden Abschluss in der Gruppenleitung (0,04 %) sowie in Leitungsfunktion (0,07 %) anzutreffen. Überproportional häufig zu finden sind sie hingegen in einer Verwaltungstätigkeit (5,2 %) sowie bei gruppenübergreifenden Tätigkeiten (5,7 %). Akademisch ausgebildete Beschäftigte haben den höchsten Anteil in der Verwaltung (55,4 %), wobei hier die Gruppe derer, die einen „anderen Hochschulabschluss" (also keinen unbedingt pädagogisch orientierten) hat, klar dominiert. Ebenfalls überproportional finden wir Akademiker/innen mit 23,2 % in Leitungsfunktionen sowie mit 15,7 % in der Förderung von Kindern nach SGB VIII / SGB XII.

Tabelle 9: Anteil Berufsabschluss nach Arbeitsbereichen[11]
Stichtag 15.03.2007

	Gesamt	**Gruppenleitung**	**Zweit- / Erg. kraft**	**Förderung nach SGB VIII / SGBXII**	**Leitung**	**Verw.**	**gruppenübergreifend tätig**
Erzieher/ in	70,2 %	94,5 %	60,0 %	77,1 %	76,3 %	37,0 %	81,0 %
Ki.pfleger/in	12,9 %	2,2 %	33,0 %	4,8 %	0,4 %	2,5 %	8,0 %
FH/HS[12]	4,1 %	3,3 %	2,8 %	15,7 %	23,2 %	55,4 %	5,3 %
ohne	2,1 %	0,04 %	4,3 %	2,3 %	0,075 %	5,2 %	5,7 %

Quelle: Statistisches Bundesamt 2008, eigene Berechnungen

---

[11] Auswahl der zentralen Berufe, daher bilden die Spaltensummen keine 100 Prozent
[12] Dipl. Soz.päd.,-arb.; Dipl. Päd.; Erz.wiss.; Dipl Heilpäd.; Lehrer/innen

Legt man den Trend der letzten Jahre hin zu einer Steigerung der beruflichen Anforderungsprofile für die Beschäftigten in Kindertageseinrichtungen zugrunde, so erstaunt es zunächst, dass der Anteil der Akademiker/innen in der Altersgruppe der über 50-Jährigen mit 6,0 % überproportional hoch liegt. Dies ist sicher damit zu erklären, dass besonders qualifiziertes Personal, insbesondere Frauen, tendenziell länger im Beruf bleiben; dies ist empirisch immer wieder belegt (vgl. Klenner / Pfahl 2008). Die Verteilung des beruflichen Ausbildungsprofils nach Altersklassen zeigt einen auffallend niedrigen Anteil an Personal ohne einen Berufsabschluss in den Gruppen der 30- bis 40-Jährigen (0,5 %) sowie der 40- bis 50-Jährigen (0,8 %). Insgesamt sieht die Verteilung der Berufsausbildungsabschlüsse nach Altersklassen folgendermaßen aus:

Tabelle 10: Anteil Berufsabschluss nach Altersklassen[13]
Stichtag: 15.03.2007

	Gesamt	unter 20 J	20 – 30 J	30 – 40 J	40 – 50 J	> 50 J
Erzieher/in	70,2 %	2,5 %	63,8 %	74,8 %	75,9 %	71,4 %
Ki.pfleger/in	12,9 %	10,8 %	14,6 %	13,3 %	10,9 %	22,9 %
FH / HS[14]	4,1 %	0,0 %	2,4 %	4,4 %	4,6 %	6,0 %
ohne	2,1 %	31,8 %	2,8 %	0,5 %	0,8 %	1,4 %

Quelle: Statistisches Bundesamt 2008, eigene Berechnungen

Der geringe Anteil an ausgebildetem Personal unter 20 Jahren ist sicher darin begründet, dass sich diese Menschen noch in der Berufsausbildung bzw. im Studium befinden, gleiches gilt auch für den Anteil der Akademiker/innen in der Gruppe der 20- bis 30-Jährigen, von denen sich wahrscheinlich ebenfalls eine Vielzahl noch im Studium befinden.

3.5 Altersstruktur

Wie in vielen anderen Berufsfeldern und in der gesamten Gesellschaft findet auch in den Kindertageseinrichtungen ein demografischer Wandel beim Fachpersonal statt. Zunehmend wird es zur Regel, dass auch Frauen ihren Beruf kontinuierlich oder nur durch eine kürzere Unterbrechung für Familienphasen und bis zum Rentenalter ausüben. Die wirkt sich in einem Bereich mit einer extrem ho-

---

[13] Auswahl der zentralen Berufe, daher bilden die Spaltensummen keine 100 Prozent
[14] Dipl. Soz.päd.,-arb.; Dipl. Päd.; Erz.wiss.; Dipl Heilpäd.; Lehrer/innen

hen Frauenquote gravierend aus und fordert eine Debatte zur Lösung der Anforderungen an altersgerechte Arbeitsplätze heraus. Hier wird in den kommenden Jahren ein großer Handlungsbedarf bestehen, da das Durchschnittsalter weiter steigen wird. Die Entwicklung zeigt auf der einen Seite einen Rückgang des Personals im „Nachwuchsalter" bis 25 Jahren und auf der anderen einen markanten Anstieg des Personals über 45 Jahren. In 2007 war bereits mehr als jede dritte Fachkraft mindestens 45 Jahre, in Ostdeutschland sogar bereits mindestens 50 Jahre alt. Bereits im Jahr 2002 lag der Anteil der über 40-Jährigen in den neuen Ländern bei 69 % an allen dort in Kindertageseinrichtungen Beschäftigten (Statistisches Bundesamt 2004).

Grafik 6: Tätige Personen in KiTas[15] – Verteilung nach Altersgruppen

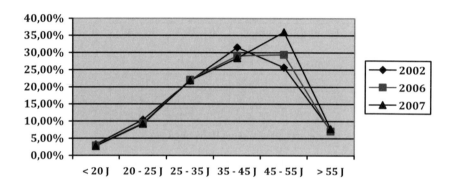

Quelle: Statistisches Bundesamt 2004 und 2008, eigene Berechnungen

Ein deutlicher Unterschied zeigt sich bei der Differenzierung nach Geschlecht: Die Gruppe der unter 25-Jährigen ist bei den männlichen Beschäftigten mehr als doppelt so hoch besetzt wie in der Gesamtpopulation. Dementsprechend liegt der Anteil der über 45-Jährigen mit 23,2 % weit unter dem entsprechenden Anteil mit 37,8 % beim gesamten pädagogisch tätigen Personal in Kindertageseinrichtungen.

---

[15] ohne technisches und hauswirtschaftliches Personal

Tabelle 11: Altersgruppen differenziert nach Geschlecht
Stichtag 15.03.2007

	Gesamt	m	w
< 25 Jahre	11,9 %	24,8 %	11,5 %
25 – 45 Jahre	50,3 %	52,0 %	50,2 %
> 45 Jahre	37,8 %	23,2 %	38,3 %

Quelle: Statistisches Bundesamt 2008

3.6 Geschlechterverteilung

Die oben dargestellte Verteilung nach Altersklassen lässt eine Tendenz erkennen, dass junge Männer sich aktuell zunehmend für eine Tätigkeit in Kindertageseinrichtungen entscheiden, allerdings findet man insgesamt Männer nach wie vor selten in Einrichtungen der Kinderbetreuung. Von bundesweit 366.172 pädagogisch Tätigen in Kindertageseinrichtungen zum Stichtag 15.03.2007 waren 354.535 Frauen, damit betrug der Anteil der beschäftigten Männer 3,2 %. Trotz der oben angesprochenen Professionalisierungstendenzen und einer damit verbundenen Aufwertung des Berufes „Erzieher/in" ist die Zahl der männlichen Beschäftigten nach einem leichten Aufwärtstrend in den 90er-Jahren des vergangenen Jahrhunderts in den vergangenen Jahren wieder gesunken.

Tabelle 12: Anteile – männliche Beschäftigte in KiTas

1990/91	1994	1998	2002	2006	2007
3,9 %	3,8 %	5,0 %	3,8 %	3,2 %	3,2 %

Quelle: Statistisches Bundesamt 2004, eigene Berechnungen

Hier bedarf es offensichtlich noch anderer bzw. weiterreichender Anreize für männliche Jugendliche, sich für den Beruf des Erziehers zu entscheiden. Frauen sind, im Gegensatz zu vielen anderen Berufsfeldern, auf allen Qualifikationsebenen entsprechend ihrem Gesamtanteil vertreten, lediglich im technischen Bereich dominieren Männer.

3.7 Arbeitslosigkeit

Ein zentrales ergänzendes Merkmal zur Beschreibung der Entwicklung von Beschäftigungsstrukturen sind Umfang und Struktur der Arbeitslosigkeit in einem Beschäftigungsfeld. Da der Beruf der Erzieher/in / Kinderpfleger/in mit 83,1 % an allen Beschäftigten einen ganz zentralen Stellenwert im Bereich der Kindertagesbetreuung einnimmt, wollen wir uns die Entwicklung der Arbeitslosigkeit in diesem Beruf im Verlauf der letzten Jahre genauer ansehen.

Grafik 7: Erzieher/innen: Entwicklung der Arbeitslosenzahl (bundesweit)

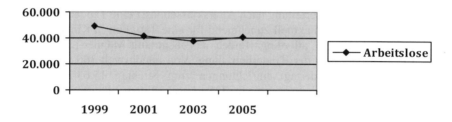

Quelle: Berufe im Spiegel der Statistik 2008

Männer sind stärker von Arbeitslosigkeit betroffen. Von der sinkenden Arbeitslosenquote in den letzten Jahren profitieren fast ausschließlich weibliche Arbeitskräfte.

Grafik 8: Entwicklung der Arbeitslosenquote – geschlechtsspezifisch

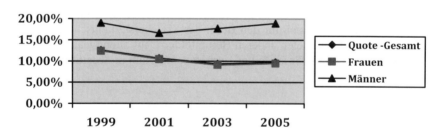

Quelle: Berufe im Spiegel der Statistik 2008

Differenziert nach Altersgruppen stellen die Erzieher/innen zwischen 35 und 50 Jahren die größte Gruppe der Arbeitslosen dar, und dies trotz sinkender Entwicklung. Gestiegen ist dagegen der Anteil der Jüngeren in den Altersgruppen bis 25 Jahren und von 25 bis 35 Jahren.

Grafik 9: Anteil der Gruppen an Arbeitslosigkeit – altersspezifisch

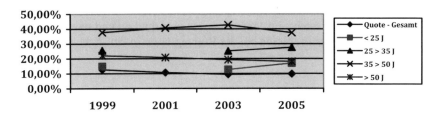

Quelle: Berufe im Spiegel der Statistik 2008

Die Entwicklung der Arbeitslosigkeit von Erzieher/inne/n hat sich differenziert nach Bundesländern deutlich unterschiedlich vollzogen. Ein Ost-West-Vergleich zeigt, dass der Anteil der arbeitslosen Erzieher/innen in Ostdeutschland durchweg höher liegt als im Westen. Insgesamt stellt sich die Tendenz allerdings in einer kontinuierlich sinkenden Arbeitslosenquote günstiger dar.

Grafik 10: Entwicklung der Arbeitslosenquoten – bundesweit / Ost / West

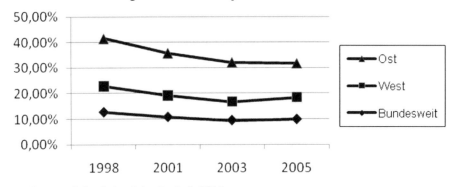

Quelle: Berufe im Spiegel der Statistik 2008

Bundesweit betrachtet ist knapp jede/r dritte arbeitslose Erzieher/in bereits länger als ein Jahr arbeitslos, diese Quote hat sich in den letzten Jahren lediglich marginal verändert.

Auch von Langzeitarbeitslosigkeit sind Erzieher/innen im Osten Deutschlands stärker betroffen als in den westlichen Bundesländern. Ist bundesweit ein Anteil von 32,7 % länger als ein Jahr arbeitslos, so stellt diese Gruppe im Westen lediglich einen Anteil von 28,4 %, im Osten allerdings von 41,4 %. Das bedeutet, dass in den neuen Bundesländern mehr als jede/r dritte arbeitslose/r Erzieher/in bereits mindestens ein Jahr arbeitslos gemeldet ist und damit als schwer vermittelbar besondere Probleme bei der Reintegration in den Arbeitsmarkt hat.

3.8 Fazit

Die Entwicklung der Beschäftigungsstruktur ist durch einige teils gegenläufige Trends gekennzeichnet. Im Vergleich zur Situation Anfang der 90er-Jahre ist im Osten Deutschlands eine erhebliche Abnahme, im Westen eine erhebliche Zunahme der Beschäftigung vorzufinden. Konstatiert werden muss ein deutlicher Trend zur Prekarisierung. Generell findet sich eine wachsende Tendenz zum Abschluss befristeter Arbeitsverträge, wobei sich diese Tendenz angesichts eines höheren Anteils an Neueinstellungen im Westen bislang deutlicher bemerkbar macht als im Osten. Dort bedeutet Prekarisierung vor allem, dass ein hoher Anteil der Mitarbeiter/innen in Kindertageseinrichtungen unfreiwillig teilzeitbeschäftigt ist. Nicht zuletzt im Hinblick auf die Sicherung der pädagogischen Qualität wird es in den nächsten Jahren darauf ankommen, dass die Träger von Kindertageseinrichtungen verstärkt nach Möglichkeiten der Personalwirtschaft suchen, um den Trend zur Prekarisierung umzukehren.

Die vielfach geforderte Akademisierung des Personals in der Kindertagesbetreuung schlägt sich in den Beschäftigtenzahlen noch nicht nieder. Gleiches gilt für die Bestrebungen, verstärkt Männer für dieses Berufsfeld zu gewinnen. Ohne adäquate aktive Strategien und abgestimmte Maßnahmen werden beide Ziele nicht zu erreichen sein. Eine weitere Herausforderung ergibt sich schließlich aus der Altersstruktur: Zum einen wird es hier in den nächsten Jahren verstärkt um die Umsetzung altersgerechter Arbeitsstrukturen gehen. Zum anderen muss ein Generationswechsel vorbereitet werden. Mit dem Renteneintritt einer großen Gruppe älterer Beschäftigter wird ein entsprechender Bedarf an Nachwuchskräften bestehen. Die sinkenden Arbeitslosenquoten deuten darauf hin, dass dieser Bedarf nicht ohne weiteres auf dem Arbeitsmarkt gedeckt werden kann, wenn nicht zusätzliche Anstrengungen zur Gewinnung von Nachwuchskräften unternommen werden.

Damit wären die Träger aus ihrem eigenen Interesse heraus gut beraten, personalwirtschaftliche Strategien jenseits der Prekarisierung zu entwickeln. Sobald ein Arbeitskräftemangel entsteht, sind sie im Hinblick auf die eigene Zukunftsfähigkeit eigentlich gezwungen, Aktivitäten zur Steigerung der Attraktivität der Arbeitsverhältnisse zu entfalten. Träger, die hier frühzeitig investieren, können sich auf diese Weise einen Konkurrenzvorteil erarbeiten, von dem sie in einigen Jahren profitieren werden.

Sybille Stöbe-Blossey

4 Flexible Betreuungsformen im Bundesländer-Vergleich – Rahmenbedingungen und Auswirkungen

Angebote der Kinderbetreuung – ob im U3-Bereich, im Kindergartenalter oder für Schulkinder – haben die doppelte Funktion, die Bildung und Entwicklung der Kinder zu fördern und die Vereinbarkeit von Familie und Beruf zu erleichtern. Angesichts des Trends zur Ausdifferenzierung von Arbeitszeiten (vgl. 2.4) haben Familien sehr unterschiedliche Bedarfe im Hinblick auf die Betreuungszeiten, so dass eine Flexibilisierung der Betreuungsangebote – nicht zuletzt im Sinne einer nachhaltigen Familienpolitik (vgl. 2.6) – immer häufiger gefordert wird. Wenn auf diese Bedarfe eingegangen wird, entstehen Konfliktfelder: Zum einen gibt es potenziell ein Spannungsverhältnis zu Ansprüchen pädagogischer Qualität. Insofern ist die Frage von Interesse, wie dieses Spannungsfeld über die öffentliche Regulierung gestaltet wird. Zum anderen stellt sich die Frage nach den Auswirkungen von Flexibilisierung auf die Arbeitssituation der Mitarbeiter/innen in den Kindertageseinrichtungen.

Wenn von Flexibilisierung die Rede ist, geht es einerseits um Angebote für atypische Arbeitszeiten (am späten Nachmittag, am Abend, am Wochenende), andererseits um passgenaue Angebote für Teilzeitbeschäftigte. Erfahrungen zeigen, dass Letzteres insbesondere im U3-Bereich gefragt ist, weil der Anteil an Teilzeitbeschäftigung unter Eltern mit Kindern dieser Altersgruppe besonders hoch ist. So äußerten in einer unserer Telefonbefragung im BeKi-Projekt (vgl. 1) 44,8 % der Mütter von unter Dreijährigen Interesse an einem Krippenplatz für einzelne Wochentage, 33,8 % könnten sich vorstellen, einen Platz zwar an allen Wochentagen, aber nur stundenweise zu nutzen (Esch / Klaudy / Stöbe-Blossey 2005: 71). Bei Kindern im Kindergartenalter geht es in der Praxis weniger um eine tageweise Nutzung, sondern darum, ob Betreuungszeiten, die über den Vormittagsplatz hinausgehen, über die gesamte Woche gleich oder auch an einzelnen Wochentagen, also flexibel, genutzt werden können. Noch stärker ist im Hinblick auf Schulkinder der Bedarf festzustellen, Nachmittagsangebote individuell und flexibel nutzen zu können (ebd.: 73).

In diesem Kapitel werden zunächst pädagogische Aspekte flexibler Betreuung diskutiert (4.1). Anschließend wird ein Überblick über unterschiedliche Regelungen in den Bundesländern gegeben, der auf einer Auswertung zugänglicher Dokumente und zwei Befragungen der Landesjugendämter basiert (4.2).

Einbezogen werden dabei außerdem Ergebnisse eines „Länderreports", den die Bertelsmann Stiftung im Jahr 2008 publiziert hat (Bertelsmann Stiftung 2008). Im Anschluss wird nach den Auswirkungen von Flexibilisierung auf die Situation der Beschäftigten in der Kindertagesbetreuung gefragt (4.3). Dabei können einige Ergebnisse der Interviews im BOP-Projekt sowie Ergebnisse von Studien in Einrichtungen mit flexibler Betreuung herangezogen werden. Darüber hinaus wird auf der Grundlage von Daten aus dem Bertelsmann-Länderreport der Frage nach Zusammenhängen zwischen Betreuungszeiten und ihrer rechtlichen Regulierung einerseits und dem Verhältnis zwischen Voll- und Teilzeitarbeit andererseits nachgegangen.

4.1   Flexible Betreuung – Bedarf und pädagogische Fragen

Unter flexibler Betreuung verstehen wir Angebote, in denen Familien ihre Betreuungszeiten je nach ihrem Bedarf wählen können. „Flexibilität" kann damit erstens eine Betreuung außerhalb der „Standard-Öffnungszeiten" von Einrichtungen bedeuten – wobei diese Standard-Öffnungszeiten je nach Bundesländern große Unterschiede aufweisen. Während eine Betreuungszeit nach 16.30 Uhr in den Flächenländern in Westdeutschland schon außerhalb der Standard-Öffnungszeiten der meisten Einrichtungen liegt, werden in den ostdeutschen Ländern und auch in den Stadtstaaten traditionell längere Öffnungszeiten vorgehalten (welche im Osten Deutschlands allerdings ausgedünnt wurden). Zweitens heißt Flexibilität, dass Familien nicht unbedingt das Komplett-Angebot einer Einrichtung oder einer Gruppe in Anspruch nehmen müssen, sondern unterschiedliche Zeitmodelle wählen können. Im Kleinkindbereich spielt dabei vielfach der Wunsch von Familien eine Rolle, ihr Kind möglichst oft selbst zu betreuen; viele Elternteile (in der Regel Mütter) arbeiten in dieser Phase in Teilzeit und wünschen sich Betreuungszeiten, die zu ihren Arbeitszeiten passen (vgl. 2.5). Der traditionelle Vollzeitplatz geht häufig über den Bedarf hinaus. Bei Kindergarten- und Schulkindern steht oft der Wunsch nach gemeinsamer (oder durch das Kind frei gestaltbarer Zeit) im Vordergrund, so dass manche Eltern die Über-Mittag- und Nachmittagsbetreuung nur für die Wochentage wünschen, an denen sie arbeiten. Insgesamt lässt sich festhalten, dass sowohl die Arbeitszeiten der Eltern als auch die Bedürfnisse von Eltern und Kindern sehr heterogen sind – die Ansprüche an Betreuungszeiten sind demnach entsprechend vielfältig (Esch / Klaudy / Stöbe-Blossey 2005).

In den einzelnen Bundesländern werden diese Bedarfe in höchst unterschiedlicher Form bewertet und aufgegriffen. Dass das Thema „Flexibilisierung" inzwischen auf der Agenda steht, lässt sich daran ablesen, dass die Bundesarbeitsgemeinschaft der Landesjugendämter dazu im Frühjahr 2008 ein Positionspapier verabschiedet hat (BAGLJÄ 2008). Konsens scheint demzufolge zum einen darüber zu bestehen, dass ein Bedarf an Flexibilisierung besteht und dass mit Hilfe der Kindertagesbetreuung die Rahmenbedingungen für die Vereinbarkeit von Familie und Beruf verbessert werden müssen: „Flexible Öffnungszeiten in Kindertageseinrichtungen sind für Familien auch Bedingung dafür, dass Personensorgeberechtigte in Ruhe ihrer Arbeit nachgehen können, mit der Gewissheit, sich eines qualitativ guten und verlässlichen Angebots der Kindertagesförderung zu bedienen." (BAGLJÄ 2008: 12) Zum anderen wird betont, dass Flexibilisierung auch Grenzen haben müsse (ebd.: 11) und dass die Bedürfnisse von Kindern im Vordergrund zu stehen haben: „Dazu gehören Verlässlichkeit in den Strukturen und Beziehungspersonen, die Möglichkeit, Freundschaften zu entwickeln, Erfahrungsräume zu entdecken und zu erkunden sowie Mitsprache auszuüben." (ebd.: 4) Hingewiesen wird auch darauf, dass die Gewährleistung hoher Flexibilität unter Beibehaltung einer hohen pädagogischen Qualität „intelligente" Konzepte (ebd.: 5) erfordert. Voraussetzung dafür sei „die Offenheit der Einrichtung für solche Herausforderungen und die Bereitschaft zur Veränderung der Organisationsstruktur" (ebd.). Über die Ausgestaltung pädagogischer Konzepte für flexibel arbeitende Einrichtungen macht das Papier keine Aussage.

In der Tat fehlt der pädagogischen Debatte zu diesem Themenfeld bislang eine Fundierung. Weitgehend Einigkeit besteht noch darüber, dass Flexibilität nicht mit Beliebigkeit gleichgesetzt werden kann, wenn eine pädagogische Qualität der Angebote sichergestellt werden soll. Ein ständiges Kommen und Gehen der Kinder stört das freie Spiel ebenso wie die Durchführung pädagogischer Angebote. Einrichtungen mit flexiblen Angeboten bieten daher oft „Betreuungsbausteine" (in Form von Stundenblöcken) an, die die einzelne Familie nach ihrem Bedarf zusammensetzen kann. Innerhalb unterschiedlicher Mindestgrenzen bleibt es der Familie überlassen, welche Bausteine sie wählt; sie soll ihr Kind jedoch nicht während eines laufenden Stundenblocks bringen oder abholen. Ebenso dürfte es einen breiten Konsens darüber geben, dass Kinder (je jünger, desto mehr) ein gut strukturiertes Tagesraster und vor allem eine möglichst weitgehende Kontinuität im Hinblick auf die erwachsenen Bezugspersonen brauchen. Eine Mindestanwesenheitszeit wird gerade für kleine Kinder für sinnvoll gehalten, damit der Effekt der Eingewöhnung eintreten kann – wie viele Tage oder wie viele Wochenstunden diese Mindestzeit betragen muss, darüber gehen die Meinungen wiederum auseinander.

Erfahrungen aus flexiblen Einrichtungen deuten weiterhin darauf hin, dass Flexibilität leichter und besser zu organisieren ist, wenn nach Konzepten der offenen Gruppenarbeit vorgegangen wird. Offene Gruppenarbeit ermöglicht eine Modularisierung von Angeboten, die das Kind in seinen jeweiligen Anwesenheitszeiten individuell nutzen kann. Konzepte offener Gruppenarbeit sind jedoch nicht unumstritten und stoßen bei vielen Erzieher/inne/n auf Vorbehalte. Bereits hier endet also der Konsens. Schärfer werden die Auseinandersetzungen, wenn es um die Frage geht, wie viel Gruppenkontinuität ein Kind braucht. Hier gibt es höchst unterschiedliche Positionen: Während die einen eine möglichst fest und täglich gleich zusammengesetzte Gruppe (aus der Perspektive bindungstheoretischer Überlegungen) für ideal halten, betonen andere den Zugewinn an kindlicher Autonomie in offenen Konzepten und weisen darauf hin, dass feste Gruppen oft auch feste Machtstrukturen haben und daher keineswegs nur positiv zu bewerten sind.

Darüber hinaus lässt sich in der (insbesondere westdeutschen) Diskussion eine Entwicklung feststellen, die zu vor wenigen Jahren noch fast undenkbaren Kontroversen führt. Lange Zeit galt es hier als Gewissheit, dass ein Kleinkind zur Mutter gehört und eine externe Betreuung eine Notlösung sei, die höchstens in sehr familienähnlichen Strukturen akzeptabel sein könnte. Im Zuge der PISA-Debatte hat die frühkindliche Bildung einen deutlich höheren Stellenwert erhalten, und Bildung – so die oft unausgesprochene Vermutung – findet in erster Linie in Institutionen statt und nicht in der Familie. Unter diesem Gesichtspunkt erscheint es plötzlich als kontraproduktiv, die Anwesenheitszeit eines Kindes (auch eines Kleinkindes) in einer Einrichtung auf das angesichts der Arbeitszeiten der Eltern notwendige Maß begrenzen zu wollen. Zwischen diesen beiden Polen ist es schwierig, eine sachliche Debatte über die pädagogische Gestaltung flexibler Betreuung zu führen.

Diese wenigen Stichwörter mögen genügen, um auf die Komplexität der pädagogischen Debatte hinzuweisen. Allerdings stehen die Überzeugung und teilweise die Heftigkeit, mit der in dieser Debatte unterschiedliche Positionen vertreten werden, in einem diametralen Gegensatz zum tatsächlichen Erkenntnisstand. Keines der befragten Landesjugendämter verfügte zum Zeitpunkt der Befragung über Studien oder systematische Auswertungen über Möglichkeiten, Gestaltungsoptionen, notwendige Grenzen und Auswirkungen von Flexibilität. Die in diesem Kapitel dargestellten Regulierungen basieren daher teils auf Traditionen, teils auf Erfahrungen, teils auf mehr oder weniger begründeten Vermutungen – nicht jedoch auf nach wissenschaftlichen Kriterien erarbeiteten Ergebnissen. Angesichts der wachsenden Bedeutung flexibler Konzepte müsste diese Forschungslücke dringend geschlossen werden.

Ein Schritt in diese Richtung wurde im Frühjahr 2008 vom Landesjugendamt Rheinland (Nordrhein-Westfalen) initiiert, das bei der Forschungsgruppe „Verhaltensbiologie des Menschen" (FVM; Kandern; www.verhaltensbiologie.com) eine Recherche zu der Frage in Auftrag gab, mit der Möglichkeiten und Grenzen flexibler Betreuung von Kleinkindern (also von unter Dreijährigen) ausgelotet werden sollten. Neben einer umfassenden Literaturrecherche basierte diese Untersuchung auf der Auswertung von Befragungen von 20 Expert/inn/en und 21 Leiter/inne/n von Einrichtungen mit flexiblem Angebot (Haug-Schnabel et al. 2008). Einige zentrale Ergebnisse sollen hier zusammengefasst werden:

- Einigkeit besteht in der Literatur über die Wichtigkeit einer kontinuierlichen, positiven Erzieherin-Kind-Beziehung. Die auch in der Praxis flexibler Betreuung immer wieder formulierte Anforderung, etwa über ein System von Bezugserzieher/inne/n dafür zu sorgen, dass das Kind zuverlässige Bezugspersonen hat, lässt sich anhand der Ergebnisse zahlreicher, unterschiedlicher Studien legitimieren (Haug-Schnabel et al. 2008: 12ff. mit zahlreichen Verweisen).
- Auch die Gleichaltrigengruppe ist eine wichtige Sozialisationsinstanz. Die Anwesenheit vertrauter Kinder reduziert Stress, ermöglicht den Aufbau von Freundschaften und schafft Sicherheit, weil in stabilen Gruppen „Handlungsmuster schon bekannt sind, die Rangordnung schon geklärt ist bzw. die Rollen verteilt sind" (ebd.: 17). Ein Teil der befragten Expert/inn/en problematisiert daher eine wechselnde Gruppenzusammensetzung grundsätzlich, ein Teil weist darauf hin, dass „eine Veränderung der Gruppe eine Umorientierung für die Kinder notwendig macht, bei der sie Unterstützung brauchen. Ist dies der Fall, wirke sich langfristig aber die Veränderung der Gruppenstabilität nicht auf das Verhalten der Kinder aus." (ebd.: 18)[16]
- Ein dritter Faktor der Stabilität betrifft die Gestaltung des Tagesablaufs. Hier wiederum besteht in der Fachdiskussion Einigkeit darüber, dass Struktur, Rhythmisierung und Rituale von hoher Bedeutung sind, damit die Kinder sich orientieren können (ebd.: 18ff., 32ff.). Allerdings wird gerade im

---

[16] Bemerkenswert ist zum einen – gerade im Vergleich zur Frage der stabilen Erzieherin-Kind-Beziehung – der Mangel an empirischen Untersuchungen zu den Auswirkungen von Gruppen(in)stabilität. Auffällig ist zum anderen die Selbstverständlichkeit, mit der Gruppenstabilität als ein positiver Faktor bewertet wird. Ob feste Handlungsmuster, eine geklärte Rangordnung und verteilte Rollen sich tatsächlich immer positiv auf die Entwicklung von Kindern auswirken oder ob gerade diese festen Strukturen auch Entwicklungsmöglichkeiten einschränken, müsste jedoch hinterfragt werden. Wenn das Handlungsmuster darin besteht, dass – wie in festen Gruppen häufig zu beobachten – ein bestimmtes Kind „den Ton angibt", wenn ein Kind längerfristig „unten" in der Rangordnung steht oder wenn es eine problematische Rolle – die des Außenseiters, die des „Gruppenclowns" usw. – einnimmt, sind problematische Sozialisationseffekte eigentlich recht offenkundig zu erwarten. Insofern ist es erstaunlich, dass eine wechselnde Zusammensetzung von Gruppen, die eine Verfestigung derartiger Strukturen vermeidet oder reduziert, nur als potenzielles Problem und nicht als Chance wahrgenommen wird. Ein interdisziplinärer Forschungsansatz, der pädagogische Fragestellungen mit Erkenntnissen und Methoden der Soziologie zur Funktionsweise von Gruppen verknüpfen würde, könnte hier einen sinnvollen Weg weisen.

Hinblick auf Kleinstkinder darauf hingewiesen, wie wichtig die Berücksichtigung unterschiedlicher Schlafrhythmen ist: „Völlig unphysiologisch ist es, die unter Dreijährigen verfrüht aus ihrem Mittagsschlaf zu holen, um eine homogene Kindergruppe zu haben." (ebd.: 21)

- Eine zentrale Bedeutung wird gerade bei flexiblen Betreuungsarrangements einem guten Eingewöhnungskonzept zugeschrieben, das „elternbegleitet" und „bezugspersonenorientiert" sein muss (ebd.: 30ff.). Des Weiteren sei eine „professionelle Elternarbeit und Buchungsberatung" (ebd.: 33ff.) wichtig, wobei klare Regeln und eindeutige Grenzen der Flexibilität aufgezeigt werden und Eltern im Sinne des Kindeswohls beraten werden müssen. Zu den Regeln und Grenzen gehört vor allem die Festlegung von Mindestbuchungs- und Kernzeiten, um die Umsetzbarkeit und den ungestörten Ablauf pädagogischer Angebote zu gewährleisten.
- Wenn bei flexiblen Betreuungslösungen eine gute Bildungsarbeit geleistet werden soll, ist eine individuelle Bildungsdokumentation besonders wichtig. Durch entsprechende organisatorische Regelungen muss sichergestellt werden, dass auch Kinder, die nicht täglich anwesend sind, im erforderlichen Umfang an Förderprogrammen partizipieren können. Bildungsangebote müssen daher in Modulen angeboten werden, so dass Kinder die Möglichkeit haben, zu unterschiedlichen Zeiten an in sich abgeschlossenen Angeboten teilzunehmen, und die Angebote individuell verknüpft werden können. (ebd.: 38ff.)
- Die Befragung der Einrichtungen ergab höchst variierende Einschätzungen in Bezug auf Abweichungen zwischen nur tageweise oder täglich betreuten Kindern. Keine Unterschiede oder sogar Vorteile bei nicht täglich betreuten Kindern sahen die Befragten mehrheitlich beispielsweise bezüglich der Fähigkeit zur Orientierung im Gruppenraum und im Gebäude, des emotionalen Wohlbefindens, der Kooperationsbereitschaft und der Fähigkeit, Hinweise und Kommentare der Erzieherinnen zu verstehen. Etwa die Hälfte der Befragten ist der Meinung, dass der Aufbau einer Beziehung zur Erzieherin und der Kontaktaufbau mit anderen Kindern für nicht täglich betreute Kinder schwieriger sind und dass es länger dauert, bis ihnen Abläufe selbstverständlich sind. Fast alle Befragten waren der Auffassung, dass diese Kinder sich schwerer tun, Freundschaften zu entwickeln. (ebd.: 22)

Als Quintessenz der Studie wird betont, dass der „halbherzige Einstieg in die flexible Betreuung überwunden werden" (ebd.: 42) muss: „Das häufige Startmodell der Beratung, auf Flexibilisierungswünsche zu reagieren – so wenige Stunden wie möglich am Tag, so wenige Tage wie möglich in der Woche für flexible Kinder zur Verfügung zu stellen, um möglichst wenig Veränderung zu erleben oder beantworten zu müssen –, gilt als gescheitert. (...) es braucht die Bereitschaft für eine intendierte, klar organisierte flexible Betreuung mit auf Flexibilität abgestimmter Struktur, Pädagogik und Organisation." (ebd.: 42f.)

Vor diesem Hintergrund ist die Auswertung von Erfahrungen aus Einrichtungen von Interesse, die explizit mit flexiblen Konzepten arbeiten. In einer Studie des Deutschen Jugendinstituts (DJI; Klinkhammer 2008) wurden 18 Einrichtungen untersucht, die ungewöhnlich lange Öffnungszeiten, eine flexible Buchbarkeit von Betreuungsstunden, Optionen für eine kurzfristige Notfallbetreuung, Möglichkeiten zur Ferien-, Abend-, Nacht- und/oder Wochenendbetreuung sowie erweiterte Dienstleistungen (bspw. Fahrdienste) anbieten (Klinkhammer 2008: 13, 26ff.). Die befragten Leitungen schildern, dass Kinder sich in der Einrichtung wohl und geborgen fühlen, gerade weil auf die individuellen Bedürfnisse sowohl der Kinder als auch ihrer Familien eingegangen werde. Sie stellen fest, dass „Familien ihren Rhythmus haben – aber dieser kann von Familie zu Familie unterschiedlich sein. Die Einrichtung geht nicht davon aus, dass alle Eltern und Kinder in der gleichen Lebens- und Erwerbssituation stecken, sondern dass es auf die unterschiedlichen Modelle von Familienalltag Antworten geben muss." (ebd.: 24) Flexible Angebotsstrukturen, so die Einschätzung der Leitungen, führen genau nicht dazu, dass Eltern ihre Kinder ohne Rücksicht auf deren Bedürfnisse „wegorganisieren", sondern dass sie verantwortungsvoll mit den Möglichkeiten umgehen und für sich Lösungen finden (ebd.: 24f., 95f.), die den Zeitstress im Familienalltag reduzieren (ebd.: 83ff.). Voraussetzung dafür sei eine intensive Beratung der Eltern durch die Einrichtung (ebd.: 25). Dieser engere Elternkontakt wiederum habe für die pädagogische Arbeit mit den Kindern sehr positive Effekte (ebd.: 23).

Zu ähnlichen Ergebnissen kommt eine Evaluationsstudie des Modellprojekts „Kids & Co.", einer Kindertagesstätte der Commerzbank in Frankfurt (FAIF/Prognos AG 2009). Kids & Co. bietet für 200 Kinder eine Betreuung von 7.00 Uhr bis 19.00 Uhr, wobei unterschiedliche Bring- und Abholzeiten sowie individuelle, regelmäßig festgelegte Tagkombinationen genutzt werden können. Die Möglichkeit der Teilzeitbetreuung wird intensiv genutzt; 42 % der Kinder sind an zwei bis drei Tagen in der Einrichtung, 33 % an vier Tagen und 25 % an fünf Tagen. Durch teilnehmende Beobachtungen sowie mündliche und schriftliche Befragungen von Eltern und Erzieherinnen wurde in der Evaluationsstudie untersucht, wie sich die flexible Betreuung auf das Wohlbefinden der Kinder auswirkt. Hier zeigt sich zum einen eine hohe Zufriedenheit der Eltern: „Knapp zwei Drittel der Befragten betonen, dass mit Kids & Co. die Hektik im Alltag verringert wird, und 87 % geben an, dass vor allem die flexible Betreuung der Familie aufwändige Planung erspart. (...) Die zeitlichen Rahmenbedingungen von Kids & Co. unterstützen einen verbesserten Zeitwohlstand der Familien. (...)

Die Eltern-Kind-Beziehungen werden nach einhelliger Meinung der Befragten gestärkt." (ebd.: 11) Zum anderen konnten in der Studie keine besonderen Probleme von Kindern mit flexibler Betreuung identifiziert werden: „Die Reflexion der Ergebnisse aus der Beobachtungsstudie und der schriftlichen Befragung der pädagogischen Fachkräfte ergab, dass

- vielfältige Einflussfaktoren die Spiele der Kinder untereinander beeinflussen,
- die Dynamik in der Gruppe zu schnellen Veränderungen der Spielpartnerschaften unter Kindern führen kann,
- diese aber speziell mit der Teilzeitbetreuung nicht unbedingt etwas zu tun haben muss." (ebd.: 18)

Als wesentlich für die Qualität der pädagogischen Arbeit speziell mit Teilzeitkindern wird hervorgehoben, dass der Anteil der Vollzeitbeschäftigten mit 76 % relativ hoch ist, so dass personelle Kontinuität der Bezugspersonen gewährleistet werden kann (ebd.: 14), und dass regelmäßigen Beobachtungen und Bildungsdokumentationen ein hoher Stellenwert zugemessen wird (ebd.: 18).

Die Erfahrungen und Schilderungen aus flexibel arbeitenden Einrichtungen ergeben also ein durchaus positives Bild im Hinblick auf die pädagogische Qualität. Wünschenswert wäre die Durchführung von Studien, die die Einschätzungen der beteiligten Akteure in stärkerem Maße objektivierbar machen und die mittelfristigen Effekte bei den Kindern über die Durchführung von mehrjährig angelegten Panel-Untersuchungen unter Einbeziehung von Vergleichsgruppen berücksichtigen würden.

4.2   Regulierungsstrukturen im Überblick

Im Folgenden werden Beispiele für die Regelung flexibler Betreuungsformen in unterschiedlichen Bundesländern zusammengestellt. Diese Zusammenstellung basiert auf der Auswertung öffentlich zugänglicher Unterlagen (insbesondere von Gesetzen und Verordnungen), einigen Expertengesprächen und einer Recherche bei Landesjugendämtern, die im Sommer 2007 und bei einer Nachbefragung zur Aktualisierung im Herbst 2008 von knapp zwei Dritteln der Befragten beantwortet wurde.[17] Ergänzend wurden einschlägige Publikationen zu diesem Themenfeld ausgewertet.

---

[17] Allen Beteiligten an dieser Stelle herzlichen Dank für die Unterstützung!

Dabei stellt sich zunächst heraus, dass nur in einem Teil der Bundesländer das Thema „Flexibilisierung" explizit aufgegriffen wird. Insofern ist es schwierig, die tatsächliche Praxis zutreffend zu erfassen, weil diese teilweise durch differenzierte und individuell unterschiedliche Formen der Betriebserlaubnis, teils durch eine trägerspezifisch und lokal unterschiedliche Handhabung geprägt ist. Die vorliegende Darstellung konzentriert sich daher auf formale Rahmenbedingungen und kann nicht den Anspruch erheben, die praktische Umsetzung zu beschreiben. Da der Detaillierungsgrad der verfügbaren Informationen im Hinblick auf die einzelnen Bundesländer höchst unterschiedlich ist, kann die Darstellung ebenso wenig einen vollständigen Überblick über alle einschlägigen Regelungen in den einzelnen Ländern geben, sondern stellt eher einen Einblick in einige Varianten der Regulierung dar – nicht mehr, aber auch nicht weniger.

4.2.1 Personalstandards und Gruppenstrukturen

Die Festlegung von Gruppenstrukturen und von Personalstandards beeinflussen die Möglichkeiten flexibler Gestaltung. Insofern wurden in einem ersten Schritt die diesbezüglichen Regelungen in den einschlägigen Gesetzen verglichen. Dabei zeigt sich zunächst, dass ein Vergleich der Mindeststandards schwierig ist. Teilweise beziehen sich die gesetzlichen Regelungen auf die Personalausstattung, die maximal förderfähig ist, das heißt, Mindeststandards können unter Umständen darunter liegen; teilweise werden explizit Mindeststandards formuliert (bspw. im Sinne eines Personal-Kind-Schlüssels, der für die Erteilung einer Betriebserlaubnis mindestens erfüllt sein muss). Die Berechnungsgrundlagen sind höchst unterschiedlich gestaltet:

- Personal-Kind-Relation (bspw. „1:15", das heißt, 1 Fachkraft pro 15 Kinder im Kindergartenalter)
- Anstellungsschlüssel (Verhältnis von Personalstunden zu Kinderstunden; bspw. „1: 12,5", das heißt, auf 12,5 gebuchte Kinderstunden entfällt eine Personalstunde)
- Stundenzahl pro aufgenommenes Kind (bspw. „2,6 Wochenstunden Personal pro Kindergartenkind mit Ganztagsbetreuung")
- Personalschlüssel pro Gruppe (Mitarbeiter/innen pro Gruppe bei definierter Höchstgröße der Gruppe; bspw. „1,5 Fachkräfte je Gruppe mit max. 10 0- bis 2-Jährigen Kindern")

Rechnet man zum Zweck des Vergleichs die Angaben auf Personal-Kind-Relationen um, so ergeben sich unterschiedliche Standards. Im Bereich der unter

Dreijährigen liegt dieser Schlüssel in den meisten Ländern bei 1:5 oder 1:6 (das heißt, eine Mitarbeiterin auf fünf bzw. sechs Kinder); vereinzelt finden sich auch die Relationen 1:4 und 1:7. Im Kindergartenalter bewegen sich die Relationen zwischen 1:10 und 1:18. Einige Bundesländer differenzieren nach der Dauer der Betreuung, so dass bei längeren Betreuungszeiten mehr Personal verfügbar ist und kleinere Gruppen gebildet werden können.

Die Bertelsmann Stiftung unterscheidet in ihrem Länderreport (Bertelsmann Stiftung 2008) darüber hinaus zwischen dem Personalschlüssel, der die Gesamtzahl der beschäftigten Mitarbeiter/innen im Verhältnis zur Kinderzahl umschreibt, und der Erzieher-Kind-Relation, die das Verhältnis der in der Gruppe anwesenden Erzieher/innen im Verhältnis zur Kinderzahl beinhaltet (ebd.: 16). Unterschiedlich sind beide Werte, weil im Personalschlüssel Verfügungszeiten, also so genannte „Kinderfreie Arbeitszeiten", enthalten sind. Die Bertelsmann Stiftung empfiehlt hier 25 % der Arbeitszeit. Bei einem Personalschlüssel von 1: 7,5 (den die Bertelsmann Stiftung für das Kindergartenalter empfiehlt) ergibt sich nach dieser Berechnung eine Erzieher-Kind-Relation von 1:10. Wie die Erzieher-Kind-Relation im Ländervergleich tatsächlich aussieht, kann allerdings nicht berechnet werden, da nur ein Teil der Ländergesetze explizite Regelungen zu Verfügungszeiten enthält.

Sowohl im Hinblick auf Mindeststandards als auch auf die Förderung zeigt sich, dass nur noch in weniger als der Hälfte der Bundesländer Gruppenstrukturen und -größen festgelegt sind. Teilweise ist dabei die Festlegung der Gruppengröße verbunden mit einem Personalschlüssel pro Gruppe. In diesen Fällen ist die Gruppe die entscheidende Steuerungsgröße. In anderen Fällen wird lediglich die Höchstgrenze für die Größe der einzelnen Gruppen definiert; der Personalschlüssel der Einrichtung bemisst sich nach der Gesamtkinderzahl.

Wenn im Gesetz keine Standards für Gruppen geregelt sind, bedeutet dies nicht zwangsläufig, dass es diese nicht gibt oder dass Gruppenstrukturen keine Rolle spielen. So besteht beispielsweise in Baden-Württemberg – angesichts einer weit reichenden Kommunalisierung – keine diesbezügliche Vorgabe im Gesetz über Kindertageseinrichtungen; dennoch bemisst sich die öffentliche Förderung nach Gruppen, und auch in dem Formular zur Beantragung einer Betriebserlaubnis wird nach bestimmten vorgegebenen Gruppenformen gefragt. Nicole Klinkhammer stellt denn auch fest, dass die baden-württembergische Förderstruktur eine „weitgehende Stabilisierung ‚traditioneller' Gruppenstrukturen" darstelle (Klinkhammer 2008: 35).

Wird die Gruppe als Steuerungsgröße verwendet, schränkt dies grundsätzlich die Möglichkeiten flexibler Angebote ein. Entscheidend ist dann, dass der Träger eine bestimmte Gruppe mit einer bestimmten Platzzahl, einer bestimmten Personalstruktur und in der Regel einer bestimmten Öffnungszeit anbietet; Eltern können zwar ggf. zwischen unterschiedlichen Gruppentypen wählen, aber keine individuellen Zeitbausteine zusammenstellen. In einigen der Länder, in denen die Personalbemessung nach dem Gruppenprinzip erfolgt, wurden jedoch Möglichkeiten des Platz-Sharings eingeführt, um eine Flexibilisierung zu schaffen.

4.2.2 Regelungen zum Platz-Sharing

Platz-Sharing kann die Aufteilung eines Platzes in einer Gruppe auf zwei Kinder bedeuten. Vor der Erfüllung des Rechtsanspruchs auf einen Kindergartenplatz wurde Platz-Sharing vor allem angewendet, um knappe Kapazitäten quasi doppelt zu nutzen: Eine Gruppe Kinder besuchte den Kindergarten am Vormittag, eine andere am Nachmittag. Heute dient Platz-Sharing eher der Ermöglichung flexibler Betreuungszeiten in Gruppen. Dabei muss es nicht unbedingt um die Aufteilung eines Platzes auf zwei Kinder gehen. Es kann auch mit einem Pool von Plätzen gearbeitet werden, die auf mehrere Kinder verteilt werden, wobei organisatorisch sicherzustellen ist, dass durch die gleichzeitig anwesenden Kinder die Höchstzahl der Plätze nicht überschritten werden darf. So ist es beispielsweise denkbar, fünf Plätze auf acht Kinder oder drei Plätze auf sieben Kinder aufzuteilen usw.

Nur vereinzelt finden sich Regelungen zum Platz-Sharing in den Gesetzen. Ein Beispiel dafür ist Hessen. Hessen legt je nach Altersgruppe unterschiedliche Maximalwerte für die Gruppengröße fest. Dabei findet sich in der „Verordnung über Mindestvoraussetzungen in Tageseinrichtungen für Kinder" explizit folgende Regelung, die sich gleichermaßen auf Krippen-, Kindergarten- und Hortkinder bezieht: „Die Teilung des Platzes in einer Gruppe ist unter der Voraussetzung möglich, dass die Kinder, die sich einen Platz teilen, nicht gleichzeitig anwesend sind." Eine zahlenmäßige Begrenzung für die Möglichkeiten der Platzteilung wird nicht vorgegeben; sowohl die Handhabung als auch die Beitragsgestaltung sind Sache des Trägers; Mitteilungen an das Landesjugendamt darüber sind nicht erforderlich. Den örtlichen Jugendämtern kommt hier eine wichtige Steuerungsfunktion zu, die in der Regel flexibel gehandhabt wird.

In Niedersachsen wurde zwischen 2003 und 2005 ein landesweites Modellvorhaben zur Flexibilisierung von Betreuungszeiten durchgeführt. Auf der Grundlage der Ergebnisse wurde für unter Dreijährige und für Schulkinder (nicht für Kindergartenkinder) die Möglichkeit eingeführt, im Rahmen des Platz-Sharings Plätze mit unterschiedlichem Stundenumfang und unterschiedlicher zeitlicher Lage zu buchen. Die Anzahl der Plätze, die für Platz-Sharing genutzt werden können, ist allerdings pro Gruppe begrenzt, nämlich auf drei Plätze in U3-Gruppen und auf 4 Plätze pro Schulkinder-Gruppe. Dies heißt für Krippengruppen, dass von 15 Plätzen 3 geteilt werden können, so dass insgesamt 18 Kinder angemeldet und 15 gleichzeitig anwesend sein können; es kann somit bis zu 6 Teilzeitplätze und 12 Vollzeitplätze in der Gruppe geben. Bei Schulkindern können 20 Plätze für 24 Kinder genutzt werden; es kann also bis zu 8 Teilzeit- und 16 Vollzeitplätze geben. Die Anzahl der teilbaren Plätze ist also in beiden Fällen auf 20 % begrenzt, so dass jeweils ein Drittel der Kinder „Teilzeitkinder" sein können. Im Kindergartenbereich gibt es keine Möglichkeit des Platz-Sharings. Um dem zusätzlichen organisatorischen Aufwand bei flexiblen Betreuungszeiten Rechnung zu tragen, müssen in Gruppen mit Platz-Sharing die Verfügungszeiten für Fachkräfte erhöht werden.

Auch Bremen hat inzwischen Richtlinien zum Platz-Sharing verabschiedet. Mindeststandards wurden mit den Trägern, die Platz-Sharing (für unter dreijährige Kinder) beantragt hatten, gemeinsam entwickelt. Generell gilt, dass Platz-Sharing als Ausnahme auf Antrag möglich ist. In der Regel können 25 % der Plätze wöchentlich mehrfach belegt werden (wobei eine Erprobung mit einer Quote von 50 % in einer Einrichtung stattfindet). Die Mindestanwesenheit der Kinder beträgt zwei Wochentage und täglich mindestens vier Stunden; eine Festlegung auf bestimmte Wochentage muss erfolgen. Darüber hinaus wird die zulässige Anzahl der Kinder in den Überschneidungszeiten (Bringe- und Abholsituation) jeweils festgelegt; die Überschneidungszeit soll höchstens eine Stunde betragen. In der Einrichtungskonzeption ist auf Platz-Sharing, unter besonderer Berücksichtigung von Kontinuität von Beziehungen und Struktur des Tages- und Wochenablaufs, einzugehen. Mit Platz-Sharing neu beginnende Einrichtungen erhalten die Betriebserlaubnis zunächst befristet für ein Jahr, und vor Ablauf ist ein Erfahrungsbericht vorzulegen. Die personellen Mindeststandards entsprechen denen der Gruppen ohne Platz-Sharing (eine Fachkraft für bis zu vier anwesende Kinder), die maximale Gruppenstärke liegt bei acht bis zehn Kindern.

In Nordrhein-Westfalen gibt es derartige Möglichkeiten nur in Einrichtungen, die keine öffentliche Förderung erhalten. Die Handhabung ist in den beiden Landesjugendamtsbezirken Rheinland und Westfalen-Lippe unterschiedlich; verbindliche Regelungen, auf die Träger sich berufen könnten, bestehen nicht. Im Rheinland fasste der Landesjugendhilfeausschuss im September 2007 einen Beschluss, der – etwa analog zur niedersächsischen Regelung – den Anteil der teilbaren Plätze in privat finanzierten Betreuungsgruppen auf 20 % begrenzt.

Im öffentlich geförderten Bereich konnten Eltern von Kindergartenkindern bis zum Sommer 2008 zwischen einem Ganztagsplatz (42,5 Wochenstunden) und einem Teilzeitplatz (7 Stunden täglich mit geteilten Öffnungszeiten, teilweise auch in Blocköffnung ohne Mittagessen) wählen. Im Krippenbereich gab es nur Ganztagsplätze in altersgemischten Gruppen. Die Schulkinderbetreuung wurde zwischen 2003 und 2007 umgestellt und erfolgt nun nur noch in Ausnahmefällen im Hort, im Wesentlichen aber durch die Offene Ganztagsschule, die ein Nachmittagsprogramm an fünf (teilweise vier; ohne Freitag) Wochentagen bietet, bei dem für die angemeldeten Kinder eine (in der Praxis unterschiedlich gehandhabte) Anwesenheitspflicht besteht (vgl. 7.1.5 und 7.3.3). Platz-Sharing im öffentlich geförderten Bereich ist mit diesen Regelungen formell ausgeschlossen. Für den Bereich der 0- bis 6-Jährigen wurde mit dem neuen Kindergartengesetz ("Kinderbildungsgesetz"; KiBiz), das am 1. August 2008 in Kraft getreten ist, eine Flexibilisierung ermöglicht, die jedoch kein Platz-Sharing beinhaltet und daher im folgenden Abschnitt angesprochen werden wird.

4.2.3 Unterschiedliche Formen von Flexibilisierungsspielräumen

Neben den Möglichkeiten des Platz-Sharings haben sich unterschiedliche Formen der Flexibilisierung herausgebildet. In Rheinland-Pfalz beispielsweise liegt die Verantwortung für die Gestaltung der Elternbeiträge bei den örtlichen Jugendämtern, so dass diese über einen breiten Spielraum zur Entwicklung von Angeboten verfügen. Im Kreis Alzey-Worms zum Beispiel wurde ein Modell eingeführt, das für die 3- bis 6-Jährigen – zusätzlich zum für alle geltenden Vormittagsangebot – die Inanspruchnahme von Über-Mittag- und Nachmittagsplätzen im Kindergarten alternativ an zwei, drei oder allen Wochentagen ermöglicht. Über ein Drittel der Eltern, die Ganztagsangebote nutzen, machte schon kurz nach der Einführung von dieser Möglichkeit Gebrauch (Neuhaus 2002). Andere Kommunen in Rheinland-Pfalz haben das Modell übernommen, und von Seiten des Landesjugendamtes wird eine Ausweitung befürwortet – durchaus auch mit dem Argument, dass auf diese Weise ein bedarfsorientiertes Angebot zu geringeren Kosten bereitgestellt werden kann. Dieses Beispiel zeigt, dass durch lokale Handlungsspielräume Flexibilisierungsmöglichkeiten geschaffen werden können, auch wenn es keine gesetzliche Regelung dafür gibt.

In Nordrhein-Westfalen können Eltern mit Inkrafttreten des KiBiz zwischen Buchungszeiten von 25, 35 und 45 Stunden wöchentlich wählen (vgl. 5.3.5), allerdings nur, wenn die jeweiligen Plätze durch die Jugendhilfeplanung als bedarfsgerecht anerkannt sind und von den Trägern angeboten werden. Das Gesetz macht keine Vorgaben darüber, wie die Nutzungszeiten sich über die Woche verteilen sollen; grundsätzlich sind demnach unterschiedliche Lösungen möglich. So muss ein 35-Stunden-Platz nicht unbedingt sieben Stunden täglich beinhalten, sondern könnte beispielsweise auch fünfmal fünf Stunden plus zwei Tage Übermittags- und Nachmittagsbetreuung umfassen. Inwieweit zeitlich flexible nutzbare Plätze tatsächlich angeboten werden, wird sich zeigen müssen. Erste Erfahrungen deuten darauf hin, dass die meisten Träger eher dazu tendieren, vorhandene Zeitmodelle festzuschreiben, als neue Angebotsformen zu entwickeln (vgl. 5.3.6).

In Sachsen-Anhalt haben Kinder bis zur Versetzung in den 7. Schuljahrgang. Anspruch auf einen ganztägigen Platz in einer Tageseinrichtung, jedoch nur dann, wenn beide Eltern erwerbstätig sind. Wenn diese Voraussetzungen nicht zutreffen, erhalten die Kinder einen Halbtagsplatz im Umfang von 25 Stunden. In der Regel nutzen die Eltern diese 25 Stunden für eine tägliche fünfstündige Betreuungszeit. In Absprache mit dem Träger und der Leitung kann auch vereinbart werden, diese 25 Stunden auf die Woche oder einzelne Wochentage zu verteilen. Es ist auch möglich, dass mehr Kinder versorgt werden, indem Kinder an unterschiedlichen Wochentagen anwesend sind und sich damit Plätze teilen. Bei Bedarf könnte ein Träger z. B. 10 Krippenplätze mit jeweils zwei Kindern belegen. Die Flexibilität wird mit dem Träger gemeinsam ausgehandelt. Es geht immer um eine Einzelfallentscheidung, die abhängig ist von den räumlichen Bedingungen und der altersgemäßen Ausstattung.

Das somit grundsätzlich mögliche Platz-Sharing wird jedoch kaum praktiziert. Dies hängt zum einen damit zusammen, dass kein Mangel an Plätzen besteht, zum anderen damit, dass es in den östlichen Bundesländern eine Tradition der Ganztagsbetreuung gibt. Flexibilisierungsanforderungen werden von Eltern deutlich seltener geäußert. Auch in anderen östlichen Bundesländern stellt sich die Situation so dar, dass flexible Lösungen weder explizit ausgeschlossen noch explizit geregelt sind; Flexibilisierung ist zwar rechtlich möglich, wird aber kaum thematisiert. Besonders deutlich wird dies in Sachsen: Dort bemisst sich der Zuschuss für die Kindertageseinrichtungen einheitlich anhand einer Betreuungszeit von 9 Stunden pro Tag (sowohl für Krippen- als auch für Kindergartenkinder). Andere Betreuungszeiten sind damit zwar nicht ausgeschlossen, jedoch bestehen keinerlei Anreize für Träger und Einrichtungen, ein solches Angebot zu schaffen (Klinkhammer 2008: 49).

Am ehesten gehen die Regelungen in Brandenburg in die Richtung flexibler Nutzungsmöglichkeiten. Hier haben Kinder im Alter von drei bis sechs Jahren einen gesetzlichen Mindestanspruch von sechs Stunden und Schulkinder im Alter von bis zu 12 Jahren von vier Stunden Betreuungszeit pro Tag; darüber hinaus sind längere Betreuungszeiten zu gewährleisten, wenn es die Erwerbssituation der Eltern oder andere familiäre Belange erforderlich machen. Der Zuschuss, den der örtliche Jugendhilfeträger (unterstützt durch eine pauschalierte Landeszuweisung) zu leisten hat, bemisst sich pro belegtem Platz auf 84 % der Kosten, die im Rahmen der gegebenen Personalstandards zur Erfüllung des Rechtsanspruchs erforderlich sind. Damit sind höchst unterschiedliche individuelle Betreuungszeiten realisierbar (im Rahmen einer maximalen täglichen Betreuungszeit von 10 Stunden pro Kind und einer Regelöffnungszeit von 12 Stunden).

4.2.4 Kindbezogene Finanzierungssysteme – Flexibilisierung als Zielgröße

Einige Bundesländer haben in den letzten Jahren neue Finanzierungssysteme entwickelt, die explizit eine Flexibilisierung zum Ziel haben. In Hamburg wurde 2003 ein Gutschein-System eingeführt. Im Rahmen der Stundenzahl, die der Familie nach ihrem Gutschein zusteht, können die Träger Betreuungszeiten mit täglich unterschiedlicher zeitlicher Lage und täglich unterschiedlichem Stundenumfang anbieten, sind dazu jedoch nicht verpflichtet. Für den Mindestflächenbedarf pro Kind wurden Standards definiert, die nicht unterschritten werden dürfen. Die Anzahl der Kinder, die maximal gleichzeitig anwesend sein dürfen, ergibt sich somit aus diesen Standards. Darüber hinaus muss für jeden Betreuungszeitraum ausreichend Personal für die Anzahl der anwesenden Kinder vorgehalten werden. Platzzahlen werden seit der Einführung des Gutscheinsystems nicht mehr definiert. Die Belegung, die Vereinbarung der Anwesenheitszeiten ebenso wie die Gestaltung der Gruppen liegen damit im Ermessen des Trägers. Angesichts der Konkurrenz, die durch das Gutscheinsystem erzeugt wurde, sind viele Träger an einer im Interesse der Kinder und Eltern liegenden Flexibilisierung interessiert. Eine systematische Auswertung von Erfahrungen mit Flexibilisierung liegt auch in Hamburg nicht vor, jedoch wird von Seiten der zuständigen Behörde die folgende Einschätzung vorgenommen:

„Nach den Erfahrungen der auch für die Prüfung von Beschwerden und der vertragsgemäßen Leistungserbringung zuständigen Fachbehörde gelingt es den Kitas auch bei flexiblen Betreuungszeiten gut, auf die Bedürfnisse der Kinder nach Verlässlichkeit und Kontinuität in der Betreuung einzugehen. Die Erfahrungen einzelner Träger zeigen, dass Kinder sich auch dann problemlos in das Tagesgeschehen ihrer Gruppe bzw. ihrer Einrichtung integrieren, wenn sie nicht zeitgleich mit anderen Kindern dort eintreffen oder die Kita nicht täglich besuchen. Voraussetzung dafür ist die Bereitschaft der Einrichtung, individuell auf Kinder einzugehen. In der Regel gelingt dies am besten im Rahmen der offenen Arbeit. (…) Zeitlich flexible Betreuung unterliegt den für alle Tageseinrichtungen geltenden Mindeststandards, da die Qualität der Betreuung entscheidend ist, nicht der zeitliche Rahmen, in der sie stattfindet.

Zeitlich flexible Betreuung benötigt ein Konzept, das die unterschiedlichen Bedarfe berücksichtigt, die Bereitschaft der Mitarbeiter sich darauf einzustellen, gute Kommunikation und verlässliche Absprachen im Team sowie eine wertschätzende Haltung gegenüber Eltern. Die genaue Beobachtung und Dokumentation des individuellen Entwicklungs- und Bildungsverlaufs der einzelnen Kinder, die Reflexion im Team sowie die Transparenz der Arbeit für die Eltern und eine partnerschaftliche Kooperation zwischen Einrichtung und Eltern gewährleisten, dass die Potentiale und Bedarfe der Kinder im Mittelpunkt stehen und mögliche Schwachstellen in der Organisation der pädagogischen Arbeit identifiziert werden können." (E-Mail als Antwort auf die Befragung der Landesjugendämter 2007)

In Berlin erhalten Eltern ebenfalls einen Gutschein. Dieser umfasst mindestens eine Halbtagsförderung am Vormittag; darüber hinaus richtet sich der Umfang nach Arbeits- und Wegezeiten. Unterschieden werden vier Stufen (Halbtagsförderung von vier bis fünf Stunden; Teilzeitförderung von mehr als fünf bis sieben Stunden; Ganztagsförderung von mehr als sieben bis neun Stunden; erweiterte Ganztagsförderung von mehr als neun Stunden). Im Gutschein wird der Betreuungsumfang ausgewiesen, nicht aber die Zeiten, zu denen die Betreuung in Anspruch genommen werden kann oder muss. Nachdem ursprünglich der jeweils längste an einem Tag benötigte Betreuungsumfang zugrunde gelegt wurde, gibt es inzwischen die Möglichkeit, über die Woche unterschiedlich verteilte Arbeitszeiten der Eltern zu berücksichtigen. Dabei wird der durchschnittliche monatliche Umfang der über die Zeit zwischen 7.30 Uhr und 12.30 Uhr hinausgehenden benötigten Betreuung zugrunde gelegt. Wenn also eine Familie beispielsweise über die Vormittagsbetreuung hinaus eine Betreuung an zwei Nachmittagen bis 17.00 Uhr benötigt, kommen zu den 25 Stunden am Vormittag 9 Stunden hinzu. Mit insgesamt 34 Stunden ergibt sich ein durchschnittlicher Bedarf von knapp 7 Stunden pro Tag, so dass die Familie noch in die Kategorie der Teilzeitförderung fällt. Nach der alten Regelung wäre die Betreuungszeit des längsten Tages zugrunde gelegt worden, also 9,5 Stunden, so dass die erweiterte Ganztagsförderung (mit den entsprechend erhöhten Elternbeiträgen) zum Tragen gekommen wäre. Die konkrete Regelung der Anwesenheitszeiten wird zwischen Träger und Eltern vereinbart:

„Grundsätzlich – auch bei nicht wechselndem Betreuungsbedarf – können die Eltern innerhalb der Öffnungszeiten wählen, wann sie ihr Kind bringen und abholen wollen. Sie müssen dabei aber die Konzeption des Träger berücksichtigen: Eine willkürliche, über den ganzen Tag verteilte und für den Träger nicht planbare Inanspruchnahme des Platzes durch die Eltern ist ebenso abzulehnen, wie auch eine pauschale Vorgabe von unveränderlichen Zeiten durch den Träger. Es muss hier eine Absprache und eine Übereinkunft zwischen Eltern und Träger geben, wobei die Vereinbarkeit von Familie und Beruf bzw. besondere Anforderungen aufgrund besonderer familiärer Situationen zu berücksichtigen sind." (E-Mail als Antwort auf die Befragung der Landesjugendämter 2007)

Eltern können auch mit dem Träger vereinbaren, auf die jedem Kind zustehende durchgängige Halbtagsförderung zu verzichten und den Gutschein ebenso wie damit auch ihren Kostenbeitrag entsprechend zu reduzieren. Der Träger ist jedoch zum Abschluss eines solchen Vertrages nicht verpflichtet (bspw., wenn dies seiner pädagogischen Konzeption widerspricht, weil der Vormittag als Kernzeit eingeplant wird). Vorgaben für Gruppenstrukturen gibt es nicht; Mindeststandards werden durch die Personal-Kind-Relation definiert, in dem festgelegt wird, wie viele Kinder mit welcher Betreuungszeit eine Fachkraft betreuen darf.

Die Betreuung von Schulkindern ist in Berlin mit dem Schuljahr 2005/06 vollständig an die Schulen verlagert worden und unterliegt anderen Regelungen. Neben der verlässlichen Halbtagsgrundschule können die Eltern hier verschiedene Module wählen (Betreuung von 6.00 Uhr bis 7.30 Uhr, 13.30 Uhr bis 16.00 Uhr, 16.00 Uhr bis 18.00 Uhr). Die Möglichkeit, diese Module gegebenenfalls nur tageweise in Anspruch zu nehmen, besteht allerdings nicht.

Auch Bayern praktiziert seit dem Inkrafttreten des Bayrischen Kinderbildungs- und -betreuungsgesetzes (BayKiBiG) am 1. August 2005 eine kindbezogene Förderung, wenn auch diese nicht über Gutscheine abgerechnet wird, sondern über den Nachweis von Buchungsstunden durch die Einrichtung auf der Grundlage eines so genannten Basiswertes. Der Basiswert wird jährlich vom Sozialministerium unter Berücksichtigung der Entwicklung von Personalkosten neu bestimmt und umfasst ein Betreuungsvolumen von drei bis vier Stunden pro Tag. Über Buchungszeitfaktoren, die in der Ausführungsverordnung festgelegt werden, wird eine höhere Förderung für längere Betreuungszeiten gewährt. 2007 liegen die Faktoren zwischen dem Basiswert 1,0 (Buchungszeit zwischen drei und vier Stunden täglich) und 2,5 (Buchungszeit von mehr als neun Stunden). Über die Gewichtungsfaktoren wird für einen erhöhten Bildungs- und Erziehungs- oder Betreuungsaufwand eine erhöhte Förderung gewährt. Die Gewichtungsfaktoren betragen 2,0 für Kinder unter drei Jahren, 1,0 für Kinder von drei Jahren bis zum Schuleintritt, 1,2 für Kinder ab dem Schuleintritt, 4,5 für behinderte oder von wesentlicher Behinderung bedrohte Kinder und 1,3 für Kinder, deren Eltern beide nichtdeutschsprachiger Herkunft sind. Die Fördersumme, die sich aus diesen Berechnungsfaktoren ergibt, wird jeweils hälftig von Land und Kommune getragen.

Vorgaben für Gruppenstrukturen gibt es nicht; die Mindestpersonalausstattung wird durch einen Anstellungsschlüssel definiert. Ähnlich wie in Berlin beziehen sich die gebuchten Stunden in Bayern auf den Durchschnitt pro Tag und können unterschiedlich über die Woche verteilt werden. Die genaue Regelung unterliegt der Vereinbarung zwischen Tageseinrichtung bzw. Träger und den Eltern. Einen Anspruch auf eine bestimmte Stundenzahl je nach Erwerbstätigkeit gibt es in Bayern nicht. Dies bedeutet zum einen, dass Eltern auch mehr (öffentlich geförderte) Stunden nutzen können, als sie für die Zeit ihrer Erwerbstätigkeit benötigen; es bedeutet zum anderen aber auch, dass sie keinen Anspruch darauf haben, dass ihre Arbeitszeiten abgedeckt werden.

4.2.5 Regelungen für atypische Arbeitszeiten

Insgesamt zeigt sich in den drei genannten Bundesländern, dass mit kindbezogenen Finanzierungsmodellen eine hohe Flexibilität für unterschiedliche Zeitbedarfe geschaffen wird. In diesen drei Ländern gibt es auch erweiterte Finanzierungsmöglichkeiten für längere Betreuungszeiten: In Bayern werden bis zu 10 Stunden Betreuungszeit täglich anerkannt; Berlin bietet eine so genannte „Erweiterte Ganztagsförderung" von über 9 Stunden täglich an, wobei mindestens 11 Stunden durch den Träger sichergestellt werden müssen, und schreibt Personalzuschläge für eine Betreuungszeit von über 9 Stunden vor; Hamburg stellt Gutscheine für bis zu 12 Stunden aus. Da mit diesen Stundenzahlen wöchentliche Durchschnittswerte gemeint sind und die Stunden auf die einzelnen Wochentage unterschiedlich verteilt werden können, sind damit grundsätzlich an einzelnen Tagen auch noch längere Betreuungszeiten denkbar.

Diese Regelungen gehen über die Möglichkeiten in den meisten anderen Bundesländern hinaus, wo in den meisten Fällen Betreuungszeiten von maximal 9 Stunden gefördert werden. Längere Zeiten sind damit für die Träger schwer zu finanzieren, da sie letztlich aus dem für kürzere Öffnungszeiten berechneten Budget abgedeckt werden müssen. Unter Einbeziehung von Wegezeiten und Pausenregelungen reicht eine Öffnungszeit von 9 Stunden nicht unbedingt aus, um eine Ganztags-Erwerbstätigkeit zu ermöglichen; für Betreuung zu atypischen Zeiten bleibt erst recht kein Spielraum.

Probleme gibt es aber auch bei der grundsätzlichen Möglichkeit zur Finanzierung langer Betreuungszeiten dann, wenn nur wenige Familien einen derartigen Bedarf haben (vgl. auch Klinkhammer 2008: 41). Gerade bei kindbezogenen Finanzierungsmodellen ist eine Mindestanzahl gleichzeitig anwesender Kinder erforderlich, damit die Öffnung für die Einrichtung finanziell tragbar ist. Wenn beispielsweise im Umfeld einer Einrichtung der überwiegende Teil der Familien einen Bedarf hat, der über 17.00 Uhr nicht hinausgeht, und drei Familien eine Öffnung bis 19.00 Uhr benötigen würden, ist dies schwer zu realisieren. Dieses Problem stellt sich natürlich im ländlichen Raum wesentlich schärfer als in Großstädten. Auch dort gilt aber: Je ungewöhnlicher die Arbeitszeiten sind, für die Familien eine Betreuung brauchen, desto größer ist die Wahrscheinlichkeit, dass nur sehr kleine Gruppen von Kindern zusammenkommen. Darüber hinaus verschärft sich das Finanzierungsproblem bei einem ungünstigen Personal-Kind-Schlüssel. So legt Brandenburg beispielsweise einen Schlüssel von 1:13 zugrunde, so dass mindestens 13 Kinder zusammenkommen müssen, damit sich die Öffnung zu einer bestimmten Zeit für die Einrichtung „rechnet" (Klinkhammer 2008: 44).

Bislang hat keines der Bundesländer daraus die Konsequenz gezogen, die Öffnung von Einrichtungen zu ungewöhnlichen Zeiten zusätzlich zu bezuschussen. Die Tendenz geht eher dahin, Zeitbedarfe, die nur von wenigen Familien geltend gemacht werden, durch eine systematische Verknüpfung von institutioneller Betreuung mit Tagespflege zu erfüllen.

4.2.6 Zwischenbilanz

Möglichkeiten und Grenzen flexibler Betreuung sind in den einzelnen Bundesländern sehr unterschiedlich ausgeprägt. Spielräume für eine flexible Gestaltung sind vor allem dann gegeben, wenn nicht die Gruppe als Steuerungsgröße dient, sondern kind- und buchungszeitbezogene Finanzierungsmodelle praktiziert und Personalstandards in Abhängigkeit von den Betreuungszeiten pro Kind definiert werden. Lange Betreuungszeiten (über 9 Stunden täglich) sind nur in einzelnen Bundesländern förderfähig. Die tendenziell höheren Kosten, die sich bei einer Betreuung zu atypischen Zeiten durch nachfragebedingt kleine Gruppen ergeben, werden dabei nicht berücksichtigt.

Dort, wo eine Flexibilisierung von Betreuungszeiten stark begrenzt wird (etwa, indem es bei gruppenbezogener Steuerung nur geringe Quoten oder gar keine Möglichkeiten für Platz-Sharing gibt), können pädagogische Konzepte für die kindgerechte Gestaltung flexibler Betreuungszeiten auch nicht entwickelt und erprobt werden. Angesichts des wachsenden Bedarfs an Flexibilität in der modernen Dienstleistungsgesellschaft ist in dem Mangel an fundierten Erkenntnissen über solche Konzepte ein gravierendes Defizit zu sehen. Es wäre deshalb wünschenswert, zum einen in allen Ländern Modellprojekte zu ermöglichen und zu begleiten und zum anderen in den Ländern, die mit kindbezogenen Flexibilisierungsmodellen arbeiten, die pädagogischen Erfahrungen systematisch auszuwerten

4.3 Flexibilisierung, Beschäftigung, Organisationsentwicklung

Die Flexibilisierung von Betreuungszeiten hat erhebliche Auswirkungen auf die Arbeit der Beschäftigten in der Kindertagesbetreuung. Dies gilt zum einen für die inhaltliche Gestaltung der Arbeit, zum anderen für Arbeitsverträge. Vor allem der letztere Aspekt ist oft Gegenstand von zahlreichen Befürchtungen. Im Folgenden werden zunächst einige inhaltliche Aspekte zur Gestaltung der Arbeit in flexiblen Betreuungsformen diskutiert (4.3.1). Anschließend wird das Thema „Management" angesprochen, das, wie zu zeigen sein wird, erhebliche Auswirkungen auf die Gestaltung hat (4.3.2). Von hoher Bedeutung sind ebenfalls die Rahmenbedingungen, die die Bundesländer in ihrer Förderstruktur setzen. Handlungsoptionen für eine Verbesserung sind Gegenstand des nächsten Abschnitts (4.3.3). In den letzten beiden Abschnitten geht es schließlich um die Zusammenhänge zwischen flexiblen Betreuungsformen und befristeter Beschäftigung einerseits (4.3.4) und Teilzeitbeschäftigung andererseits (4.3.5).

4.3.1 Gestaltung der Arbeit

Als eine Quintessenz befasst sich die unter 4.1 angesprochene vom Landesjugendamt Rheinland in Auftrag gegebene Recherche zu flexiblen Betreuungsformen auch mit den Konsequenzen für die Arbeitssituation von Erzieher/inne/n. Auf der Basis von Praxiserfahrungen werden einige Anforderungen formuliert: „Die innere Bereitschaft, gerne und gut im Team zu arbeiten, ist äußerst wichtig, denn in flexiblen Einrichtungen wird die Teamsituation enger und Austausch und Absprachen werden noch wichtiger. (...) Die Erzieherinnen sind außerdem weit mehr in der Elternarbeit gefordert und haben mehr Verantwortung für eine jeweils altersgemäße Angebotsgestaltung und ein Sicherheit vermittelndes Beziehungserlebnis des Kindes. (...) Die Arbeit beinhaltet insgesamt mehr Abwechslung, mehr Spezialisierung, mehr Teamarbeit, mehr Handlungsspielraum bis hin zu mehr Flexibilität der eigenen Zeiteinteilung, was von vielen Erzieherinnen als durchaus positiv eingeschätzt wird." (Haug-Schnabel et al. 2008: 29)

Für die Entwicklung pädagogischer Konzepte für flexible Betreuungszeiten ist vor allem die Offene Gruppenarbeit von Bedeutung. Unter diesem Begriff wird eine Vielzahl von Modellen zusammengefasst: Teilweise bleiben feste Gruppen mit zugeordneten Erzieher/inne/n und Räumen erhalten, die Kinder können jedoch an gruppenübergreifenden Angeboten teilnehmen oder zum Freispiel die Gruppe wechseln. Teilweise werden die Gruppen ganz aufgelöst oder auf ein morgendliches Treffen beschränkt, anstelle von Gruppenräumen gibt es Funktionsräume, die bestimmten Angeboten zugeordnet sind, Erzieher/innen sind nicht für eine Gruppe, sondern für einen bestimmten Angebotsbereich verantwortlich (wobei meistens den einzelnen Kindern „Bezugserzieher/innen" als Hauptansprechpartner/innen zugeordnet werden). Dazwischen ist eine Vielzahl von Lösungen möglich, die in der einzelnen Einrichtung nach Bedarf ausgestaltet werden. Ein typisches Merkmal des Konzeptes besteht darin, das Kind „nicht als Objekt, sondern als Akteur" (Vogelsberger 2002: 121) zu betrachten, das „Spielzeug, -thema, -inhalt, -partner, -ort und -dauer" (ebd.) frei wählen kann. Freispielphasen wechseln mit Zeiten, in denen Projekte angeboten werden. Die Zusammenarbeit zwischen den Erzieher/inne/n muss intensiver sein als beim Gruppenprinzip, da ein Austausch über die einzelnen Kinder erforderlich ist.[18] Manfred Vogelsberger (2002: 124f.) fasst die Beurteilung des Konzepts folgendermaßen zusammen:

> „Die Offene Gruppenarbeit hat den Vorteil, dass Kinder und Erzieher in ihrem Handeln selbstbestimmter sein können. Nicht nur das Kind kann seinen Bedürfnissen nachgehen, sondern auch der Erzieher kann seinen Fähigkeiten entsprechend arbeiten. Kritiker der offenen Arbeit sehen einen deutlichen Nachteil in der Tatsache, dass das Kind – insbesondere das kleinere Kind – Schwierigkeiten mit der Orientierung und dem Bezug zum Erzieher hat. Praktiker bestätigen hier aber, dass diese Kritik unberechtigt ist. Bedingt durch die im Vordergrund stehende Selbstbestimmung des Kindes, entscheidet dieses, wie lange es bei seinem Bezugserzieher in der Gruppe oder dem Funktionsraum bleibt bzw. wann es sich von diesem Bezugserzieher zeitweise löst. Dies ist sogar als Chance für das Kind zu sehen, neben einem ihm zugewiesenen Erzieher (wie dies in Regeleinrichtungen der Fall ist) auch andere Persönlichkeiten und Arbeitsweisen zu erfahren und die Möglichkeit zu haben, sich im Bedarfsfall von einer Person zu distanzieren."

---

[18] Vgl. zusammenfassend Vogelsberger 2002, S. 119ff.; ausführlich bspw. Becker-Textor / Textor 1997, Regel/Wieland 1993.

Diese Einschätzung bestätigt sich in Praxiserfahrungen. Nicole Klinkhammer (2005) stellt auf der Basis von Studien in flexibel arbeitenden Einrichtungen fest, dass die Flexibilisierung der Bertreuungszeiten meistens auch mit der Einführung und Weiterentwicklung offener Gruppenarbeit einhergeht, und fasst die Auswirkungen auf die Arbeitssituation der Erzieher/innen folgendermaßen zusammen:

> „Orientiert an den veränderten Lebenssituationen von Familien, den daraus resultierenden Bedarfen von Eltern und Bedürfnissen von Kindern ist eine komplexere Ordnung des Alltags entstanden. Für die interviewten Erzieher/innen, die fast alle zuvor in einer traditionellen Regeleinrichtung gearbeitet haben, war der Übergang in dieses differenzierte Angebotssystem eine wirkliche Herausforderung. Das einzelne Kind gerät durch die individuelle Buchbarkeit von Zeiten und zusätzlichen Angeboten viel mehr in den Blick. In der offenen Arbeit gibt es zwar das System der „Bezugserzieherin", bei der eine Erzieherin für eine gewisse Anzahl von Kindern primär zuständig ist, allerdings sind alle Erzieher/innen durch die Projektarbeit mit den Kindern und dem zu Randzeiten bestehenden variablen Gruppenzusammenhang der Kinder zu einem gewissen Zeitpunkt mal mit allen Kindern in Kontakt gewesen (z.B. Projektarbeit, Begleitung bei Mahlzeiten, Betreuung in bestimmten Funktionsräumen, Ausflüge). Daraus resultiert ein erweiterter Arbeitszusammenhang für die pädagogischen Fachkräfte.
>
> Neben der Dokumentation und Beobachtung von Lern- und Bildungsprozessen der Kinder, ist die schriftliche Dokumentation über Organisatorisches durchgehend wichtig, wie beispielsweise die Anwesenheit eines Kindes oder wichtige Dinge, die Eltern bei der Bringsituation vermerkt haben. Diese Schrift- und Dokumentationskultur ist die Basis für eine erfolgreiche Abstimmung im pädagogischen Alltag.
>
> Einen weiteren Aspekt in diesem Kontext stellt die Teamarbeit dar. Ähnlich wie bei den veränderten Zuständigkeiten für die Kinder, löst sich die primäre Teamzuständigkeit in einer (geschlossenen) Gruppe auf. Die Abstimmung und Koordination im Gesamtteam, die Kommunikation und Absprache mit anwesenden Fachkräften ist Teil der alltäglichen Arbeitsprozesse. Die interviewten Erzieher/innen bewerten dieses komplexere Zusammenspiel als Herausforderung und Bereicherung zugleich: die veränderte Organisation von Zuständigkeiten hat zu der Vielfältigkeit der pädagogischen Angebote beigetragen, was die Arbeit mit den Kindern wiederum positiv belebt. Die Aufgabe des Teams ist es, diese Vielfalt in einen sinnvollen, abgestimmten Zusammenhang für die Kinder zu bringen.

> Wenngleich die Zusammenarbeit mit den Eltern in jeder Kindertageseinrichtung von hoher Relevanz ist, nimmt sie aufgrund der Öffnung für flexiblere Nutzungsmöglichkeiten ein stärkeres Gewicht in den recherchierten Einrichtungen ein. Dies beginnt bereits beim ersten Gespräch über die Buchung der Bildungs- und Betreuungsbausteine und setzt sich fort im täglichen Austausch bei Bring- und Abholsituationen. Bei diesen ‚Tür- und Angelgesprächen' werden beispielsweise Informationen über anstehende Termine und damit verbundene, evtl. vom Betreuungsvertrag abweichende, Abholzeiten abgestimmt; Thema kann wiederum genauso die Befindlichkeit des Kindes sein. Um Transparenz und eine klare Organisationsstruktur für die Kinder zu schaffen, ist dieses ‚informiert sein' über relevante Alltagsgeschehnisse in der Familie für die Kita essentiell." (Klinkhammer 2007b: 5)

Auf der inhaltlichen Ebene stellt sich das Bild also durchaus nicht negativ dar. Hingewiesen wird jedoch auch darauf, dass Flexibilisierung auch ein Mehr an Teilzeitarbeit, neue Öffnungszeiten und damit atypische Arbeitszeiten und Schichtarbeit bedeutet. Diese Aspekte werden vor allem deshalb als Stress erlebt, weil „gute Arbeitsmodelle fehlen und sichernde Arbeitsverträge selten sind" (Haug-Schnabel et al. 2008: 29). Vor diesem Hintergrund wird die Forderung formuliert, dass die Träger „auf diese völlig neue Arbeitsform mit einer entsprechenden Anpassung der Struktur-, Management- und Kontextqualität reagieren müssen" (ebd.: 30). Auf diese Fragen und die damit verbundenen Rahmenbedingungen wird im folgenden Abschnitt näher eingegangen.

4.3.2 Flexible Betreuungszeiten als Herausforderung für das Management

Der Frage nach Rahmenbedingungen und Auswirkungen flexibler Strukturen wurde in den Interviews im BOP-Projekt näher nachgegangen. Insgesamt wurde bei den Befragten in Regeleinrichtungen ein hohes Maß an Skepsis bezüglich veränderter Öffnungs- und Betreuungszeiten deutlich. In den Interviews im Jahr 2007 zeigte sich, dass in Brandenburg – wie generell in den ostdeutschen Bundesländern – lange Öffnungszeiten von Tageseinrichtungen traditionell bekannt sind und daher von Erzieher/inne/n kaum als Problem thematisiert werden. In Bayern gab es durch veränderte Finanzierungsregelungen unterschiedliche Verschiebungen in den Öffnungszeiten.

In Nordrhein-Westfalen wurde kaum von diesbezüglichen Veränderungen berichtet, und wenn, dann ging es um eher geringfügige Verlängerungen im Umfang von etwa einer halben Stunde. Meistens waren diese Veränderungen Ergebnis einer Bedarfsabfrage bei den Eltern; teilweise wurden weitere Verlängerungen als Ergebnis künftiger Befragungen vermutet. Nur zwei Mitarbeiterinnen betonten jedoch, dass sie Verlängerungen der Öffnungszeiten und eine Flexibilisierung der Betreuungszeit für sinnvoll und notwendig halten; mehrheitlich wurde diese Entwicklung eher abgelehnt bzw. als Befürchtung formuliert. Teilweise wurde kein Bedarf gesehen, teilweise wurden pädagogische Bedenken geäußert. Während neue Anforderungen inhaltlicher Art, wie etwa die Einführung von Bildungskonzepten oder die Zusammenarbeit mit Beratungsstellen, trotz zeitlicher Engpässe oft eher positiv bewertet und als Herausforderung angesehen werden, stößt die Forderung der Berücksichtigung von Zeitbedarfen der Familien bei den Beschäftigten eher auf Ablehnung. Dies ist natürlich in hohem Maße durch Ängste um die Entwicklung der eigenen Arbeitszeiten begründet.

Diese Ängste müssen im Zusammenhang mit dem von Gabriele Haug-Schnabel et al. konstatierten Mangel an Struktur-, Management- und Kontextqualität gesehen werden. Es sind letztlich die Träger, die gefordert sind, wenn es um die Sicherstellung akzeptabler Arbeitsbedingungen für flexible Betreuung geht. Dabei geht es zum einen darum, dass der Träger die notwendige inhaltliche und organisatorische Unterstützung bereitstellt. Zum anderen gilt es, eine Balance zwischen dem effektivem Einsatz der Fachkraft und deren Zeitsouveränität zu finden (Seehausen 2007). Fragen der Dienstplangestaltung und der Einsatz mitarbeiterorientierter Arbeitszeitmodelle sind hier von so hoher Bedeutung, dass sie im 8. Kapitel vertieft behandelt werden.

Das Beispiel der Dienstplangestaltung verweist auf die hohe Bedeutung von Managementkonzepten bei steigender Flexibilisierung. Dass in Fragen des Managements eine Unterstützung durch den Träger erforderlich ist, zeigt sich auch in den Befragungen in Bayern, wo im Jahr 2007 bereits erste Erfahrungen mit der Einführung flexibler Finanzierungssysteme vorlagen. Insgesamt wurde im Rahmen der Interviews die kindbezogene Förderung konträr bewertet: Ungefähr die Hälfte aller Befragten sah darin eine Verbesserung, die andere Hälfte schätzte die Entwicklungen eher negativ ein. Das ambivalente Ergebnis in der Bewertung ist vor allem auf die gestiegene Unsicherheit im Bezug auf Personalplanung zurückzuführen. Die Beschäftigungsentwicklung verlief in den befragten Kindertageseinrichtungen sehr unterschiedlich: Ein Drittel der Kindertageseinrichtungen konnten eine halbe bis zwei neue Stelle/n durch entsprechende Nutzung der kindbezogenen Förderung schaffen, ein Drittel hat Personalkürzungen zu verzeichnen und bei einem Drittel hat sich an der Personalkapazität bisher nichts verändert. Die Kitas, die neues Personal einstellen konnten, sind alle in Städten angesiedelt, während die Einrichtungen mit gleichem oder geringerem Personaleinsatz in kleineren Städten und im ländlichen Raum liegen. Drei der Kitas, die mehr Personal beschäftigen können, führen dies explizit auf den hohen Anteil an Kindern mit Migrationshintergrund zurück, der sich über einen Gewichtungsfaktor in der Finanzierung in einer höheren Förderung niederschlägt. Des Weiteren führt ein hoher Anteil an berufstätigen Müttern zu einer erhöhten Nachfrage nach langen Betreuungszeiten. Aus München wird berichtet, dass die ersten Träger bereits Personalengpässe zu verzeichnen haben und angesichts der steigenden Nachfrage nicht mehr genug Erzieher/innen finden – ein Anlass dafür, über die Attraktivität des Berufsfeldes nachzudenken.

Generell zeichnet sich in der Befragung ab, dass die finanzielle Basis der Einrichtungen durch die Anbindung an das Buchungsverhalten der Eltern unsicherer geworden ist und damit höhere Anforderungen an das Verwaltungs- und Organisationsmanagement gestellt werden. Fast alle Befragten gaben an, dass der Verwaltungs- und Organisationsaufwand durch das Buchen von Zeitkontingenten durch die Eltern gestiegen ist. Ob dies zu „Frust oder Lust" in den Einrichtungen führt, scheint vor allem von der Unterstützung durch den Träger abhängig zu sein. Eine Erzieherin, die den gestiegenen Verwaltungsaufwand massiv kritisiert, äußert sich folgendermaßen: „Der Träger ist mit den verwaltungstechnischen Veränderungen, die durch die kindbezogene Förderung entstanden sind, gänzlich überfordert und bekommt von den inhaltlichen Prozessen in der Einrichtung nichts mit. Weil den entsprechenden Personen häufig die Zeit fehlt, wird die gesamte Verantwortung auf die Einrichtung delegiert. Dies führt dann dazu, dass die Notwendigkeit, mehr Personal einzustellen, zu spät erkannt wird und entsprechende Engpässe entstehen."

Es gibt aber auch Positivbeispiele: „Wir wurden durch unseren Träger sehr gut vorbereitet, um den erhöhten Organisationsaufwand zu bewerkstelligen. So wurde bspw. eine PC-Software (inkl. Schulungen) durch den Träger zur Verfügung gestellt, die uns das Abrechnungsverfahren enorm erleichtert. Wichtig waren aber auch die Informationsveranstaltungen zur kindbezogenen Förderung, wodurch uns deutlich wurde, dass hierdurch der Bedarf der Eltern an flexiblen Öffnungszeiten besser berücksichtigt werden kann." Drei der befragten Einrichtungen gingen schon im Vorfeld des BayKiBiG auf die flexiblen Bedarfe der Eltern ein. Für diese Einrichtungen stellte der erhöhte Verwaltungs- und Organisationsaufwand kaum ein Problem dar. Dies deutet darauf hin, dass viel von der Kritik am Aufwand auch auf Umstellungsprobleme zurückzuführen ist und sich im Laufe der Zeit relativieren wird – jedenfalls dann, wenn die Träger geeignete Managementkonzepte entwickeln.

Bei veränderten, an den Zeitwünschen der Eltern und bestimmten Förderbedarfen (wie Sprachförderung) orientierten Finanzierungssystemen gibt es insgesamt Gewinner und Verlierer. Gewinner sind in erster Linie die Einrichtungen, die schon vorher eine hohe Orientierung an Bedarfen und bestimmten Belastungen (hohe Anteile von Kindern mit besonderem Förderbedarf) aufwiesen. Verlierer sind Einrichtungen, die trotz geringerer Nutzungszeiten vorher eine ähnlich hohe Förderung erhielten wie andere Einrichtungen. In jedem Fall zeigt sich, dass ein kindbezogenes und somit flexibles Finanzierungssystem ein hohes Maß an Anforderungen an das Management stellt. Fehlt hier die kompetente Unterstützung durch den Träger, ist die Entwicklung für die Einrichtung kaum zu bewältigen und geht auf Kosten der Beschäftigten. Die Erfahrungen in Einrichtungen, die eine solche Unterstützung erhalten und bereits über Erfahrungen mit flexiblen Betreuungszeiten verfügen, zeigen hingegen, dass die Probleme lösbar sind – die Berücksichtigung des Bedarfs von Familien nach flexiblen Zeitmodellen muss nicht zwangsläufig zu personalwirtschaftlichen Problemen führen.

4.3.3 Rahmenbedingungen für die Personalwirtschaft bei flexibler Betreuung

Die Rahmenbedingungen für eine Personalwirtschaft bei flexibler Betreuung werden – dies wurde schon mehrfach angedeutet – nicht zuletzt von den landesrechtlichen Förderstrukturen beeinflusst. Vor allem hat die landesrechtliche Regulierung auch unmittelbare Auswirkungen auf die Beschäftigungssituation. In der DJI-Recherche wurde in 18 flexibel arbeitenden Einrichtungen (Klinkhammer 2008) der Frage nachgegangen, wie die Einrichtungen ihr zeitlich erweitertes Angebot personell sicherstellen. „Interessant ist, dass die recherchierten Einrichtungen mehrheitlich auf einen Mix von Stammpersonal mit Honorarkräften, Ehrenamtlichen oder weiterem pädagogischen Personal, wie Tagespflegepersonen oder Kinderfrauen setzen. Dabei sind die Honorarkräfte in der Regel ebenfalls pädagogisch qualifiziert und werden als Springer eingesetzt." (Klinkhammer 2008: 20) Dies gilt vor allem für öffentlich finanzierte Einrichtungen, die über ihr Regelangebot hinaus erweiterte Betreuungszeiten anbieten. Da die öffentliche Förderung diese erweiterten Zeiten nicht abdeckt, werden dafür die unterschiedlichsten Finanzierungsmodelle gefunden (Klinkhammer 2008: 31ff.) – und da diese außerhalb der Regelförderung liegen, werden andere als die im Rahmen der Regelförderung Beschäftigten eingesetzt. Private Einrichtungen, die nicht den „Spagat" zwischen verschiedenen Finanzierungsformen machen müssen, praktizieren auch keine derartige Trennung der Beschäftigtengruppen.

Aus diesen Feststellungen lässt sich ableiten, dass eine gesicherte Finanzierung erweiterter Betreuungszeiten einen wesentlichen Beitrag zur Stabilisierung von Beschäftigungsverhältnissen leisten könnte. So lange Zeiten, die über eine Standardzeit hinausgehen, in der öffentlichen Bezuschussung nicht berücksichtigt werden, müssen sie prekär finanziert werden, was wiederum die Entstehung prekärer Beschäftigungsverhältnisse fördert. Die Berücksichtigung längerer Betreuungszeiten bei der Finanzierung, wie sie zumindest in einigen Bundesländern ansatzweise bereits verwirklicht ist, stellt einen wichtigen Schritt dar, um die Rahmenbedingungen für abgesicherte Beschäftigungsverhältnisse zu schaffen.

Ein zweiter, darauf aufbauender Schritt wäre die Einbeziehung der Tatsache, dass zu atypischen Zeiten die Kindergruppen oft kleiner sind. Denkbar wäre hier zum einen eine Pauschale, die die Einrichtungen zusätzlich zu der einer kindbezogenen Finanzierung für die Öffnung zu bestimmten, eher gering nachgefragten Zeiten erhalten würden. Zum anderen könnten die Kindpauschalen für derartige Zeiten proportional erhöht werden (was allerdings mit hohem bürokratischen Aufwand verbunden wäre, weil dann ja genau nachvollzogen werden müsste, welchen Anteil seines Stundenkontingents ein Kind innerhalb und außerhalb der besonders bezuschussten Zeiten nutzt). Beide Lösungen würden es jedenfalls ermöglichen, auch die Öffnung der Einrichtung für kleine Gruppen kostendeckend zu finanzieren, und somit atypische Öffnungszeiten im Rahmen des regulären Finanzierungssystems und somit auch mit regulären Beschäftigten abzudecken. Die Erzieherin, die unter den gegenwärtigen Rahmenbedingungen als Honorarkraft beispielsweise von 17.00 Uhr bis 19.00 Uhr eine Kleingruppe in einer Einrichtung betreut, könnte dann in den Personalstamm der Einrichtung integriert werden, und die Abdeckung der Zeiten nach 17.00 Uhr würde auf der Grundlage von Schichtmodellen auf die Mitarbeiter/innen aufgeteilt.

Ein weiterer Aspekt der Finanzierung betrifft den erhöhten Aufwand, der mit flexiblen Betreuungslösungen verbunden ist. Die von den befragten Erzieher/inne/n in den DJI-Recherchen beschriebene intensivere Elternarbeit trägt zweifellos in erheblichem Maße zur pädagogischen Qualität bei, aber sie bindet auch Zeit. Und wenn, insbesondere im Rahmen von Platz-Sharing-Lösungen, eine Erzieherin zwar beispielsweise fünf anwesende, aber insgesamt zehn angemeldete Kinder zu betreuen hat, steigt dieser Aufwand überproportional. Gleiches gilt für die Zeit, die für Bildungsdokumentationen benötigt wird – letztlich ist diese Zeit unabhängig von der Anwesenheitsdauer des Kindes. Wenn also mehr Kinder mit individuell geringerem Stundenvolumen betreut werden, steigt auch dieser Aufwand überproportional im Vergleich zur Betreuung einer kleineren Anzahl Kinder mit größerem Stundenvolumen. Gerade bei einer kindbezogenen Finanzierung erhält die Einrichtung jedoch die proportional gleiche Finanzierung. Ausgerechnet die bei flexibler Betreuung besonders wichtigen Elemente der Elternarbeit und der Dokumentation sind demzufolge nur durch erhöhtes Engagement der Beschäftigten leistbar.

Auch hier sind grundsätzlich mehrere Wege denkbar, mit denen dieser Aufwand berücksichtigt werden könnte. Eine Möglichkeit würde darin bestehen, bei der Finanzierung einen Sockelbetrag pro Kind einzuführen, der unabhängig von der vereinbarten Betreuungszeit geleistet wird und den Aufwand für Elternarbeit und Bildungsdokumentation abdecken soll. Mit einer solchen Lösung würden zwar auch flexible Betreuungsformen unterstützt, jedoch würde möglicherweise eher ein Anreiz für kurze als für flexibilisierte Betreuungszeiten geschaffen. Eine zweite Variante könnte darin bestehen, dass Einrichtungen, die ein – nach bestimmten Kriterien zu definierendes – flexibles Angebot vorhalten, einen pauschalierten Zuschuss erhalten.

Zusammenfassend lässt sich festhalten, dass die Arbeitsweise in einer flexiblen Einrichtung von vielen Mitarbeiter/inne/n durchaus positiv eingeschätzt wird und dass flexible und erweiterte Betreuungsformen nicht per se zu einer Belastung der Beschäftigten und zu einer Prekarisierung von Beschäftigungsverhältnissen führen. Entscheidend sind die Rahmenbedingungen, die einerseits durch den Träger, andererseits durch das öffentliche Finanzierungssystem gesetzt werden.

4.3.4 Der Anstieg befristeter Beschäftigungsverhältnisse

Schon die Kinder- und Jugendhilfestatistik aus dem Jahre 2002 zeigt eine massive Zunahme befristeter Beschäftigungsverhältnisse in Kindertageseinrichtungen (vgl. 3.3). Allein zwischen 1998 und 2002 hat der Anteil befristeter Beschäftigung um 54,5 % zugenommen (in den alten Ländern sogar um 57,4 %, in den neuen Ländern um 30,7 %; Statistisches Bundesamt 2004: 15ff.). In den neuen Ländern ist der Anteil der befristet Beschäftigten damit von 4,8 % auf 6,7 % gestiegen, in den alten Ländern von 11,0 % auf 17,0 %. Dass die Anteile in den neuen Ländern niedriger liegen als in den alten, hängt damit zusammen, dass in den neuen Ländern insgesamt Beschäftigung abgebaut wurde, während in den alten Ländern eine Zunahme zu verzeichnen war. Diese Neueinstellungen erfolgen offensichtlich schon seit Jahren vorwiegend befristet. Die Realisierung des Rechtsanspruchs auf einen Kindergartenplatz machte zwar Neueinstellungen erforderlich, aber – die demographische Entwicklung vor Augen – wollte man dieses Personal nicht langfristig binden.

Die Interview-Ergebnisse 2007 in Bayern und Nordrhein-Westfalen deuten darauf hin, dass sich diese Entwicklung in den letzten Jahren deutlich verschärft hat. In Bayern basieren die meisten Neueinstellungen auf befristeten Verträgen, was in fast allen Einrichtungen auch schon vor Einführung des neuen Finanzierungssystems als Routine galt. In Nordrhein-Westfalen wurde aus der Hälfte der Einrichtungen berichtet, dass neue Mitarbeiter/innen nur noch mit befristeten Verträgen eingestellt wurden. Auch die übrigen Befragten gingen generell von einer Zunahme befristeter Verträge aus, weil sie von ihren Trägern oder aus anderen Einrichtungen entsprechende Ankündigungen und Berichte gehört haben. Nur vereinzelt scheint es noch Einrichtungen zu geben, in denen alle Beschäftigten einen unbefristeten Vertrag haben. Dies ist offenkundig insbesondere dann der Fall, wenn es in der Einrichtung in den letzten Jahren wenig Fluktuation gab und keine neuen Mitarbeiter/innen eingestellt wurden: „Wir sind alle schon lange dabei – da ist noch alles unbefristet." Innerhalb der Einrichtungen gibt es nicht unbedingt eine Transparenz über den Anteil von befristeten und unbefristeten Verträgen – in Nordrhein-Westfalen wurden in einigen Einrichtungen mehrere Mitarbeiter/innen befragt, welche eine höchst unterschiedliche Beschreibung der Vertragssituation in ihrer Einrichtung abgaben. Von einem Engagement von Betriebs- bzw. Personalräten oder Mitarbeitervertretungen berichtet nur eine Befragte: Auf diese Weise sei es bei einem städtischen Träger gelungen, mehrere zunächst befristete Verträge zu entfristen.

Der Vergleich von Bayern und Nordrhein-Westfalen deutet darauf hin, dass die Tendenz zur Zunahme befristeter Arbeitsverträge in den alten Bundesländern unabhängig vom Finanzierungssystem besteht. In den neuen Ländern sind in den letzten Jahren kaum Neueinstellungen vorgenommen worden; daher herrschen bislang noch die alten, unbefristeten Arbeitsverhältnisse vor. Die Befragungen in Brandenburg zeigen, dass diese zur Vermeidung von weiterem Personalabbau meistens auf Teilzeitarbeitsverhältnisse reduziert wurden – vielfach sind dies zwischen 30 und 32 Stunden. Auch die Leitungen sind nur noch in Ausnahmefällen in Vollzeit beschäftigt. In diesem Zusammenhang wird von einer Arbeitsverdichtung und von unzureichenden Leitungsfreistellungen bei gleichzeitigem Anstieg an organisatorischen Aufgaben berichtet. Nur in zwei der 25 in der Befragung in Brandenburg vertretenen Kitas hatten alle Mitarbeiter/innen unbefristete Vollzeit-Arbeitsverhältnisse; eine der beiden Befragten meinte, dass dies für Neueinstellungen nicht mehr gelten würde. Zur Vermeidung von Personalabbau durch rückläufige Kinderzahlen fand in einer Kita für alle Beschäftigten eine Reduzierung von 40 auf 30 Wochenstunden statt. In einer weiteren Kita sollten in Kürze durch eine Umstrukturierung alle Verträge auf Teilzeit reduziert werden. Zur Sicherung der wirtschaftlichen Situation der Träger wurde in zwei Einrichtungen mit kapazitätsorientierter flexibler Arbeitszeit gearbeitet: In einer Kita verpflichteten sich die Mitarbeiter/innen schriftlich, bei Bedarf mehr als die vertraglich vorgesehenen 30 Wochenstunden zu arbeiten, in einer anderen, ihre Stundenzahl bei finanziellen Engpässen bzw. zurückgehenden Kinderzahlen auf 32 Stunden zu reduzieren.

Insgesamt scheinen sich die Tendenzen, die bereits in der Jugendhilfe-Statistik 2002 deutlich wurden, fortzusetzen: Im Westen Deutschlands geht der Trend hin zu befristeten Arbeitsverhältnissen, im Osten hin zu Teilzeitbeschäftigung – die zur Vermeidung von Personalabbau weitgehend unabhängig von den persönlichen Präferenzen der Beschäftigten und den organisatorischen Anforderungen der Einrichtung eingesetzt wird (vgl. 3.3). Gerade für jüngere Beschäftigte wird damit das Berufsfeld zunehmend unattraktiv, was mittelfristig zu Nachwuchsproblemen führen wird. Auch unter diesem Gesichtspunkt sind veränderte

Formen des Personalmanagements gefragt. Das Ausmaß der Befristungspraxis kann und muss dabei reduziert werden. Hingegen kann Teilzeitarbeit mit variablen Stundenzahlen in einem Personalmanagement-Konzept durchaus eine Rolle spielen, soweit ein Mindestvolumen an Stunden nicht unterschritten wird und der Anteil der variablen Stunden begrenzt ist. Darüber hinaus müssen die Beschäftigten bei einer Stundenreduzierung die Möglichkeit eines Ausgleichs haben, etwa, indem zusätzliche Projekte für Eltern und Kinder, eine Randzeitenbetreuung oder andere familienbezogene Dienstleistungen angeboten werden. Auf diese Weise kann ein entsprechendes Personalmanagement-Konzept auch zu einer Steigerung der Attraktivität der Einrichtungen beitragen.

4.3.5 Teilzeitbeschäftigung und flexibler Betreuungsstrukturen – quantitative Auswertungen

Während in den vorherigen Abschnitten einige qualitative Auswertungen im Vordergrund standen, soll nun gefragt werden, ob sich anhand einer Auswertung quantitativer Daten Zusammenhänge zwischen Betreuungsstrukturen und der Beschäftigungssituation rekonstruieren lassen. Eine Grundlage bietet hierfür der Länderreport der Bertelsmann Stiftung. Hier wurde zum einen in jedem Land der Anteil an Ganztags- und Teilzeitbetreuung, zum anderen der Anteil an Ganztags- und Teilzeitbeschäftigung erhoben.

Ganztagsbetreuung definiert die Bertelsmann Stiftung als eine vertraglich vereinbarte Betreuungszeit von mehr als sieben Stunden täglich (Bertelsmann Stiftung 2008: 12). Bezogen auf Kinder im Kindergartenalter liegt diese Quote (zum Stichtag 15.03.2007) zwischen 8 % (in Baden-Württemberg) und 88 % (in Thüringen). Des Weiteren wird unterschieden zwischen einer Vor- und Nachmittagsbetreuung ohne Mittagsbetreuung, einer Betreuungszeit von mehr als 5 bis 7 Stunden und einer Betreuungszeit von 5 Stunden täglich. Eine sehr kurze Betreuungszeit von unter fünf Stunden täglich nutzen in Niedersachsen über 74 % der Kinder dieser Altersgruppe, in Thüringen 6,5 % (ebd.: 12).

Der Anteil der Vollzeitbeschäftigten (38,5 und mehr Wochenstunden) unter den Beschäftigten in Kindertageseinrichtungen liegt im Bundesdurchschnitt bei knapp 40 % und ist von 1998 bis 2007 um fast 13 Prozentpunkte gesunken (ebd.: 16). Knapp 16 % arbeiten zwischen 32 und 38,5 Stunden, knapp 30 % zwischen 21 und 32 Stunden, 15 % weniger.

Hinzuweisen ist in diesem Kontext auf eine Studie der GEW, die im Frühjahr 2007 eine schriftliche Befragung von bundesweit 1.900 *Erzieherinnen* durchführte. Zum Erhebungszeitpunkt gingen 50 % der Befragten einer Vollzeittätigkeit nach. Dass dieser Anteil höher liegt als in den Daten der Bertelsmann

Stiftung, dürfte darauf zurückzuführen sein, dass tendenziell Vollzeitbeschäftigte eher an einer berufsbezogenen Befragung teilnehmen als Teilzeitbeschäftigte. Von den Teilzeitbeschäftigten gaben 44,7 % persönliche oder familiäre Verpflichtungen als Grund an, 23,5 % nannten andere Gründe, aus denen sie keine Vollzeittätigkeit wünschten. 37,0 % erklärten, eine Vollzeitstelle sei nicht zu finden oder eine Vollzeittätigkeit sei vom Arbeitgeber nicht gewünscht. (GEW 2007: 26f.) Der Anteil dieser „unfreiwillig Teilzeitbeschäftigten" betrug in den östlichen Bundesländern drei Viertel, in den westlichen ein Viertel. Die Tatsache, dass es sowohl gewünschte als auch unfreiwillige Teilzeitbeschäftigung gibt, bildet einen wichtigen Hintergrund zur Interpretation der folgenden Daten.

Die Daten der Bertelsmann Stiftung bieten nun die Möglichkeit zu prüfen, ob und inwiefern Zusammenhänge zwischen der Flexibilisierung und der Erweiterung von Betreuungszeiten einerseits und der Entwicklung der Relationen von Vollzeit- und Teilzeitbeschäftigung feststellbar sind. Die folgende Tabelle gibt daher – exemplarisch anhand der Kinder im Kindergartenalter – zum einen einen vergleichenden Überblick über die in den Bundesländern vereinbarten Betreuungszeiten, zum anderen enthält sie die Anteile der Vollzeitbeschäftigung und der Teilzeitbeschäftigung mit unterschiedlichen Stundenvolumina sowie die Entwicklung des Anteils der Vollzeitbeschäftigten zwischen 1998 und 2007 in Prozentpunkten. Im Anhang werden darüber hinaus einige weitere Tabellen zur besseren Übersicht dokumentiert. Im Anschluss an die Tabellen werden Besonderheiten aus einigen Bundesländern kommentiert und auf dieser Grundlage nach Indikatoren zur Ermittlung der Zusammenhänge gesucht (wobei auch auf einige teilweise problematische Annahmen und Interpretationen der Autor/inn/en der Studie einzugehen sein wird).

Tabelle 1: Betreuungsumfang und Beschäftigungsumfang nach Bundesländern

	Kinder im Kindergartenalter				Beschäftigungsumfang				
	Vereinbarte tägliche Betreuungszeit in % der Kinder				Wochenstunden in % der Beschäftigten				
	bis 5 h	über 5 h bis 7 h	über 7 h	vorm./ nachm.	Vollzeit	32 h - <38,5 h	21 h <32 h	<21 h	nebenberuflich <20 h	Veränderung 1998 - 2007
Deutschland	28,1	30,8	27,2	13,9	39,7	15,8	29,3	12,3	2,8	-12,8
Baden-Württemberg	11,7	44,2	8,4	35,7	50,7	7,3	19,1	17,2	5,8	-17,0
Bayern	33,7	43,2	21,8	1,3	47,8	13,3	24,2	11,7	3,0	-13,5
Berlin	10,2	32,7	57,0	0,0	39,5	25,2	24,3	9,7	1,2	-19,4[19]
Brandenburg	6,7	43,5	49,8	0,0	15,9	43,1	32,5	7,4	1,1	-6,0
Bremen	37,6	39,7	22,7	0,0	29,8	17,2	35,1	13,7	4,2	-11,1
Hamburg	48,4	16,0	35,6	0,0	30,7	12,1	31,7	16,5	9,0	-13,4
Hessen	37,1	27,2	28,4	7,4	34,4	10,4	35,4	15,5	4,2	-13,5
Mecklenburg-Vorpommern	7,9	38,9	53,0	0,2	19,7	26,7	44,1	8,0	1,5	-1,3
Niedersachsen	74,3	13,4	11,1	1,2	21,6	17,8	49,9	7,8	2,9	-6,7
Nordrhein-Westfalen	17,0	29,2	25,3	28,5	58,8	9,2	16,1	14,0	1,9	-16,7
Rheinland-Pfalz	21,3	31,3	21,9	25,5	46,5	4,5	32,5	15,2	1,9	-13,4
Saarland	26,2	41,0	17,2	15,6	44,6	7,4	35,9	11,5	0,6	-13,3
Sachsen	10,3	23,2	66,4	0,0	19,3	37,8	36,5	5,6	0,8	5,1
Sachsen-Anhalt	39,2	3,7	57,1	0,0	12,9	22,1	55,3	9,2	0,6	-23,9
Schleswig-Holstein	63,8	22,8	13,2	0,2	24,4	14,7	42,7	13,9	4,2	-9,4
Thüringen	6,5	5,5	88,0	0,1	22,1	41,6	29,1	7,1	0,1	-8,9

Quelle: Eigene Zusammenstellung der Länderdaten aus Bertelsmann Stiftung 2008

[19] In Berlin ist der Anteil der Vollzeitbeschäftigten zwischen 2006 und 2007 um 4,9 Prozentpunkte angestiegen.

In den ostdeutschen Bundesländern liegt der Anteil der Vollzeitbeschäftigten durchweg deutlich unter dem Bundesdurchschnitt – und dies, obwohl sie nach wie vor die höchsten Anteile an Ganztagsbetreuung aufweisen, so dass der Bedarf an Vollzeitbeschäftigten eigentlich am größten sein müsste. Dies hängt damit zusammen, dass angesichts des Geburtenrückgangs, der Abwanderung und des Abbaus von Plätzen der Personalbedarf in den 90er-Jahren stark gesunken ist und für einen bedeutenden Teil der Beschäftigen die Stundenzahl reduziert wurde, um Entlassungen zu vermeiden. Im Detail ist die Entwicklung in den einzelnen Ländern allerdings unterschiedlich und zeitversetzt verlaufen. Während in einigen Ländern die Reduzierung des Anteils der Vollzeitbeschäftigten bereits vor 1998 stattgefunden hat und seitdem nur noch vergleichsweise geringe Rückgänge oder gar eine Steigerung zu verzeichnen ist, wurde diese Entwicklung anderenorts erst nach 1998 in vollem Umfang virulent. Unterschiedlich gestaltet sich auch die Entwicklung der Ganztagsbetreuung: Alle ostdeutschen Länder sind Mitte der 90er-Jahre von einem Anteil an Ganztagsbetreuung ausgegangen, der über 95 % lag; 2007 hingegen liegen die Anteile zwar immer noch überall über dem Bundesdurchschnitt, differieren jedoch erheblich (zwischen 88 % in Thüringen und 49,8 % in Brandenburg). Im Folgenden wird kurz auf die Unterschiede in den fünf Ländern eingegangen.

In Brandenburg liegt der Rückgang des Anteils der Vollzeitbeschäftigten mit 6 Prozentpunkten deutlich unter dem Bundesdurchschnitt – dieses jedoch bei einem extrem niedrigen Ausgangswert von nur 21,9 % im Jahre 1998. (Bertelsmann Stiftung 2008: 52) Die Vermutung der Bertelsmann Stiftung, dass die hohe Streuung der Beschäftigtenzeiten eine Konsequenz der variablen und flexiblen Nutzungszeiten durch die einzelnen Kinder sein könnte (ebd.), dürfte nicht zutreffen; wären die Arbeitszeiten der Beschäftigten mit den Betreuungszeiten der Kinder verknüpft, müsste allein angesichts dessen, dass fast die Hälfte der 3- bis 6-Jährigen ganztags betreut wird, der Anteil der Vollzeitbeschäftigten wesentlich höher liegen.

Auch in Thüringen steht der Anteil der Vollzeitbeschäftigten mit 22,1 % in keinem proportionalen Verhältnis zum Anteil der Ganztagsplätze, der mit 88 % den bundesweiten Spitzenwert erreicht. Wie in allen ostdeutschen Ländern sind hier Vollzeitarbeitsverhältnisse zur Beschäftigungssicherung in Teilzeitarbeit umgewandelt worden, ein Trend, der mit einem Rückgang um 8,9 Prozentpunkte zwischen 1998 und 2007 noch anzuhalten scheint (ebd.: 148). Ebenso hat sich in Mecklenburg-Vorpommern (ebd.: 84f.) der Rückgang des Anteils der Vollzeitbeschäftigten vor allem vor 1998 abgespielt; hier scheint er jedoch inzwischen weitgehend zum Stillstand gekommen zu sein. In Sachsen wird diese Tendenz sogar noch deutlicher; hier ist, ausgehend von einem mit 14,2 % extrem niedrigen Niveau in 1998, bis 2007 sogar wieder ein leichter Anstieg festzustellen (ebd.: 124).

In Sachsen-Anhalt hingegen hat die Entwicklung offenkundig später, aber in umso krasserer Form stattgefunden: Lag der Anteil der Vollzeitbeschäftigten im Jahre 1998 mit 26,8 % noch fast dreimal so hoch wie in Sachsen, so hat er sich danach mit fast 24 Prozentpunkten deutlicher reduziert als in allen anderen Bundesländern und erreicht 2007 mit 12, 9 % den Tiefpunkt unter allen Ländern. Hinzuweisen ist darauf, dass der Anteil 2006 mit 12,2 % sogar noch ein wenig niedriger lag als 2007 (ebd.: 133); ob der minimale Anstieg ein Signal für eine Trendwende oder für eine Stabilisierung auf niedrigem Niveau ist, bleibt abzuwarten. Der extrem stark ausgeprägte Rückgang des Anteils der Vollzeitbeschäftigten in Sachsen-Anhalt in diesem Zeitraum könnte auch damit zusammenhängen, dass mit dem Kinderförderungsgesetz (KiFöG) vom 05.03.2003 ein Platz mit fünf Stunden täglich oder 25 Stunden wöchentlich zum Regelplatz gemacht wurde; Kinder haben nur dann einen Anspruch auf einen Ganztagsplatz, wenn dies aus Gründen der Erwerbstätigkeit der Eltern, der Aus-, Fort- und Weiterbildung oder Teilnahme an einer arbeitsmarktpolitischen Maßnahme erforderlich ist (§ 3 KiFöG). Allerdings liegt Sachsen-Anhalt mit dem Anteil an Ganztagsbetreuung immer noch an dritter Stelle, so dass auch vor dem Hintergrund dieser gesetzlich formulierten Abkehr von der Ganztagsbetreuung als Regelfall kein linearer Zusammenhang zwischen der Entwicklung der Ganztagsbetreuung und des Anteils an Vollzeitarbeit zu entnehmen ist.

Wie in Bezug auf Brandenburg, so stellt die Bertelsmann Stiftung auch im Hinblick auf Berlin fest: „Die differenzierten Beschäftigungszeiten der pädagogisch Tätigen korrespondieren vermutlich mit den variierenden Betreuungszeiten der Kinder, die von den Eltern individuell gebucht werden." Im Widerspruch zu dieser Feststellung steht die Tatsache, dass es in Berlin – jedenfalls im Ostteil der Stadt – einen sehr hohen Anteil von ganztags betreuten Kindern gibt. Würde der Beschäftigungsumfang mit der Betreuungszeit korrespondieren, wäre von einem deutlich höheren Anteil an Vollzeitbeschäftigten auszugehen. Wahrscheinlicher ist, dass der hohe Anteil an Teilzeitbeschäftigten vor allem zwei Gründe hat: Zum einen wurde auch hier Personal abgebaut, was zur Vermeidung von Entlassungen oft über Stundenreduzierung geregelt wurde. Zum anderen gibt es in Berlin die Möglichkeit, sehr lange Betreuungszeiten zu buchen. Die Öffnungszeiten gehen somit über die wöchentliche Arbeitszeit einer Vollzeit-Erzieherin hinaus, so dass ergänzend Teilzeitkräfte beschäftigt werden.

In Hamburg ist mit der Einführung der an den Arbeitszeiten der Eltern orientierten Gutscheine der Anteil an ganztags betreuten Kindern gesunken. Vor der Einführung des Gutschein-Systems habe es in Hamburg überwiegend Ganztagsplätze gegeben, die jedoch von den Familien häufig nur stundenweise genutzt wurden, so die Aussage eines Vertreters des Hamburger Amtes für Familie, Jugend und Sozialordnung. Insofern entspreche der jetzt geringere Anteil an Ganztagsplätzen dem Bedarf und bedeute einen effizienteren Einsatz öffentlicher Mittel.[20] Auf den ersten Blick könnte man meinen, dass der Abbau von Ganztagsplätzen mit dem Abbau des Anteils von Vollzeitbeschäftigten korrelieren würde. Jedoch liegt der Rückgang mit 13,4 Prozentpunkten im Bundestrend, so dass ein solcher Zusammenhang nicht hergestellt werden kann. Hingegen bringt die Bertelsmann Stiftung den im Vergleich zum Bundesdurchschnitt hohen Anteil geringfügig Beschäftigter (9 %) mit den Finanzierungsprinzipien des Gutscheinsystems in Zusammenhang (Bertelsmann Stiftung 2008: 68). In der Tat könnte hier ein Zusammenhang bestehen, denn Träger organisieren teilweise die Randzeitenbetreuung, die in Hamburg in stärkerem Maße abgedeckt werden kann als in den meisten anderen Bundesländern, über den Einsatz von geringfügig Beschäftigten, die nur für die Randzeiten zuständig sind. Zwangsläufig ist dieser Zusammenhang jedoch nicht, wie der Vergleich mit Berlin zeigt, wo es bei einem vergleichbaren System kaum geringfügig Beschäftigte gibt.

In Niedersachsen findet sich mit 74,3 % der höchste Anteil an Kindergartenkindern, die eine geringe Betreuungszeit von bis zu fünf Stunden nutzen. Angesichts dessen ist es nicht verwunderlich, dass hier der Anteil der Vollzeitbeschäftigten traditionell sehr niedrig ist und bereits 1998 mit 28,3 % nur wenig mehr als die Hälfte des Bundesdurchschnitts betrug. Die Reduzierung fällt demnach mit 6,6 Prozentpunkten auch geringer aus. Aus diesen Daten lässt sich die Schlussfolgerung ableiten, dass ein sehr hoher Teil an Kindern mit geringen Betreuungszeiten auch zu einem hohen Anteil an Beschäftigten mit Teilzeitarbeit führt.

Positiv vermerkt die Bertelsmann Stiftung eine vergleichsweise hohe Kongruenz zwischen Arbeitszeiten und Betreuungszeiten: Da der Anteil der Ganztagsbeschäftigten mit 11,1 % niedriger ist als der der Vollzeitbeschäftigten (21,6 %), wird vermutet, dass die Ganztagskinder überwiegend kontinuierlich von derselben Person betreut werden (das heißt, ohne Schichtwechsel von verschiedenen Teilzeitbeschäftigten). Umgekehrt deckt der Anteil der Teilzeitbeschäftigten mit einer Arbeitszeit ab 21 Stunden relativ gut den Anteil der 5-Stunden-Kinder ab, so dass auch hier eine weitgehende Kongruenz unterstellt werden kann. Die Bertelsmann Stiftung beurteilt diese Konstellation unter dem Gesichtspunkt von Bildung und kontinuierlichen Beziehungserfahrungen positiv (ebd.: 2008: 92). Allerdings sind weder die Bedarfsgerechtigkeit für die Familien noch die Arbeitszufriedenheit der Beschäftigten als Kriterien im Länder-Bench-

---

[20] Bange, Dirk: Die Umsetzung des Kita-Gutschein-Systems in Hamburg. Vortrag auf dem 7. DJI-Fachforum „Bildung und Erziehung" zum Thema „Kita-Gutscheine: Chancen und Risiken" am 1./2. Juli 2008 in München

marking enthalten. Unter beiden Gesichtspunkten dürfte die Beurteilung deutlich weniger positiv ausfallen – der geringe Anteil an Ganztagsplätzen dürfte ebenso wenig dem Bedarf der Familien entsprechen wie die wenigen Vollzeitarbeitsplätze im Interesse der *Erzieherinnen* liegen.

In Nordrhein-Westfalen lässt sich zwar der höchste Anteil an Vollzeitbeschäftigten von allen Bundesländern, aber auch ein überproportional hoher Rückgang feststellen. Jedoch korreliert der hohe Anteil an Vollzeitbeschäftigten nicht mit einem überproportionalen Anteil an ganztags betreuten Kindern. Rechnet man allerdings den (in Nordrhein-Westfalen sehr hohen) Anteil der Kinder hinzu, die einen Platz mit geteilten Öffnungszeiten haben, lässt sich schon eher eine (von der Bertelsmann Stiftung als positiv bewertete) Kongruenz von Arbeits- und Betreuungszeiten vermuten (ebd.: 100). An der überproportional hohen Absenkung des Anteils der Vollzeitbeschäftigten in Nordrhein-Westfalen lässt sich ablesen, dass diese Entwicklung nichts mit der Entwicklung der Betreuungszeiten zu tun hat: In Nordrhein-Westfalen hat es zwischen 1998 und 2007 keine Veränderung der strukturellen Rahmenbedingungen gegeben; das KiBiz (Kinderbildungsgesetz), das am 01.08.2008 in Kraft trat und das GTK (Gesetz über Tageseinrichtungen für Kinder) ablöste, spielte für die Daten aus 2007 naturgemäß noch keine Rolle. Die Gründe für den verringerten Anteil an Vollzeitbeschäftigten müssen somit in Veränderungen des personalwirtschaftlichen Handelns der Träger liegen.

4.4 Fazit

Die Möglichkeiten zur Umsetzung flexibler Betreuungslösungen stellen sich in den einzelnen Bundesländern sehr unterschiedlich dar. Die Unterschiede sind in erster Linie Ergebnis gewachsener Strukturen und politischer Prioritäten. Eine Fundierung der jeweiligen Regelungen durch wissenschaftliche Erkenntnisse über die Bedürfnisse von Kindern, die Auswirkungen flexibler Strukturen und die pädagogischen Anforderungen in der Umsetzung ist nicht festzustellen; die pädagogische Debatte um flexible Betreuung steht noch am Anfang und ist durch einen eklatanten Mangel an empirischen Daten gekennzeichnet.

Die Auswirkungen flexibler Betreuungsstrukturen für die Beschäftigten sind schwierig zu beurteilen. Auf der pädagogisch-inhaltlichen Ebene bedeutet flexible Arbeit, etwa in offenen Gruppenstrukturen, für viele eine durchaus interessante Herausforderung. Daten, die einen Vergleich von Arbeitszufriedenheit und Belastung in flexiblen und in traditionellen Betreuungsformen ermöglichen würden, liegen jedoch nicht vor und können letztlich auch nur dann erhoben werden, wenn Einrichtungen mit ansonsten vergleichbaren Strukturen verglichen werden; öffentlich geförderte Regeleinrichtungen und speziell flexible arbeitende private Einrichtungen unterliegen derart unterschiedlichen Rahmenbedingungen, die die Arbeitszufriedenheit und Belastung mindestens ebenso stark beeinflussen wie eine eventuelle Flexibilisierung des Angebots, dass entsprechende Vergleiche nicht aussagekräftig sind.

Mit Sicherheit kann jedoch festgestellt werden, dass Arbeitszufriedenheit und Belastung bei der Einführung flexibler Strukturen erheblich davon beeinflusst werden, inwieweit der Träger die einzelnen Einrichtungen, ihre Leitungen und ihre Mitarbeiter/innen unterstützt. Insbesondere DV-gestützte Systeme zur Verwaltung der Buchungszeiten sowie Instrumente zur Dienstplangestaltung sind hier von Bedeutung. Wenn Flexibilisierung gewollt wird, sollten diese Aspekte von Anfang an mitgedacht werden – sei es auf der Ebene des einzelnen Trägers oder auf der Ebene eines Bundeslandes, das rechtliche Regelungen für eine erweiterte Flexibilität mit der Bereitstellung von entsprechenden Konzepten und Instrumenten sowie diesbezüglichen Fortbildungsangeboten unterstützen sollte.

Eindeutige Zusammenhänge zwischen Flexibilisierung und der Entwicklung von befristeten Beschäftigungsverhältnissen sowie des Anteils von Teilzeitbeschäftigung sind den vorliegenden Daten nicht zu entnehmen. Der Anteil befristeter Beschäftigung scheint nahezu unabhängig von den Finanzierungsstrukturen anzusteigen; hier spielt wahrscheinlich zum einen die Unsicherheit im Hinblick auf die demographische Entwicklung eine große Rolle, zum anderen eine auch in anderen Branchen zu beobachtende generelle Tendenz zu einer vermehrten Nutzung von Befristungsmöglichkeiten. Auch der Anteil der Teilzeitbeschäftigung scheint stärker von arbeitsmarktbezogenen Aspekten als von der Regulierung der Betreuungszeiten beeinflusst zu sein.

Wie Flexibilisierung umgesetzt wird und welche Auswirkungen sie auf die arbeitsvertragliche Situation der Beschäftigten hat, hängt somit in erster Linie von der Wahrnehmung personalwirtschaftlicher Gestaltungsoptionen ab. Hier scheint auf Seiten vieler Träger erheblicher konzeptioneller Entwicklungsbedarf zu bestehen. Personalwirtschaftliche Gestaltungsoptionen sind jedoch nicht unabhängig von den finanziellen Rahmenbedingungen zu sehen. Hier schließt sich der Kreis: Die Einbeziehung des Themas „Flexibilisierung" in die öffentlichen Förderstrukturen ist demnach nicht nur, wie zum Abschluss des Abschnitts 4.2 festgestellt, sinnvoll, um für die Träger und Einrichtungen die Möglichkeiten und die Anreize zur Entwicklung und Umsetzung solcher Angebote zu verbessern. Vielmehr stellt eine geeignete Förderstruktur auch eine wichtige Rahmenbedingung für eine angemessene Gestaltung der Beschäftigungsverhältnisse dar.

Anhang

Übersichtstabellen zum Länderreport der Bertelsmann Stiftung

Übersicht 1: Bundesländer nach der Summe des Anteils der Kinder im Kindergartenalter mit einer Betreuungszeit von unter 5 Stunden und einem Platz mit geteilten Öffnungszeiten

	Kinder mit einem Platz <5 h oder geteilt in %
Niedersachsen	75,5
Schleswig-Holstein	64,0
Hamburg	48,4
Baden-Württemberg	47,4
Rheinland-Pfalz	46,8
Nordrhein-Westfalen	45,5
Hessen	44,5
Deutschland	42,0
Saarland	41,8
Sachsen-Anhalt	39,2
Bremen	37,6
Bayern	35,0
Sachsen	10,3
Berlin	10,2
Mecklenburg-Vorpommern	8,1
Brandenburg	6,7
Thüringen	6,6

Übersicht 2: Bundesländer nach dem Anteil von Ganztagsbetreuung im Kindergartenalter

	Anteil der Kinder mit Ganztagsbetreuung in %
Thüringen	88,0
Sachsen	66,4
Sachsen-Anhalt	57,1
Berlin	57,0

	Anteil der Kinder mit Ganztagsbetreuung in %
Mecklenburg-Vorpommern	53,0
Brandenburg	49,8
Hamburg	35,6
Hessen	28,4
Deutschland	27,2
Nordrhein-Westfalen	25,3
Bremen	22,7
Rheinland-Pfalz	21,9
Bayern	21,8
Saarland	17,2
Schleswig-Holstein	13,2
Niedersachsen	11,1
Baden-Württemberg	8,4

Übersicht 3: Bundesländer nach dem Anteil von Vollzeitbeschäftigten

	Anteil der Vollzeitbeschäftigten in %
Nordrhein-Westfalen	58,8
Baden-Württemberg	50,7
Bayern	47,8
Rheinland-Pfalz	46,5
Saarland	44,6
Deutschland	39,7
Berlin	39,5
Hessen	34,4
Hamburg	30,7
Bremen	29,8
Schleswig-Holstein	24,4
Thüringen	22,1
Niedersachsen	21,6
Mecklenburg-Vorpommern	19,7
Sachsen	19,3
Brandenburg	15,9
Sachsen-Anhalt	12,9

Übersicht 4: Bundesländer nach Abnahme des Anteils der Vollzeitbeschäftigten von 1998 bis 2007

	Abnahme des Anteils der Vollzeitbeschäftigten in %
Sachsen	5,1
Mecklenburg-Vorpommern	-1,3
Brandenburg	-6,0
Niedersachsen	-6,7
Thüringen	-8,9
Schleswig-Holstein	-9,4
Bremen	-11,1
Deutschland	-12,8
Saarland	-13,3
Hamburg	-13,4
Rheinland-Pfalz	-13,4
Bayern	-13,5
Hessen	-13,5
Nordrhein-Westfalen	-16,7
Baden-Württemberg	-17,0
Berlin	-19,4
Sachsen-Anhalt	-23,9

Sybille Stöbe-Blossey

5 Zum Funktionswandel von Kindertageseinrichtungen – Das Beispiel „Familienzentrum"

Nicht nur in Deutschland, sondern international lässt sich ein Trend zu einer Funktionserweiterung von Tageseinrichtungen für Kinder ausmachen (Altgeld / Krüger / Menke 2008): Kindertageseinrichtungen sollen zu Zentren für integrierte und niederschwellig zugängliche Dienstleistungen und Unterstützungssysteme für Kinder und Familien werden. In diesem Kapitel soll gefragt werden, was diese Entwicklung für die Beschäftigten bedeutet. Nach einer Einleitung über die Entwicklungstendenzen, die mit diesen konzeptionellen Vorstellungen verbunden werden (5.1), wird exemplarisch das Projekt „Familienzentrum" in Nordrhein-Westfalen dargestellt (5.2). Im Anschluss werden querschnittsartig verschiedene Untersuchungen ausgewertet, um die Auswirkungen eines solchen Projekts auf die Beschäftigten zu erfassen (5.3).

5.1 Die Tageseinrichtung als Zentrum für niederschwellige und integrierte Dienstleistungen

Für Kinder, Jugendliche und Familien sind in den vergangenen Jahren immer stärker spezialisierte Dienstleistungssysteme entstanden. Dies ist einerseits eine positive Entwicklung, die auf gesellschaftliche Bedarfe und Probleme differenzierte Antworten gibt und Ausdruck einer gewachsenen Fachlichkeit und Professionalisierung ist. Andererseits führt die Spezialisierung dazu, dass der ganzheitliche Blick auf die Person, die Probleme und die Ressourcen der Betroffenen verloren geht. Verschärft wird diese Problematik dadurch, dass das Bildungswesen, das Gesundheitssystem und die Kinder- und Jugendhilfe jeweils eigene Politik- und Handlungsfelder darstellen, zwischen denen es wenige Brücken gibt. (vgl. Dewe / Wohlfahrt 1991: 20f. mit weiteren Verweisen) Und diese Felder sind auch in sich wieder zergliedert in Teilbereiche – so ist es keineswegs selbstverständlich, dass es innerhalb der Kinder- und Jugendhilfe eine Verknüpfung zwischen Kindertageseinrichtungen und den Hilfen zur Erziehung gibt. Und die sich aus dem Arbeitsmarkt ergebenden Betreuungsbedarfe der Eltern stehen erst recht nicht im Blickfeld der Jugendhilfe.

Jede einzelne Institution verfügt nur über eine begrenzte Problemwahrnehmung und ein durch formale Zuständigkeiten eingeschränktes Spektrum an Handlungsoptionen (Goos-Wille 2005). Daher ist es nicht verwunderlich, dass in der sozialpolitischen Debatte der letzten Jahre verstärkt auf die Komplexität und Interdependenz von Problemen hingewiesen wurde (Schridde 2005). Vernetzung soll damit zur Entwicklung von Lösungsansätzen für komplexe Probleme beitragen, die von einzelnen Institutionen nicht bewältigt werden können.

Im Bereich der frühkindlichen Bildung und Betreuung wird vor diesem Hintergrund die Strategie diskutiert, Tageseinrichtungen für Kinder zu Zentren für Dienstleistungen „aus einer Hand" zu machen. Vorbild sind die britischen „Early Excellence Centers" (EEC), die 1997 über ein Pilotprogramm der Regierung ins Leben gerufen wurden. Ziel der EEC ist es, mit Angeboten aus einer Hand auf die komplexen Bedürfnisse von Familien einzugehen (vgl. Bertram et al. 2002), wie das Beispiel im Kasten zeigt.

Das Pen Green Centre, Corby/Großbritannien

Im Jahre 1983 wurde das „Pen Green Centre for under 5's and their families" in dem von Stahlarbeit geprägten Ort Corby im englischen North Hampshire eröffnet, um eine effektive und kindgerechte Früherziehung zu gewährleisten. Der Kern des Konzeptes spiegelt sich in der grundlegenden Einstellung zum Verhältnis zwischen Kindern und Eltern wider: Im Mittelpunkt steht die Einbindung der Eltern in die Erziehungsarbeit und Entwicklung des Kindes. Durch Angebote zur Fort- und Weiterbildung werden die Kompetenzen und das Selbstbewusstsein der Eltern gestärkt, damit sie sich für die Belange ihrer Kinder besser einsetzen können. Zur Dokumentation der Fortschritte des Kindes werden Entwicklungsbücher angelegt. Entsprechend den Bedürfnissen der Kinder und der Eltern werden Projekte, Kurse, Gruppenbetreuungen, Workshops und Seminare durchgeführt und im Bedarfsfall Beratungs- und Unterstützungsleistungen von externen Personen und Institutionen zur Verfügung gestellt. Alle Leistungen werden somit unter einem Dach angeboten („One-Stop-Shop"), was die Analyse, Bewertung, Passgenauigkeit und Inanspruchnahme der Leistung erheblich vereinfacht.

Diskutiert wurden derartige konzeptionelle Ansätze in Deutschland zunächst vor allem im Kontext von durch das Bundesfamilienministerium in Auftrag gegebenen Studien des DJI (Deutsches Jugendinstitut, München, 2004 und 2005). In den DJI-Recherchen wurden in Deutschland keine Einrichtungen angetroffen, die bereits über eine ausgereifte Praxis nach dem Vorbild der EEC verfügen. Es wurde jedoch eine Vielzahl von Ansätzen vorgefunden, die in diese Richtung gehen. Viele Einrichtungen verfolgen ein umfassendes Konzept, das sowohl erweiterte Betreuungsangebote – in der Institution selbst oder über eine Vernetzung mit Tagesmüttern – als auch niederschwellige familienunterstützende Dienste im Sinne des EEC-Leitbildes enthält.

Ein Ansatz zur systematischen und flächendeckenden Umsetzung derartiger Konzepte findet sich seit Anfang 2006 in Nordrhein-Westfalen. Hier soll bis 2012 ein Drittel der gut 9.000 Kindertageseinrichtungen zu Familienzentren ausgebaut werden, die mit Familienbildung und -beratung kooperieren, die Vermittlung und Qualifizierung von Tagespflege unterstützen, erweiterte Angebote für die Vereinbarkeit von Familie und Beruf bereithalten und einen Schwerpunkt auf Sprachförderung und interkulturelle Arbeit legen.[21] Hamburg hat das Konzept niederschwelliger und integrierter Dienstleistungen ebenfalls in einem Programm aufgegriffen, nach dem bis Mitte 2008 22 Eltern-Kind-Zentren insbesondere in benachteiligten Stadtteilen errichtet wurden. Diese Zentren richten sich schwerpunktmäßig an Familien mit unter Dreijährigen und bieten offene Eltern-Kind-Clubs, Spiel- und Lernstunden für Kinder, Eltern-Kind-Gruppen sowie Elternbildungs-, Informations- und Beratungsangebote.[22] Die Konzentration auf unter Dreijährige verweist auf die Tendenz, mit der – institutionellen oder zumindest an Institutionen gebundenen – Förderung von Kindern früher zu beginnen, als dies bisher in Deutschland gängige Praxis war.

Erste Ergebnisse der wissenschaftlichen Begleitung der Familienzentren in NRW[23] deuten darauf hin, dass es durch die Niederschwelligkeit der Angebote in der Tat besser gelingt, insbesondere benachteiligte Familien mit Bildungs- und Beratungsangeboten zu erreichen. Voraussetzung ist allerdings zum einen, dass dieser Ansatz von Seiten der Tageseinrichtung mit hohem Engagement und einer angemessenen Ansprache der jeweiligen Zielgruppen verfolgt und vom jeweiligen Träger unterstützt wird. Zum anderen müssen sich auch Beratungsstellen[24] und Bildungsstätten verstärkt für eine zugehende Arbeitsweise öffnen.

5.2 Das Projekt „Familienzentrum" in Nordrhein-Westfalen

Als Start für das Projekt „Familienzentrum" in Nordrhein-Westfalen rief das nordrhein-westfälische Ministerium für Generationen, Familie, Frauen und Integration (MGFFI) zu Beginn des Jahres 2006 alle Träger und Einrichtungen dazu auf, sich mit einem Kurzkonzept für die Teilnahme an einer Pilotphase zu

---

[21] Vgl. http://www.famlienzentrum.nrw.de
[22] http://fhh.hamburg.de/stadt/Aktuell/behoerden/soziales-familie/kita/eltern-kind-zentren.html
[23] Die wissenschaftliche Begleitung erfolgt bis Ende 2008 durch die PädQUIS gGmbH (Kooperationsinstitut der Freien Universität Berlin); vgl. Meyer-Ullrich / Schilling / Stöbe-Blossey 2008.
[24] Vgl. Zimmer / Schrapper 2006.

bewerben, die sich über das Kindergartenjahr 2006/2007 erstrecken sollte. Im Wettbewerbsaufruf des MGFFI findet sich eine nähere Beschreibung der Funktion von Familienzentren:
„Tageseinrichtungen für Kinder werden auf diese Weise Knotenpunkte in einem neuen Netzwerk, das Familien umfassend berät und unterstützt. Eine Voraussetzung hierfür ist, dass die vorhandenen Angebote vor Ort stärker miteinander vernetzt und durch die Kindertageseinrichtung gebündelt werden. Um dies zu gewährleisten, kooperieren die Familienzentren mit Familienberatungsstellen, Familienbildungsstätten und anderen Einrichtungen wie z.B. den Familienverbänden und Selbsthilfeorganisationen. Sie sollen frühe Beratung, Information und Hilfe in allen Lebensphasen ermöglichen und Eltern über die Alltagsnähe der Kindertageseinrichtung entsprechende Angebote leichter zugänglich machen. Auch die Einbeziehung weiterer bedarfsorientierter Hilfsangebote für Familien ist denkbar. Dies führt zu einer nachhaltig verbesserten Frühprävention und ist ein Beitrag für mehr Familienfreundlichkeit vor Ort."

5.2.1 Vom Wettbewerb zum Gütesiegel

Aus 1.000 Bewerbungen wurden 251 Einrichtungen für die Teilnahme an einer einjährigen Pilotphase ausgewählt – mindestens eine aus jedem Jugendamtsbezirk und darüber hinaus je nach Größe des Bezirks bis zu fünf weitere. Für die Piloteinrichtungen wurden zahlreiche Fortbildungen sowie ein individuelles Coaching im Umfang von ca. vier Beratungstagen angeboten. Bis 2012 sollen jährlich neue Familienzentren hinzukommen, bis die angestrebte Zahl von 3.000 Zentren erreicht sein wird. Ein großer Schritt in diese Richtung erfolgte bereits zum Kindergartenjahr 2007/08: Zusätzlich zu den Piloteinrichtungen gingen 750 weitere Einrichtungen an den Start. Zum überwiegenden Teil handelt es sich dabei um einzelne Einrichtungen; in etwa 20 % bis 25 % bilden mehrere Einrichtungen gemeinsam ein Verbund-Familienzentrum.

Die wissenschaftliche Begleitung wurde der PädQUIS gGmbH (Pädagogische Qualitätsinformationssysteme gGmbH, Kooperationsinstitut der Freien Universität Berlin; www.paedquis.de) übertragen und beinhaltete neben der Evaluation die Entwicklung eines „Gütesiegels". Ein Gütesiegel ist ein Zertifikat, das der zertifizierten Institution bestätigt, dass sie ein bestimmtes Qualitätsniveau erreicht hat und bestimmte Qualitätsstandards einhält. Mit dem Gütesiegel „Familienzentrum NRW" sollte ein so genanntes konzeptgebundenes System der Qualitätssicherung (vgl. Esch / Klaudy / Micheel / Stöbe-Blossey 2006) eingeführt werden, das heißt, es sollte dabei nicht um eine Evaluierung der Einrichtung als Ganzes und ihrer pädagogischen Qualität gehen, sondern um die Prüfung, inwieweit die im Konzept „Familienzentrum" enthaltenen Leistungen und Strukturen umgesetzt werden.

Die Piloteinrichtungen wurden zum Ende der Pilotphase im Juni 2007 mit dem Gütesiegel zertifiziert. Im Zertifizierungsverfahren muss die Einrichtung zunächst einen Selbstevaluationsbogen ausfüllen. Die darin enthaltenen Angaben werden ausgewertet und stichprobenartig anschließend durch eine Vor-Ort-Begehung validiert und ergänzt.[25] Beginnend mit dem Kindergartenjahr 2007/08 erhielten alle zertifizierten Familienzentren (Einzeleinrichtungen ebenso wie aus mehreren Tageseinrichtungen bestehende Verbünde) jährlich eine Förderung von 12.000 Euro. Im Jahr 2007 wählten die örtlichen Jugendämter – nach einem vom Land vorgegebenen Schlüssel – weitere 750 Einrichtungen aus, die nach einer Entwicklungsphase im Kindergartenjahr 2007/08 bis zum Herbst 2008 zertifiziert wurden. Zum Kindergartenjahr 2008/09 startete die zweite Ausbauphase mit 500 weiteren Einrichtungen. Der Ausbau wird stufenweise erfolgen, bis die angestrebte Zahl von 3.000 Einrichtungen erreicht sein wird.

Mit der Bindung der Förderung an ein Gütesiegel beschritt das Land Nordrhein-Westfalen nicht nur inhaltlich einen neuen Weg, indem es eine flächendeckende Erweiterung des Auftrages von Kindertageseinrichtungen in Angriff nahm. Vielmehr wurde dieser Weg verknüpft mit der Einführung einer bis dahin im deutschen System der Kindertagesbetreuung noch nicht praktizierten Form der Steuerung: Mit dem Gütesiegel wurde ein Instrument der Qualitätssicherung implementiert, das die Leistungen eines Familienzentrums definiert. Die jährliche Förderung wurde somit von der Erbringung eines bestimmten Leistungsspektrums abhängig gemacht. Dies bedeutet einen Übergang von einer Input- zu einer Outputsteuerung: Kontrolliert werden sollte nicht der Input – also etwa die Kosten für das eingesetzte Personal oder für die Räumlichkeiten –, sondern der Output, also die Leistungen, die für die Familien im Umfeld der Einrichtungen zugänglich sind.

Das Gütesiegel „Familienzentrum NRW" enthält insgesamt 112 Merkmale (MGFFI 2007), die sich in vier Leistungsbereiche und in vier Strukturbereiche gliedern. In den Leistungsbereichen werden die einzelnen Angebote definiert, die die Inhalte eines Familienzentrums ausmachen (Beratung und Unterstützung von Kindern und Familien, Familienbildung und Erziehungspartnerschaft, Kindertagespflege, Vereinbarkeit von Beruf und Familie). In den Strukturbereichen werden Strukturen benannt, mit denen eine am Bedarf des Sozialraums orientierte und nachhaltige Angebotsgestaltung unterstützt wird (Sozialraumbezug, Kooperation und Organisation, Kommunikation, Leistungsentwicklung und Selbstevaluation). Um zertifiziert zu werden, muss ein Familienzentrum in jedem Bereich

---

[25] Zu näheren Informationen zum Zertifizierungsverfahren vgl. www.paedquis.de

eine Mindestanzahl an Merkmalen erfüllen, wobei unterschiedliche Schwerpunktsetzungen und teilweise ein Ausgleich zwischen den Bereichen möglich sind. Damit können Familienzentren sehr unterschiedliche Profile entwickeln und ihr Angebot an den Bedarf des jeweiligen Sozialraums anpassen. Im folgenden Abschnitt wird ein Einblick in das vor diesem Hintergrund entstandene Leistungsspektrum gegeben.

5.2.2 Was leistet ein Familienzentrum?

Basis des folgenden Einblicks in das Leistungsspektrum sind erstens schriftliche Befragungen der Piloteinrichtungen (von Herbst 2006) und einer Stichprobe der Einrichtungen der Ausbauphase 2007/08 (von Herbst 2007). Zweitens wurden 26 Beispieleinrichtungen in ihrer Entwicklung genauer beobachtet, wobei seit Mitte 2006 Interviews mit Leitungen, Teammitgliedern und Kooperationspartnern stattfanden. Drittens wurde die erste Gütesiegelprüfung im Hinblick auf die Erfüllung der einzelnen Kriterien ausgewertet. Die Gliederung des folgenden Abschnitts orientiert sich an den vier Leistungsbereichen des Gütesiegels.[26]

Beratung und Unterstützung von Kindern und Familien

Der Bereich „Beratung und Unterstützung von Kindern und Familien" im Gütesiegel beinhaltet beispielsweise die Bereitstellung von Informationen über Beratungs- und Therapiemöglichkeiten sowie über Angebote der Gesundheits- und Bewegungsförderung in der Umgebung, die Zusammenarbeit mit Erziehungsberatungsstellen, die Durchführung von Eltern-Kind-Gruppen oder die Anwendung von strukturierten Verfahren der Früherkennung. Insgesamt wird dieses Feld von den Piloteinrichtungen auf breiter Basis abgedeckt – es stieß bei Leitungskräften und Beschäftigten von Anfang an auf großes Interesse, und in vielen Fällen konnte an bereits vorhandene Angebote angeknüpft werden.

Ein wichtiges Element stellt dabei die Kooperation mit Erziehungsberatungsstellen dar. So ergab sich beispielsweise aus der schriftlichen Befragung, dass 18 % der Piloteinrichtungen bereits seit längerem offene Sprechstunden von Beratungsstellen in ihrer Einrichtung anboten, weitere 52 % haben dieses Angebot während der Pilotphase neu eingeführt. Vor allem im ländlichen Raum, wo die Kapazitäten von Beratungsstellen oft nicht ausreichen, um auch abgelegene, kleine Einrichtungen mit solchen Angeboten zu versorgen, sind teilweise qualifi-

---

[26] Vgl. auch Stöbe-Blossey 2008a/b/c/d und Meyer-Ullrich / Schilling / Stöbe-Blossey 2008.

zierte Lotsenmodelle entstanden: So wurden in einer Kommune Erzieher/innen gezielt darüber informiert, welche/r Berater/in in welcher Beratungsstelle für welche Problemlage angesprochen werden könnte, und mit den Beratungsstellen wurde vertraglich vereinbart, dass die jeweiligen Ansprechpartner/innen auf Anfrage der Erzieher/innen zu Terminen in die Einrichtungen kommen würden. Auf diese Weise sollte eine dezentrale Versorgung gewährleistet werden.

Was die Nutzung der offenen Sprechstunden betrifft, so zeigte sich, dass dieses Angebot vor allem dann auf Akzeptanz stößt, wenn es in geeigneter Form eingebunden wird – etwa, indem sich die Berater/innen bei Elterncafés bekannt machen und indem Formen der Terminvereinbarung organisiert werden, die die Anonymität der Ratsuchenden gegenüber anderen Eltern gewährleisten. Insgesamt wird die Kooperation mit Beratungsstellen von den Tageseinrichtungen sehr positiv bewertet, nicht nur, weil es auf diese Weise gelingt, Familien, die sonst vielleicht nicht den Weg zu einer Beratungsstelle gefunden hätten, Hilfen zu vermitteln, sondern nicht zuletzt auch deshalb, weil die Erzieher/innen selbst von dem multiprofessionellen Austausch mit Berater/inne/n profitieren. Für die Zukunft sind hier allerdings Engpässe zu erwarten: Es wird allgemein bezweifelt, dass die Kapazitäten der Beratungsstellen ausreichen werden, um den Kooperationsbedarf eines flächendeckend ausgebauten Netzes von Familienzentren abzudecken.

Familienbildung und Erziehungspartnerschaft

Im Bereich „Familienbildung und Erziehungspartnerschaft" geht es beispielsweise um Elternkurse zur Stärkung der Erziehungskompetenz, um offene Elterncafés und pädagogische Elternabende, um Sprachkurse für Eltern mit Migrationshintergrund sowie um vielfältige Eltern- oder Eltern-Kind-Angebote mit kulturellen, kreativen, sportlichen oder gesundheitsbezogenen Inhalten. Die inhaltlichen Schwerpunkte sind je nach Struktur des Sozialraums sehr unterschiedlich – während in Sozialräumen mit einem hohen Anteil von bildungsbenachteiligten Zielgruppen oft Sprache und Gesundheitsförderung im Mittelpunkt stehen, gibt es in von der Mittelschicht geprägten Stadtteilen mehr kulturell-kreative Angebote. Teilweise werden solche Angebote von Mitarbeiter/inne/n der Einrichtungen selbst durchgeführt; vielfach gibt es Kooperationsbeziehungen mit Familienbildungsstätten und anderen Bildungsanbietern. Für die Tageseinrichtungen bedeutet es eine wichtige Entlastung, wenn sie die Durchführung von Bildungsangeboten an darauf spezialisierte Institutionen delegieren können. Allerdings hat sich die Verständigung auf gemeinsame Ziele im Vorfeld als sehr wichtig erwiesen. Zum einen kann auf diese Weise das Angebot besser mit dem Alltag der Einrichtung verknüpft werden. Zum anderen zielt die Einbindung von Familienbildung in die Tageseinrichtung nicht zuletzt darauf ab, Zielgruppen anzusprechen, die sonst von der Familienbildung nur schwer erreicht werden. Dies wiederum ist nur dann möglich, wenn die Angebote in Form und Inhalt auf diese Zielgruppen abgestimmt sind.

Erste Erfahrungen deuten darauf hin, dass es für die Anbieter von Familienbildung nicht immer einfach ist, den Schritt von einer „Komm"- zu einer „Geh"-Struktur zu vollziehen und geeignete Wege zur Ansprache neuer Zielgruppen zu finden. Hier ist es notwendig, dass die Tageseinrichtungen ihr Wissen über ihre Klientel in die Planung einbringen. In vielen Fällen wurden die Angebote nach dem Ende der Pilotphase angepasst, nicht selten nach dem Prinzip „Weniger ist Mehr", weil sich nicht selten herausstellte, dass ein zu umfangreiches Angebot nicht angenommen wurde. In jedem Falle aber stellen die Familienbildungsangebote für die Familienzentren das wichtigste Instrument für die Öffnung zum Sozialraum dar: Mit diesen Angeboten gelingt es am ehesten, Familien anzusprechen, die (noch) kein Kind in der Einrichtung haben, und damit das Spektrum der Zielgruppen im Sinne eines sozialraumorientierten Ansatzes zu erweitern.

Kindertagespflege

Die Verbindung mit der Tagespflege, also der dritte im Gütesiegel aufgeführte Angebotsbereich, stellt für die meisten Einrichtungen Neuland dar. Hier geht es nicht nur, wie anfangs vielfach vermutet, um die Vermittlung von Tageseltern, sondern zunächst um die Weitergabe von Informationen, die Zusammenarbeit mit Tageseltern und die Beteiligung an deren Qualifizierung und Vernetzung.

Erschwert wurde der Start teilweise dadurch, dass ein Teil der örtlichen Jugendämter bei der Vermittlung von Tagespflege auf zentrale Strukturen setzte und den vom Land initiierten Aufbau dezentraler Strukturen über Familienzentren als unwillkommene Konkurrenz und Eingriff in die lokale Organisationsform ansah. Jedoch wurde in vielen Fällen deutlich, dass sich zentrale und dezentrale Ansätze nicht nur integrieren lassen, sondern einander produktiv ergänzen können. So kann beispielsweise ein Familienzentrum die Erstberatung von an Tagespflege interessierten Familien übernehmen und das Profil der Familie an die zentrale Vermittlungsstelle des Jugendamtes weiterleiten. In anderen Fällen bieten Tagespflegevereine oder Jugendamtsmitarbeiter/innen Sprechstunden im Familienzentrum an. Vor allem aber ist die Zusammenarbeit mit Tageseltern von Bedeutung: Tageseltern aus dem Umfeld werden – teils fachlich begleitete – Treffpunkte und Austauschmöglichkeiten im Familienzentrum angeboten; Qualifizierungsmöglichkeiten werden über Familienzentren organisiert; Tageseltern übernehmen in Räumen von Familienzentren die Betreuung von Kleingruppen zu Randzeiten. In einigen Fällen haben sich interessante Kooperationsprojekte herausgebildet, die zu einer Qualitätssteigerung der Tagespflege beitragen dürften.

Vereinbarkeit von Beruf und Familie

Maßnahmen zur verbesserten Vereinbarkeit von Beruf und Familie umfassen differenzierte und familienzentrierte Formen der Bedarfsermittlung, verlängerte Öffnungszeiten und Randzeitenbetreuung, Angebote für unter Dreijährige sowie Möglichkeiten der Notfallbetreuung. Im Vergleich zu den drei erstgenannten Leistungsbereichen hat sich dieses Themenfeld in der Pilotphase zunächst wenig dynamisch entwickelt. So gaben in der schriftlichen Befragung im Herbst 2006 nur 6 % der befragten Einrichtungen an, dass sie ihre Öffnungszeiten ausweiten würden. Es zeigt sich, dass die Aktivitäten sich – neben dem Angebot eines Mittagessens, das in den meisten Einrichtungen besteht – oft vor allem auf erweiterte Formen der Bedarfsabfrage und auf die Vermittlung von ergänzender Betreuung richten. Eigene Angebote außerhalb der Standard-Öffnungszeiten waren selten. Die ersten Mitarbeiterbefragungen zeigten, dass Bestrebungen nach einer Ausweitung und Differenzierung von Betreuungszeiten auf weit weniger Akzeptanz stoßen als andere im Gütesiegel angesprochene Themen. Hier trafen Ängste im Hinblick auf die Entwicklung der eigenen Arbeitszeit zusammen mit Unsicherheiten über die pädagogische Gestaltung.

Voraussetzungen für eine Erweiterung des Angebotsspektrums sind oft Initiativen des Jugendamtes. Einige Städte haben beispielsweise damit begonnen, im Rahmen von Modellversuchen pro Stadtteil in einer Kindertageseinrichtung Öffnungszeiten bis 20.00 Uhr zur Verfügung zu stellen. Die Randzeiten-Betreuung – in der Regel ab 17.00 Uhr – wird in Kleingruppen durch Tageseltern sichergestellt und flexibel gehandhabt: Je nach Bedarf kann die Familie entscheiden, ob die Kinder jeden Tag oder nur an bestimmten Wochentagen bis 20.00 Uhr in der Einrichtung bleiben; die Betreuung wird so gestaltet, dass die Kinder zum Ende eines langen Tages in der Einrichtung auch Ruhezeiten und ein Abendessen vorfinden.

Zum 1. August 2008 trat in Nordrhein-Westfalen ein neues Kindergartengesetz in Kraft. Bereits im ersten Jahr der Umsetzung zeigt sich, dass es zu einer erheblichen Ausweitung der Plätze für unter Dreijährige kommt. Mit dem Inkrafttreten des neuen Gesetzes gab es nun auch keinen Grund mehr für die Familienzentren, im Hinblick auf eine Veränderung der Öffnungszeiten auf die Entwicklung der Rahmenbedingungen zu warten – diese waren mit der Verabschiedung des Gesetzes Ende 2008 geklärt. In der Tat kam in diesem Zeitraum Bewegung in das Thema Öffnungszeiten. Eine Reihe von Einrichtungen berichtet inzwischen von einer Erweiterung, wobei allerdings meistens kleinere Veränderungen (wie die Verlegung der Schließungszeit von 16.30 Uhr auf 17.00 Uhr) oder die Öffnung am Freitagnachmittag im Mittelpunkt stehen. Gerade in den Familienzentren haben offenkundig die im Gütesiegel geforderten Elternbefragungen eine gewisse Dynamik ausgelöst. In einigen Beispiel-Einrichtungen wird darüber berichtet, dass diese Befragungen durchaus unerwartete Ergebnisse brachten und dazu geführt haben, dass die Öffnungszeiten stärker an den Bedarf der Eltern angepasst wurden.

Entwicklung von neuen Angeboten in einem Familienzentrum im ländlichen Raum

Die Leiterin eines Familienzentrums im ländlichen Raum (Kommune mit 3.000 Einwohnern) wurde durch den Kriterienkatalog des Gütesiegels angeregt, versuchsweise eine Betreuung am Samstag anzubieten. Obwohl die jährlich stattfindende Bedarfsabfrage, mittels eines Fragebogens den Bedarf nicht erkennen ließ, machte sie am „Schwarzen Brett" einen Aushang mit dem Angebot, die Einrichtung samstags zu öffnen. Voraussetzung war, dass sich eine entsprechende Anzahl an Eltern finden würde, die das Angebot für ihre Kinder in Anspruch nehmen würden. Wenn Eltern das Samstag-Angebot nutzen wollten, so mussten sie sich spätestens eine Woche zuvor in die Liste eintragen. Ursprünglich war die Leiterin selbst etwas skeptisch, ob Eltern sich „trauen" würden. Sie war verwundert, dass sich spontan einige Eltern in die Liste eintrugen. Innerhalb eines halben Jahres ist das Angebot nur einmal nicht zustande gekommen, so dass es nun regelmäßig ohne Listeneintrag vorgehalten wird. Durchgeführt wird das Angebot von der Leiterin und einer erfahrenen pädagogischen Fachkraft; beide haben ihre Arbeitszeiten nun etwas anders organisiert. Die Leitung beginnt ihren Dienst einmal in der Woche am Morgen etwas später und die pädagogische Fachkraft beendet ihren Dienst am Nachmittag einmal in der Woche etwas früher.

5.3   Das Projekt „Familienzentrum" aus der Perspektive der Beschäftigten

Die ersten Erfahrungen aus dem Projekt „Familienzentrum" dürften deutlich gemacht haben, dass mit der Umsetzung zahlreiche zusätzliche und neue Aufgaben auf die Mitarbeiter/innen in Kindertageseinrichtungen zukamen. Im Rahmen der Beschäftigtenbefragungen im Projekt BOP wurden im Frühjahr 2007 in sechs Familienzentren jeweils drei Beschäftigte nach ihren Einschätzungen des Projekts und nach den Auswirkungen auf ihre Arbeitssituation befragt. Je eine/r dieser Mitarbeiter/innen war auch in die Nachbefragungen im Herbst 2008 einbezogen. Darüber hinaus wurden im Sommer und Herbst 2008 in den 26 Beispieleinrichtungen Teamgespräche und ergänzende Befragungen der Leitungen durchgeführt.[27] Die Ergebnisse dieser verschiedenen Befragungen werden im Folgenden zusammengefasst.

5.3.1 Motivation der Beschäftigten

Generell zeigt sich an den Befragungen, trotz großer Belastungen und Kritik im Einzelnen, eine hohe Motivation der Beteiligten: Auf einer Skala zwischen 0 und 10 ordnen in der BOP-Befragung im Frühjahr 2007 fast alle Befragten ihre Motivation zwischen 8 und 10 ein. Die Leitungen der 26 Beispieleinrichtungen bestätigten diesen Eindruck größtenteils auch im Rückblick und gingen in den Nachbefragungen von einer anhaltend hohen Motivation ihres Teams aus. In Einzelfällen allerdings haben die Teams den Belastungen durch die besonders arbeitsintensive Pilotphase nicht standgehalten. In einem Fall wird von einem fast kompletten Austausch des Teams berichtet: „Die haben sich weg beworben", so die Leiterin, „aber jetzt habe ich ein Team, auf das ich mich verlassen kann."

Zwei Drittel der Befragten betonten in der BOP-Befragung vor allem positive Aspekte der Kooperation mit externen Partnern wie Erziehungsberatungsstellen und Familienbildungsstätten. Die Hemmschwelle der Eltern zur Inanspruchnahme von Erziehungsberatung sei durch die Vernetzung gesunken, man habe einen leichteren Zugang zu Behörden und zu Ärzten, man könne die Ressourcen des gesamten Ortes nutzen und dadurch neue Angebote wie bspw. Psychomotorik in die Einrichtung integrieren, das Team erfahre durch die Kooperationspartner fachliche Unterstützung. Zwar sei der Aufwand für den Aufbau von Kooperationen erheblich, so eine Mitarbeiterin, jedoch erwarte sie insgesamt eine Entlastung, wenn sich das Netzwerk „eingespielt" hat: „Eine Liste von Therapeuten zu machen, ist erst mal viel Arbeit, aber es ist ein Gewinn, sie zu haben." Eine Einrichtung, in der Mitarbeiterinnen befragt wurden, ist Mitglied eines Verbundes, in dem fünf Tageseinrichtungen ein gemeinsames Familienzentrum bilden. Die Zusammenarbeit mit den anderen Tageseinrichtungen wird hier als sehr bereichernd erlebt; durch die Arbeitsteilung könne mit vertretbarem

---

[27] Vgl. ausführlich Meyer-Ullrich 2008 und Meyer-Ullrich / Schilling / Stöbe-Blossey 2008.

Aufwand ein breites Angebot geschaffen werden, und der enge Austausch mit den Partnern sei befruchtend für die eigene Arbeit.

Einige Mitarbeiterinnen nahmen bereits kurz nach dem Start des Projekts erste Erfolge bei den Eltern wahr. „Vor allem die Eltern mit Migrationshintergrund nehmen unser neues Angebot gut an", berichtete eine Befragte. Eine andere formulierte den Eindruck, dass einige Eltern, die an Elternkursen teilgenommen haben, nun in der Tat besser mit ihren Kindern umgehen können. Derartige Wahrnehmungen spielen für die Motivation der Mitarbeiterinnen offenkundig eine große Rolle. Auch für die eigene Arbeit wird eine Weiterentwicklung gesehen: „Ich habe eine andere Sichtweise dafür gewonnen, wie ich Eltern unterstützen kann", sagte eine Mitarbeiterin, und eine andere bewertete den „Blick über den Tellerrand", den ihr das Familienzentrum ermöglicht, als sehr positiv.

Einige Mitarbeiterinnen sahen die Entwicklung zum Familienzentrum für sich als eine persönliche Herausforderung („Ich kann noch mal was Neues machen!") und empfanden den Zuwachs an Verantwortung als befriedigend. Hier sind die Einschätzungen allerdings sehr unterschiedlich: So erzählten zwei als Zweitkräfte eingesetzte Kinderpflegerinnen, dass die Leiterinnen ihrer Gruppen, bedingt durch die mit dem Familienzentrum verbundenen Aufgaben, nun häufig abwesend sind und sie daher die Gruppenarbeit vielfach selbst gestalten. Während die eine dies als persönliche Chance ansah und neue Handlungsspielräume begrüßte, fühlte sich die andere dadurch überfordert.

Selbst Mitarbeiterinnen, die den Zuwachs an Verantwortung für sich selbst als durchaus positiv empfinden, sahen häufig Probleme darin, dass sie angesichts der Mitwirkung am Aufbau des Familienzentrums weniger Zeit in der Gruppe verbringen. Immerhin zwei Drittel der Befragten äußerten die Befürchtung, dass das „Kerngeschäft", die Arbeit mit den Kindern, unter der Entwicklung zum Familienzentrum leidet. „Die Gruppenleitung ist viel aus der Gruppe raus, da bleibt mir nur noch der Aufpass-Faktor", stellte eine Mitarbeiterin fest; eine andere bedauerte, dass es weniger pädagogische Angebote gebe, weil zu oft nur einer allein in der Gruppe sei; eine dritte sprach von einem „Spagat zwischen Familienzentrum und Gruppenarbeit". Zwar bezogen sich diese Wahrnehmungen speziell auf die Zeit der besonders intensiven Aufbauarbeit in der Pilotphase. In den Team- und Leitungsgesprächen im Jahre 2008 wurden die Eindrücke teils bestätigt, teils relativiert: Einerseits hat sich einiges eingespielt, so dass die Belastung nicht mehr so groß ist wie in der Pilotphase, andererseits verlangt auch die Weiterführung eines Familienzentrums zusätzliches Engagement, so dass Kapazitätsprobleme weiterhin auftreten.

5.3.2 Teamentwicklung im Familienzentrum

Der Informationsfluss sowie die gemeinsame Planung und Aufgabenverteilung im Team scheinen den Ergebnissen der Beschäftigtenbefragung zufolge in den meisten Fällen gut zu funktionieren. Die meisten Mitarbeiter/innen fühlen sich durch Teambesprechungen gut in die Entwicklung des Familienzentrums eingebunden und beurteilen ihren Informationsstand als hinreichend. Schwierigkeiten gibt es teilweise bei Zweitkräften, die sich als weniger gut integriert betrachten.

Die Strukturierung der Aufbauarbeit in der Pilotphase war sehr unterschiedlich. In einigen Familienzentren wurden Arbeitskreise gebildet, die oft aus der Leitung, ihrer Stellvertretung sowie ausgewählten weiteren Beschäftigten oder sogar allen Gruppenleitungen bestanden. Diese Gruppen sahen sich regelmäßig, um wichtige Informationen auszutauschen, Entscheidungen vorzubereiten und zu treffen. In der Pilotphase gab es darüber hinaus beispielsweise in einer Einrichtung jeden Morgen eine halbstündige Teambesprechung, in einer anderen tagte wöchentlich das Großteam, und themenspezifische Besprechungen von unterschiedlichen Kleinteams kamen hinzu. Andere Einrichtungen hatten einen weniger engen Rhythmus von Teamsitzungen und schoben bei Bedarf Extratermine ein. Der Hauptteil der Entwicklungsarbeit erfolgte offenkundig intern im Team; das im Rahmen der Pilotphase angebotene Coaching hat nur für wenige der befragten Mitarbeiterinnen eine wesentliche Rolle gespielt. Von diesen jedoch wurde es sehr positiv bewertet. Es zeigte sich, dass besonders qualifizierte Coachs nach dem Ende der Pilotphase oft an die Einrichtungen der Ausbauphase weiter empfohlen wurden und auch von den neuen Einrichtungen die Unterstützung sehr positiv bewertet wurde.

In einem Teil der Einrichtungen haben die Teams keine Verteilung von Zuständigkeiten oder Schwerpunktaufgaben vorgenommen, in anderen wurden diesbezügliche Regelungen getroffen: Die besonderen Zuständigkeiten, die von einzelnen Mitarbeiterinnen übernommen wurden, betrafen beispielsweise den Kontakt zu Ergotherapeuten, den Kontakt zu Ärzten, die Organisation von Väterangeboten, die regelmäßige Vorbereitung des Elterncafés, die Koordinierung der Sprachförderung, die Mitwirkung an einer Lenkungsgruppe, in der auch die Kooperationspartner vertreten sind, die Durchführung von Elterntrainings für den gesamten Verbund oder die Zuständigkeit für den Bereich Ernährung und Gesundheitserziehung.

In dieser Form der Arbeitsteilung wird eine zukünftige Herausforderung für die weitere Entwicklung der Familienzentren liegen. Angesichts der Aufgabenvielfalt werden Spezialisierungen erforderlich sein. Ein örtliches Jugendamt hat aus dieser Situation die Schlussfolgerung gezogen, Erzieher/inne/n zunächst anzubieten, sich durch Fortbildungen in bestimmten Bereichen (beispielsweise für bestimmte Angebote der Familienbildung oder für Gesundheits- oder Bewegungsangebote) weiterzuqualifizieren und dann die erworbenen Kenntnisse nicht nur in der eigenen Einrichtung anzuwenden, sondern auch in anderen Einrichtungen entsprechende Angebote zu machen – entweder auf Honorarbasis bei anderen Trägern oder durch eine befristete Aufstockung des Arbeitsvertrages für trägereigene Einrichtungen. Für Erzieher/innen, die daran interessiert sind, ergibt sich auf diese Weise eine Möglichkeit zur Erweiterung ihrer Kompetenzen und ihres Tätigkeitsspektrums. Von Bedeutung ist dies nicht nur im Hinblick auf die inhaltliche Gestaltung der Arbeit, sondern auch finanziell: Teilzeitbeschäftigte erhalten auf diese Weise die Möglichkeit, zusätzliche Einkünfte zu erzielen, was vor allem dann attraktiv sein kann, wenn die Teilzeitzeitarbeit nicht aufgrund der persönlichen Lebenssituation, sondern aufgrund der Stellensituation und Einsatzplanung beim Träger ausgeübt wird (vgl. 3.2 und 4.3.5).

5.3.3 Zur Entwicklung der Leitungsfunktion

Alle befragten Leiter/innen gaben an, dass sich die Leitungsaufgabe durch die Entwicklung der Einrichtung zum Familienzentrum enorm verändert hat. Den Begriff der „Managerin" halten viele angesichts der nun stärker ins Gewicht fallenden Verwaltungs- und Organisationsaufgaben durchaus für angemessen: „Immerhin führe ich hier ein kleines, aber erfolgreiches mittelständisches Unternehmen mit 18 Beschäftigten", so eine Leiterin eines Familienzentrums.

Als hauptsächliche Tätigkeiten für das Familienzentrum nannten die befragten Leitungskräfte

- Kontaktaufnahme, Auswahl und Absprachen mit Kooperationspartnern
- Öffentlichkeitsarbeit
- Teilnahme an sozialräumlichen und Steuerungsgremien
- Organisations- und Verwaltungsaufgaben zur Durchführung der Angebote des Familienzentrums.

Zwar gehören diese Tätigkeiten – in unterschiedlichem Umfang – auch zu den originären Aufgaben der Leitungskräfte von Kindertageseinrichtungen. Somit fühlen sich viele Leitungskräfte gut vorbereitet. Dennoch stellt die Leitung eines Familienzentrums erhöhte und veränderte Anforderungen. Die Leiter/innen müssen sehr flexibel sein, denn starre Zeitstrukturen passen nicht in das Konzept des Familienzentrums, dessen Alltag zunehmend von Außenterminen und Kooperationsgesprächen bestimmt ist.

Die besonderen Anforderungen an die Leitung eines Familienzentrums lassen sich durch folgende Schlüsselkompetenzen charakterisieren:

- Fähigkeit zur einer multiprofessionellen Zusammenarbeit,
- Umgang mit komplexen Situationen innerhalb und außerhalb der Einrichtung,
- Kompetenzen im Netzwerk- und Organisationsmanagement.

Während der Pilotphase gaben beinahe alle Leitungskräfte – auch die freigestellten – an, ihre derzeitigen Aufgaben im Familienzentrum nicht im Rahmen ihrer vertraglichen Arbeitszeit bewältigen zu können. Die meisten sahen kaum Möglichkeiten, diese Mehrarbeit irgendwann zeitlich auszugleichen. Je nach persönlicher Einstellung kennzeichneten sie den zeitlichen Aufwand als „Investition in die Zukunft", „soziales Engagement", „mein Helfersyndrom" oder auch mit der Aussage „es macht mir einfach Spaß". Allerdings betonten alle Befragten, dies nicht als Dauerlösung akzeptieren zu können, und gingen davon aus, dass die zeitliche Belastung nach der intensiven Aufbauphase auch wieder abnehmen müsse.

Nach ihrer eigenen Einschätzung der anfallenden Arbeiten befragt, gaben die Leitungskräfte der ausgewählten Einrichtungen an, in der Pilotphase zwischen 30 % und 75 % ihrer Arbeitszeit für den Aufbau des Familienzentrums aufgewandt zu haben. Zwar ist davon auszugehen, dass die Arbeiten für das Familienzentrum in vielerlei Hinsicht auch der pädagogischen Arbeit der Kindertageseinrichtung zugute kommen und eine klare Abgrenzung nicht immer möglich ist, etwa, wenn die Erziehungsberatungsstelle Eltern und Fachkräfte im Umgang mit Verhaltensproblemen eines Kindes berät. Dennoch bedauerten die Leitungskräfte, durch diese Aufgaben weniger Zeit für die „Teampflege" und fachliche Unterstützung der Mitarbeiter/innen zu haben.

Im Anschluss an die Aufbauphase hat sich die zeitliche Belastung zwar reduziert, jedoch bedeutet die Führung eines Familienzentrums, kontinuierlich – neben den Aufgaben der Leitung einer Kindertageseinrichtung – ein sowohl quantitativ als auch qualitativ erweitertes Aufgabenspektrum abzudecken. In vielen Familienzentren wurden Zeitkalkulationen angestellt, um Aufschluss über den zeitlichen Aufwand zu gewinnen. Die Einschätzung des Aufwandes für die speziell auf die Aufgaben des Familienzentrums bezogene Leitungstätigkeit bewegte sich vor diesem Hintergrund im Rückblick auf das erste Jahr nach Abschluss der Pilotphase bei einem Volumen zwischen 20 % und 50 % der regulären Arbeitszeit einer Vollzeitstelle. Dabei wurde vielfach betont, dass dieses Aufgabenspektrum nicht von der Leitung allein abgedeckt werden kann und muss, sondern die Verteilung bestimmter Aufgaben auf Mitglieder des Teams mit einschließt.

Eine zusätzliche Vergütung für das erweiterte Aufgabenspektrum erhalten die Leitungskräfte in der Regel nicht. Nur eine Leitungskraft berichtete, dass sie und Kolleginnen aus anderen Familienzentren von ihrem Träger eine Zulage gefordert und auch erhalten hätten. Dass Leitungskräfte von Kindertageseinrichtungen in dieser Form in die Offensive gehen, scheint eher die Ausnahme zu sein. Es zeigt sich, dass der Betrag von 12.000 Euro, den die Familienzentren jährlich erhalten, vorrangig für die Finanzierung externer Angebote und teilweise für Investitionen eingesetzt wird. Für einen finanziellen Ausgleich der Zusatzleistungen der Beschäftigten wird dabei nur in Ausnahmefällen ein Spielraum gesehen (obwohl dies rechtlich grundsätzlich möglich wäre). Die Mehrheit sieht keine Chance, an der Vergütung etwas zu ändern, und hat sich mit der gegebenen Situation arrangiert. Unzufriedenheit wird nur teilweise artikuliert, vielfach verbunden mit dem Hinweis, dass „sich daran sowieso nichts ändert".

Konflikte ergaben sich dadurch, dass mit dem Kinderbildungsgesetz (KiBiz) eine Veränderung der Regelungen zur Freistellung von Einrichtungsleitungen vorgenommen wurde. Diese Veränderung führt für viele Einrichtungen zu einer Reduzierung der gesetzlich vorgesehenen und vom Land bezuschussten Freistellungskontingente. Nach dem bis zum 31.07.2008 geltenden Gesetz über Tageseinrichtungen für Kinder (GTK) gab es eine freigestellte Leitung für Einrichtungen mit mindestens zwei Tagesstättengruppen oder mit vier Kindergartengruppen (ohne Über-Mittag-Betreuung) oder mit zwei Kindergartengruppen und einer Tagesstättengruppe.

Im Vergleich der Bundesländer[28] war dies eine sehr weit reichende Regelung. In einem Teil der Bundesländer enthalten die einschlägigen Gesetze keinerlei Regelungen über Freistellung der Leitung; die Entscheidung darüber – und damit auch die Finanzierungsverantwortung – liegt beim jeweiligen Träger. In anderen Bundesländern werden Zahlenverhältnisse genannt. Diese sind jedoch in den meisten Fällen deutlich ungünstiger als in Nordrhein-Westfalen – so ergibt sich beispielsweise aus der Berliner Regelung eine Vollzeit-Freistellung erst bei einer Anzahl von 160 Kindern. Darüber hinaus wird – anders als in Nordrhein-Westfalen vor und nach der Neuregelung – vielfach nicht differenziert zwischen Leitungszeiten und der Verfügungszeit der einzelnen Erzieherin. Insofern muss man feststellen, dass die strukturellen Voraussetzungen für die Wahrnehmung einer Management-Funktion durch die Einrichtungsleitung in Nordrhein-Westfalen günstiger waren als in anderen Ländern.

---

[28] Vgl. Übersicht unter http://www.mbjs.brandenburg.de/media/lbm1.a.1234.de/personalstandards.pdf

Mit der Neuregelung wurde die Anzahl der laut Berechnungsgrundlage bezuschussten Leitungsstunden an die Anzahl der Kinder und die entsprechenden Buchungszeiten geknüpft. Dabei gibt es drei Zeittypen, nämlich Buchungszeiten von 25, 35 oder 45 Wochenstunden. Rechnerisch enthält die Kindpauschale einen Anteil für die Leitungsfreistellung, der auf 20 % der jeweiligen Öffnungszeit basiert – also fünf Stunden für eine 25-Stunden-Gruppe, sieben Stunden für eine 35-Stunden-Gruppe und neun Stunden für eine 45-Stunden-Gruppe.[29] Bei einer Gruppe für Kinder von zwei Jahren bis zum Schuleintritt wird von einer Größe von 20 Kindern ausgegangen, bei einer reinen U3-Gruppe von 10 Kindern und bei einer Gruppe für Drei- bis Sechsjährige von 25 Kindern (bei 45 Stunden Buchungszeit von 20 Kindern). Je mehr unter Dreijährige in einer Einrichtung betreut werden, desto kleiner sind demnach die Gruppen, auf denen die Berechnung der Leitungskontingente basiert, und desto höher wird die Anzahl der Freistellungsstunden.

Für mittelgroße Einrichtungen wirkt sich die neue Berechnungsbasis ungünstig aus. Betrachtet man beispielsweise den Fall einer Einrichtung mit zwei Kindergartengruppen und einer Tagesstättengruppe, so konnte diese nach dem GTK über eine volle Stelle für eine freigestellte Leitung verfügen. Angenommen, diese Einrichtung hat ihre Gruppen zum 01.08.2008 in eine 25-Stunden-, eine 35-Stunden- und eine 45-Stunden-Gruppe überführt, so ergibt sich nach den Berechnungsgrößen eine Freistellung von 21 Wochenstunden. Die volle Freistellung einer Leitungskraft (ca. 38,5 Wochenstunden) beginnt demnach erst bei einer Größe von beispielsweise vier Tagesstättengruppen (36 Stunden) oder bei fünf bis sechs 35-Stunden-Gruppen (35 bzw. 42 Stunden) oder bei zwei Tagesstättengruppen (18 Std.) plus drei 35-Stunden-Kindergartengruppen (21 Std.; insgesamt 18 Std. plus 21 Std. gleich 39 Std.).

Einrichtungen, die so klein sind, dass sie bisher keine Freistellung hatten, sind nach den Berechnungsgrößen besser gestellt als bisher, weil sie zumindest Stundenkontingente bekommen; Einrichtungen, die deutlich größer sind – mindestens fünf Gruppen, darunter mehrheitlich Tagesstättengruppen – haben ebenfalls einen Vorteil, weil sie künftig mehr als eine Stelle an Freistellungsstunden erhalten. Bezogen auf die Familienzentren ist wichtig festzuhalten, dass sehr kleine Einrichtungen diese Aufgabe vergleichsweise seltener übernehmen, sehr große Einrichtungen gibt es in Nordrhein-Westfalen nicht sehr häufig.

---

[29] Vgl. Begründung der Landesregierung (Regierungsentwurf); zitiert nach Janssen / Dreier / Selle 2008: 94ff.; im verabschiedeten Gesetzestext ist diese Berechnung nicht mehr enthalten; hier gehen die Freistellungskontingente zusammen mit anderen Berechnungsgrößen in die Anzahl der „sonstigen Fachkraftstunden" ein, die einer Gruppe neben den beiden Gruppenkräften und ihrer zehnprozentigen Verfügungszeit zustehen.

In der schriftlichen Befragung vom Herbst 2006 waren die Piloteinrichtungen sowohl nach ihrer Größe als auch nach der im Kindergartenjahr 2006/2007 vorhandenen Leitungsfreistellung gefragt worden. Ein Abgleich der Antworten mit der Ausstattung, die sich aus der 20-Prozent-Berechnungsgröße im KiBiz ergibt, brachte für die Piloteinrichtungen folgende Ergebnisse[30]:

- Nach den Befragungsdaten hatten während der Pilotphase 76 % der beteiligten Einrichtungen eine vollständig freigestellte Leitung. 24 % der Einrichtungen gehörten somit zu den kleineren Einrichtungen, die voraussichtlich ab August 2008 von einer Teilfreistellung würden profitieren können. Ein Drittel dieser Einrichtungen (also 8 % aller Piloteinrichtungen) verfügte – wahrscheinlich über Regelungen des Trägers – bereits über eine Teilfreistellung. 16 % der Piloteinrichtungen konnten demnach im Hinblick auf ihre Leitungsstunden eine Verbesserung erwarten.
- Nur 15 % der Piloteinrichtungen hatten eine Größe von mehr als 100 Kindern, so dass sich rechnerisch zusätzliche Freistellungskontingente ergeben könnten. Dies gilt aber nur dann, wenn es sich mehrheitlich um Betreuungszeiten von 45 Stunden handelt und wenn es Plätze für unter Dreijährige gibt (ohne unter Dreijährige liegt die Schwelle, ab der sich rechnerisch eine volle Freistellung ergibt, bei 125 Kindern). Zusätzliche Freistellungsstunden waren also nur für einen Teil dieser Einrichtungen zu erwarten.
- Ungefähr 20 % der Piloteinrichtungen hatten zwischen 80 und 100 Kinder. Soweit mehrheitlich Tagesstättengruppen darunter waren und soweit U3-Kinder betreut wurden, errechnet sich für diese Einrichtung weiterhin eine volle Freistellung. Wo dies nicht der Fall ist, ergäbe sich nur noch eine Teilfreistellung.
- Die größte Gruppe – immerhin gut 40 % der Piloteinrichtungen – weist eine mittlere Größe auf und hatte nach dem GTK, aber nicht mehr nach den Berechnungsgrundlagen des KiBiz, Anspruch auf eine volle Freistellung.

Rechnet man zu diesen gut 40 % einen Teil der Einrichtungen mit 80 bis 100 Kindern hinzu, bei denen sich aufgrund ihrer Struktur auch keine volle Freistellung mehr ergibt, so bedeuten die Berechnungsgrundlagen für nahezu die Hälfte der Piloteinrichtungen eine Verschlechterung. Angesichts dessen, dass sehr kleine Einrichtungen, die von der neuen Regelung profitieren, unter den Familienzentren unterproportional vertreten sind, fällt der Anteil an Einrichtungen, für die die neue Berechnungsbasis eine Verbesserung bedeutet, bei den Pilot-Familienzentren nur gering aus.

---

[30] Quelle: eigene Berechnungen

In der Praxis zeigt sich die Situation allerdings etwas anders. Der Anteil an Leitungsstunden stellt nur einen Teil der Berechnungsbasis für die Kindpauschalen dar. Der Träger wirtschaftet also mit einem Budget, das sich aus der Summe seiner Kindpauschalen ergibt. Innerhalb der einzelnen Einrichtungen besteht darüber hinaus grundsätzlich die Möglichkeit, über die Gestaltung von Dienstplänen für Freistellungen zu sorgen. All dies steht natürlich unter dem Vorbehalt knapper Ressourcen – und der Prioritätensetzung durch den Träger.

Da die Entwicklung im Fluss ist und die Regelungen für das Kindergartenjahr 2008/2009 zum Zeitpunkt der ergänzenden BOP-Interviews im Sommer und Herbst 2008 noch nicht in allen Fällen geklärt waren, konnten auf dieser Basis nur Tendenzaussagen über die tatsächliche Entwicklung getroffen werden. Diese Aussagen basierten zudem weitgehend auf Erwartungen (und Befürchtungen). Insofern wurde im Rahmen des BOP-Projekts im Oktober eine Kurzabfrage bei den 26 Beispiel-Einrichtungen zur Entwicklung von Leitungsfreistellung, Kinderzahlen und Personalausstattung nach Inkrafttreten des KiBiz durchgeführt.

Die Ergebnisse sowohl der Interviews als auch der Abfrage deuten auf eine heterogene Entwicklung und auf eine sehr unterschiedliche Handhabung durch die einzelnen Träger hin. Von den 19 Einrichtungen, die sich an der Abfrage beteiligten, hatten 14 vor Inkrafttreten des KiBiz eine vollständig freigestellte Leitung. Bei fünf dieser Einrichtungen wurde in der Tat die volle Freistellung auf eine Teilfreistellung reduziert. Bei einer dieser Einrichtungen allerdings ist darauf hinzuweisen, dass auch die Platzzahl um 20 % gesunken ist und nicht die Leitungsfreistellung wegfiel, sondern die bis dahin volle Freistellung der stellvertretenden Leitung reduziert wurde.

Zwei Einrichtungen berichteten von einer Teilfreistellung, die erhalten blieb. Drei zwei-gruppige Einrichtungen, die bis zum Sommer 2008 über keinerlei Freistellungsstunden verfügten, erhielten ab August 2008 die Freistellungsstunden, die sich nach den Berechnungsgrößen ergaben – die mögliche Verbesserung wurde also von den Trägern auch umgesetzt. Unter den Beispieleinrichtungen gibt es demnach keine mehr, die vollständig auf Freistellungsstunden verzichten muss. Aus der Sicht dieser Einrichtungen bedeutete dies eine große Erleichterung für die Wahrnehmung der Funktionen als Familienzentrum.

Die Leitungen, bei denen die Freistellung entsprechend der Berechnungsbasis von einer Voll- auf eine Teilfreistellung reduziert wurde, berichteten teilweise von unterschiedlichen organisatorischen Maßnahmen in diesem Kontext. Eine der betroffenen Leitungskräfte wies darauf hin, dass sie eine Entlastung durch eine geringfügig beschäftigte Arbeitskraft erhält, deren Stellenprofil neben schriftlichen Arbeiten unter anderem auch Terminabstimmung, Vorbereitung von Flyern und Aushängen von Kursen sowie Koordination der Raumbelegung vorsieht. In einem der Fälle behielt eine Leiterin zwar als Person ihre volle Freistellung, das Stundenkontingent wurde jedoch nur noch zur Hälfte der Einrichtung zugerechnet; darüber hinaus sollte sie künftig in diesem Rahmen auch Koordinierungsaufgaben für andere Familienzentren wahrnehmen. Eine andere Leiterin übernahm Aufgaben im Rahmen der Familienbildung. Diese Aufgaben in Koordinierung und Bildung bedeuten zwar auch eine zeitliche Belastung und zweifellos eine Reduzierung der vorher durch eine volle Freistellung vorhandenen Kapazitäten. Nach Einschätzung der Betroffenen sind diese Aufgaben jedoch leichter mit der Leitungsaufgabe vereinbar als die Übernahme von Verantwortung für eine Kindergruppe.

In mehreren Fällen gibt es offenkundig trägerinterne Regelungen. In zwei Fällen berichten Einrichtungen, die an einem Verbund beteiligt sind, dass die Träger unterschiedlich agieren: In beiden Fällen gab es Partnereinrichtungen etwa gleicher Größe, wobei jeweils in einem Teil der Einrichtungen die Freistellung abgebaut wurde, während sie bei anderen – in anderer Trägerschaft – erhalten blieb.

Dass die Träger die Freistellung auch dann aufrecht erhalten, wenn sich aus der Berechnungsgrundlage des KiBiz eine Reduzierung ergeben würde, trifft zumindest in der mit der Abfrage erfassten Stichprobe auf die Mehrheit der Familienzentren zu. Unter den neun Einrichtungen, die weiterhin eine volle Freistellung haben, befindet sich kaum eine, bei der sich dies aus der Berechnungsgrundlage des KiBiz ergeben würde. Grundlage ist also die Entscheidung des Trägers. In einem anderen Fall schichtete der Träger die errechneten Freistellungskontingente zwischen seinen Einrichtungen um, so dass Familienzentren über mehr Stunden verfügen und die Freistellung aufrecht erhalten werden konnte, während andere Einrichtungen mit weniger Stunden auskommen müssen. Wieder andere Einrichtungen gaben an, dass ihre Träger die Freistellungen aufrecht erhalten würden, ohne dass ihnen die Finanzierungsform im Einzelnen bekannt war. In anderen Fällen schließlich ergaben sich dadurch Lösungen, dass durch erweiterte Öffnungszeiten oder die Aufnahme von unter Dreijährigen zusätzliche Mitarbeiter/innen eingestellt wurden, so dass faktisch Freistellungen erhalten blieben, allerdings mit einer veränderten Struktur der Einrichtung.

Insgesamt zeigt sich ein breiter Konsens darüber, dass eine Freistellung der Leitung – oder bei sehr kleinen Einrichtungen zumindest eine Teilfreistellung – für die Arbeit als Familienzentrum erforderlich ist. Die verschiedenen trägerinternen Regelungen deuten darauf hin, dass diese Auffassung auch von den Trägern – ob frei oder öffentlich – weitgehend geteilt wird. In einigen Fällen wurde auch darüber berichtet, dass Jugendämter – teils offiziell, teils informell – die Träger darauf hinweisen, dass sie die Sicherstellung einer Leitungsfreistellung als wichtiges Auswahlkriterium für die Benennung von künftigen Familienzentren ansehen.

5.3.4 Exkurs: Zur Umsetzung des KiBiz

Die Entwicklung der Familienzentren kann nicht losgelöst von der Entwicklung der Rahmenbedingungen für Kindertageseinrichtungen im Allgemeinen betrachtet werden. Insofern war auch diese Entwicklung Gegenstand der Kurzabfrage. Zum anderen wurde diese Entwicklung auch in der Zweitbefragung der Erzieher/innen (vgl. 1.) berücksichtigt, in der insgesamt 14 Erzieher/innen in Nordrhein-Westfalen interviewt wurden.[31]

Als eindeutiges Ergebnis beider Befragungen lässt sich festhalten, dass der befürchtete Personalabbau nicht stattgefunden hat – im Gegenteil. Aus gut der Hälfte der Einrichtungen wurde von einer Personalaufstockung berichtet, Personalreduzierungen gab es nur vereinzelt. Einige Einrichtungsleitungen weisen darüber hinaus darauf hin, dass eine Personalaufstockung nach den Berechnungsgrößen des KiBiz geboten, aber noch nicht erfolgt sei. Dies hängt teilweise mit Reaktionszeiten beim Träger, teilweise mit einem Mangel an geeigneten Bewerber/inne/n zusammen.

Wenn allerdings die Personalaufstockung vorgenommen wird, geschieht dies häufig über befristete Arbeitsverträge. Damit setzt sich eine Tendenz fort, die schon seit einigen Jahren zu beobachten ist (vgl. 3.3). Dahinter steckt – trotz des geplanten Ausbaus der U3-Betreuung – zum einen die Befürchtung, dass angesichts der demographischen Entwicklung künftig weniger Erzieher/innen gebraucht würden. Verschärft wird die Problematik zurückgehender Kinderzahlen in Nordrhein-Westfalen durch die schrittweise Vorverlegung des Einschulungsstichtages auf den 31.12. bis zum Schuljahr 2014/15. Im Vergleich zum bisherigen Stichtag am 30.06. wird damit mittelfristig quasi ein halber Jahrgang weniger den Kindergarten besuchen. Die andere Begründung für die Befristung bezieht sich darauf, dass Eltern sich in jedem Jahr erneut entscheiden können, ob sie 25, 35 oder 45 Stunden buchen – mit den entsprechenden Auswirkungen auf die Finanzsituation der Einrichtung. Diese Begründung ist allerdings nur begrenzt nachvollziehbar, denn es ist kaum zu erwarten, dass sich das Buchungsverhalten der Eltern von Jahr zu Jahr so deutlich ändert, dass gleich mehrere Stellen in einer Einrichtung davon betroffen sein könnten. Insofern kann auf diese Weise zwar vielleicht ein befristeter Vertrag pro Einrichtung begründet werden; eine Legitimation für eine generelle Politik befristeter Einstellungen kann dieses Argument jedoch nicht liefern.

---

[31] Sechs Erzieher/innen dieser Gruppe waren Mitarbeiter/innen in einer der 26 Beispieleinrichtungen im Projekt „Familienzentrum", so dass sich Überschneidungen zu der Gruppe der in die Kurzabfrage einbezogenen Einrichtungen ergeben. Diese Überschneidungen sind in der folgenden Auswertung berücksichtigt.

Nur vereinzelt ist die Personalaufstockung ein Ergebnis einer erhöhten Kinderzahl. Bei zwei Dritteln der in der Kurzabfrage erfassten Einrichtungen ist die Kinderzahl eher gesunken. In den meisten Fällen geht es allerdings nur um eine Differenz von drei bis fünf Kindern. Diese wiederum ergibt sich teilweise daraus, dass ein erhöhter Anteil an unter Dreijährigen aufgenommen und daher die Größe der jeweiligen Gruppe reduziert wurde. Eine größere Reduzierung der Kinderzahl lässt sich nur dort vorfinden, wo bislang Schulkinder betreut wurden und nun im Zuge der Umsetzung der Offenen Ganztagsschule (vgl. 7) die letzten Hortgruppen aufgelöst wurden.

Kritisiert wird von einigen Einrichtungen eine Verschlechterung der Betreuungsrelation für unter Dreijährige. Im KiBiz werden für eine Gruppe mit 10 unter Dreijährigen zwei Kräfte zugrunde gelegt. Nach dem GTK gab es drei Kräfte für eine kleine altersgemischte Gruppe mit 15 Kindern. Auf den ersten Blick ergibt sich in beiden Fällen eine Personal-Kind-Relation von 1:5, jedoch waren in der altersgemischten Gruppe auch ältere Kinder, so dass die Relation für die Betreuung der unter Dreijährigen faktisch günstiger war. Darüber hinaus wird – je nach Struktur der Einrichtung – ein Teil der Zweijährigen den Gruppen für Zwei- bis Sechsjährige zugerechnet, in denen eine Personal-Kind-Relation von 1:10 vorgesehen ist. Insofern sind einige befragte Erzieher/innen der Auffassung, dass der quantitative Ausbau der U3-Betreuung auf Kosten der Qualität gehe. Hinzu kommt nach wie vor die Kritik an mangelnder Fortbildung und Vorbereitung für die Arbeit mit jüngeren Kindern.

Viele Mitarbeiter/innen weisen darauf hin, dass die Umstellung vom GTK auf das KiBiz mit großem organisatorischem Aufwand verbunden war. „Die Planung der Gelder muss erst gelernt werden", so die Leiterin einer Einrichtung. Fast alle befragten Erzieher/innen gaben in den Interviews an, dass sich in ihren Einrichtungen die Personaleinsatzplanung verändert. Es werden neue Dienstpläne entwickelt, um das Personal entsprechend der Auslastung der Einrichtung im jeweiligen Zeitraum einzusetzen: „Randzeiten werden jetzt dünner besetzt; unsere Schichten beginnen nun morgens versetzt um 7.30 Uhr, 8.00 Uhr oder 8.30 Uhr." Bei diesem Thema zeigt sich eine große Unsicherheit: Einerseits sehen die meisten Befragten einen Veränderungsbedarf in der Personalplanung, andererseits sind geeignete Instrumente und Verfahren dafür nicht bekannt.

Schwieriger geworden, so einige Erzieher/innen, sei die Beratung der Eltern im Hinblick auf Buchungszeiten. Einige begrüßen, dass es für die Familien nun mehr Wahlmöglichkeiten und damit Flexibilität gibt, andere sehen diese Flexibilität in der Praxis nicht. Die Möglichkeiten, die die unterschiedlichen Buchungszeiten bieten, werden in den Einrichtungen höchst unterschiedlich umgesetzt. Dies zeigt sich vor allem am Beispiel der 35-Stunden-Plätze. Etwa ein Drittel der Einrichtungen, die in unserer Erzieher/innen-Befragung vertreten sind, bietet diese Plätze mit geteilter Öffnungszeit (vormittags/nachmittags, analog zum früheren Kindergartenplatz ohne Über-Mittag-Betreuung) an, ein Drittel als Blockmodell (etwa von 7.00 Uhr bis 14.00 Uhr) und ein Drittel in verschiedenen Varianten. Nur in einem Teil der Einrichtungen haben die Eltern also Wahlmöglichkeiten. In den meisten Fällen beziehen sich diese Wahlmöglichkeiten nur auf die Frage, ob man die 35 Stunden als Blockmodell oder als Platz mit geteilter Öffnungszeit nutzen will. Nur eine Einrichtung gibt an, unterschiedliche Varianten anzubieten, etwa so, dass eine Betreuung an fünf Vormittagen und zusätzlich an zwei Tagen über Mittag bis 17.00 Uhr gewählt werden kann. Eine andere Erzieherin weist darauf hin, dass man die verschiedenen Möglichkeiten „nicht an die große Glocke hängt", aber in der Praxis individuell auf die Bedürfnisse der Familien eingeht.

Die Umsetzung der Buchungszeit-Regelungen ist stark von der Strategie des jeweiligen Trägers beeinflusst. Hier scheint es in einigen Fällen die Tendenz zu einer restriktiven Handhabung zu geben: „Wir haben zehn Stunden geöffnet, von 7.00 Uhr bis 17.00 Uhr", berichtet die Leiterin eines Familienzentrums, „und früher konnten die Kinder auch die gesamte Zeit über bleiben. Jetzt haben wir aber nur noch 45-Stunden-Verträge. Wir müssen also mit den Eltern klären, dass sie nur noch neun Stunden am Tag nutzen dürfen. Das gibt viele Konflikte und ist auch eigentlich mit unserem Selbstverständnis als Familienzentrum nicht vereinbar." Tatsächlich legt das KiBiz zwar 45 Stunden als Höchstgrenze für die bezuschusste Buchungszeit fest, jedoch ist der Träger damit keineswegs gezwungen, selbst bei erweiterten Öffnungszeiten nur eine 45-Stunden-Nutzung zuzulassen. Die Gruppe mit einer Öffnungszeit von 45 Stunden stellt eine Berechnungsgröße dar, ähnlich wie früher die Personalbemessung auf der Grundlage einer Öffnungszeit von 42,5 Stunden pro Woche berechnet wurde. Die Berechnungsgrundlage bezieht also sogar 2,5 Stunden mehr mit ein als vorher, und die Festlegung der Öffnungs- und der möglichen Nutzungszeiten liegt wie bisher in der Verantwortung des Trägers. Diese Rechtslage war, wie das Zitat zeigt, der Leiterin des Familienzentrums offenkundig nicht bekannt; der Träger hatte ihr vermittelt, dass man nun quasi rechtlich gezwungen sei, die Nutzungszeit zu begrenzen. Für die Mitarbeiter/innen der Einrichtungen ist diese Situation höchst unbefriedigend. Das Beispiel sowie einige ähnlich gelagerte Berichte in den Interviews zeigen, dass es Träger gibt, die durch eine restriktive Umsetzung des Gesetzes Konflikte zwischen Erzieher/inne/n und Eltern provozieren. Die Mitarbeiter/innen sehen sich durch diese Konflikte belastet, führen aufgrund unzureichender Kenntnisse der Rechtslage diese Belastung aber auf das Gesetz und nicht auf die Umsetzungsstrategie ihres Trägers zurück.

Ähnliches gilt für die Frage, inwieweit eine Veränderung der Buchungszeiten während des laufenden Jahres möglich ist. Grundsätzlich gilt, dass von Seiten des Landes die Plätze gefördert werden, die zum Stichtag 15.03. für das folgende Kindergartenjahr gemeldet werden. Viele Träger schließen daraus anscheinend, dass Verträge mit den Eltern über ein Jahr abgeschlossen werden müssen. „Das ist ein Riesenproblem", so eine Erzieherin, „wenn nun eine Mutter im Laufe des Jahres eine Arbeit aufnimmt und die Betreuungszeit erweitern will, können wir das nicht machen." Diese Schwierigkeit wurde von mehreren Befragten angesprochen.

Auch hier sieht die Rechtslage jedoch anders aus. In § 19 III KiBiz ist festgelegt, dass Belegungsschwankungen von bis zu 10 % nach oben und nach unten keine Auswirkungen auf die Fördersumme haben, die sich aus den Festlegungen der Jugendhilfeplanung zum 15.03. ergeben. Dies bedeutet zweierlei: Zum einen wird die Summe, die sich aus den Kindpauschalen ergibt, als Einrichtungsbudget betrachtet, so dass es im Ermessen von Einrichtung und Träger liegt, mit diesem Budget zu wirtschaften und dabei bei Bedarf auch Vertragsänderungen mit den Eltern zu vereinbaren. Zum anderen zeigt die Formulierung, dass nötigenfalls auch eine Erhöhung der Fördersumme möglich ist, etwa, wenn in mehreren Fällen Eltern aufgrund der Aufnahme einer Berufstätigkeit ihre Buchungszeiten auf 45 Stunden erhöhen möchten.

Dass den Informationen aus den Interviews zufolge viele Träger dennoch darauf bestehen, dass unterjährige Veränderungen nicht möglich seien, hat unterschiedliche Gründe. Teilweise weisen die Träger darauf hin, dass die Finanzdecke insgesamt zu dünn sei, um Flexibilität zu erlauben. Des Weiteren würde eine eventuelle Erhöhung des Zuschusses erst nachträglich erfolgen, so dass der Träger ein erweitertes Angebot vorfinanzieren müsste. Schließlich fehlen bislang wahrscheinlich einfach die Erfahrungen damit, wie mit dem neuen Gesetz umgegangen werden kann und wie das Verfahren für eine eventuelle nachträgliche Ausweitung des Angebots abgewickelt wird. Für die Erzieher/innen in den Einrichtungen ist diese Konstellation problematisch. Für Beschäftigte in Familienzentren gilt dies in besonderem Maße: Sie haben im Zuge der Entwicklung zum Familienzentrum oft ihren eigenen Anspruch, Kinder und Familien optimal zu unterstützen, noch gesteigert, und sehen sich nun Rahmenbedingungen gegenüber, die die Einlösung dieses Anspruchs hemmen. Da das Gesetz einen breiten Spielraum eröffnet, ist es letztlich Aufgabe der Träger, diesen Spielraum so zu nutzen, dass Mitarbeiter/innen und Eltern „vor Ort" die Möglichkeit haben, adäquate Lösungen zu finden.

5.4 Fazit

Die Weiterentwicklung von Kindertageseinrichtungen zu Zentren für niederschwellige und integrierte Dienstleistungen wird von den Beschäftigten inhaltlich auf breiter Basis begrüßt. Zum einen sehen sie die Notwendigkeit solcher Angebote für Kinder und Familien und machen vielfach positive Erfahrungen sowohl im Hinblick auf die Akzeptanz als auch auf die Effekte solcher Angebote. Zum anderen betrachten viele Erzieher/innen – dabei nicht zuletzt viele Leitungskräfte – diese Entwicklung als eine Professionalisierung der eigenen Arbeit und als eine Chance der beruflichen Weiterentwicklung. Eine qualitative und quantitative Erweiterung des Aufgabenspektrums ergibt sich vor allem für die Leitungskräfte.

Die Rahmenbedingungen werden jedoch in vielerlei Hinsicht als belastend wahrgenommen. Dies betrifft zunächst die zusätzliche Arbeitsbelastung, für die es in dem nordrhein-westfälischen Beispiel kaum einen Ausgleich gibt, weder auf der Ebene der Mitarbeiter/innen noch bei den Leitungskräften. Die Verknüpfung mit gesetzlichen Neuregelungen verschärft die Problematik vor allem dann, wenn damit, wie im Falle der Neuregelung der Leitungsfreistellung im KiBiz, zumindest für einen Teil der Beteiligten eine strukturelle Verschlechterung verbunden ist. Darüber hinaus bringt eine Umstellung der Rahmenbedingungen immer einen organisatorischen Mehraufwand mit sich. Dieser ist insbesondere dann schwer zu bewältigen, wenn der jeweilige Träger die mit dem Gesetz verbundenen Handlungsspielräume nicht konstruktiv im Sinne von Mitarbeiter/inne/n und Familien nutzt, sondern – sei es aus politischen Gründen, sei es mangels eigener Erfahrung – zu einer restriktiven Auslegung tendiert und die Einrichtungen nicht hinreichend in der Umsetzung unterstützt. Umgekehrt gibt es Beispiele, die zeigen, dass Träger durchaus Verantwortung für die Entwicklung und Funktionsfähigkeit von Familienzentren wahrnehmen, indem sie eine Leitungsfreistellung ermöglichen, die über die nach den gesetzlichen Vorgaben berechneten Zeiten hinausgeht.

Inwieweit Konzepte niederschwelliger und integrierter Dienstleistungen sich nachhaltig umsetzen lassen, wird auf Dauer auch von der Gestaltung der Rahmenbedingungen für die Beschäftigten abhängen. Die Darstellung in diesem Kapitel zeigt, dass hier sowohl die jeweiligen Landesgesetzgeber als auch die einzelnen Träger gefordert sind.

Sybille Stöbe-Blossey / Anika Torlümke

6 Neue Anforderungen in der frühkindlichen Bildung

Im 12. Kinder- und Jugendbericht wird gefordert, den Bildungsanspruch „im Sinne eines persönlichen Rechts des Kindes als ‚Bildung von Anfang an' zu betrachten" (BMFSFJ 2005: 349). Vor allem als Folge der Debatten um die PISA-Studie (Deutsches PISA-Konsortium 2001) ist mit dem Beginn des neuen Jahrtausends wieder stärker in den Mittelpunkt der öffentlichen Diskussion getreten, was fachlich schon seit einigen Jahren gefordert wird[32] – nämlich vor dem Hintergrund entwicklungspsychologischer Erkenntnisse die frühkindliche Bildung aufzuwerten und der frühen Förderung von Kindern eine weit höhere Bedeutung zuzumessen, als dies lange Zeit der Fall war.

Um die Bildungsarbeit in den Kindertageseinrichtungen zu stärken, wurden in den letzten Jahren in allen Bundesländern Leitlinien verabschiedet. Gleichzeitig – und vielfach in diese Pläne integriert – gibt es Bestrebungen, den Austausch zwischen Kindertageseinrichtungen und Grundschulen im Kontext der Einschulung zu stärken[33] und zu institutionalisieren. Als ein zentrales Element der Bildungsarbeit steht das Thema „Übergangsmanagement" im Mittelpunkt dieses Kapitels.

Im Folgenden soll zunächst ein exemplarischer Einblick in das Spektrum der Bildungsleitlinien gegeben werden (6.1). Anschließend wird die Bedeutung des Themas „Übergangsmanagement" skizziert (6.2). Darauf folgt ein Überblick über wichtige diesbezügliche Regelungen der Länder (6.3). Abschließend geht es um die aus der Sicht der vorliegenden Studie zentrale Frage: Was bedeutet die Umsetzung der in den verschiedenen Diskussionen und den darauf bezogenen Regelungen formulierten Anforderungen für die Beschäftigten in Kindertageseinrichtungen (6.4)?

---

[32] Vgl. bspw. Schäfer 1995/2005, Laewen 2004 sowie die Empfehlungen des Forum Bildung (2001) und des Sachverständigenrats Bildung bei der Hans-Böckler-Stiftung (2001).
[33] Vgl. dazu http://www.uebergangsmanagement.info/

6.1 Bildungsleitlinien in den Bundesländern

Zwar ist der Bildungsauftrag von Tageseinrichtungen für Kinder bereits im KJHG verankert[34]; mit der seit etwa 2002 geführten Diskussion um Tageseinrichtungen für Kinder als erste Stufe des Bildungssystems wird jedoch nach Auffassung von Wassilios E. Fthenakis „eine Entwicklung eingeleitet, die weit über den Anspruch der Bildungsreformen der 70er- Jahre hinausgeht, in der zum Teil ähnliche bildungspolitische Fragen aufgeworfen wurden" (Fthenakis 2004: 388). In der Fachdiskussion wird darauf hingewiesen, dass der „PISA-Schock" dazu geführt hat, dass nun breit diskutiert wird, was fachlich schon seit einigen Jahren gefordert wird[35] – nämlich vor dem Hintergrund entwicklungspsychologischer Erkenntnisse die frühkindliche Bildung aufzuwerten (Laewen 2004: 149).[36]

International gibt es zu diesem Themenfeld eine breite Diskussion und teils langjährige Erfahrungen mit unterschiedlichen Bildungskonzepten[37]; die systematischere Gestaltung von Bildungsprozessen in der frühen Kindheit durch die Einführung von Rahmencurricula kann als internationale Tendenz bezeichnet werden (Gisbert 2004). In Deutschland wurde in einem Gutachten („Auf den Anfang kommt es an") für das Bundesministerium für Familie, Senioren, Frauen und Gesundheit als Voraussetzung für „eine zeitgemäße Bildung und Erziehung in den Tageseinrichtungen (…) die Entwicklung von Bildungsstandards und deren Konkretisierung in Bildungs- und Erziehungsplänen" (BMFSFJ 2003: 80) empfohlen, verbunden mit einer länderübergreifenden Verständigung über diese Standards. Am 04.06.2004 hat die Kultusministerkonferenz einen „Gemeinsamen Rahmen der Länder für die frühkindliche Bildung in Kindertageseinrichtungen" vereinbart, der einen ersten Schritt in diese Richtung darstellt (http://www.kultusministerkonferenz.de).

Seit 2003 wurden in allen Bundesländern Bildungsleitlinien für den Bereich der Kindertageseinrichtungen verabschiedet – mit unterschiedlichen Inhalten und unterschiedlicher Verbindlichkeit.[38] Zu länderübergreifenden Standards ist es allerdings dabei nicht gekommen. Vielmehr unterscheiden sich die Leitlinien der

---

[34] § 22.2 KJHG: „Die Aufgabe umfasst die Betreuung, Bildung und Erziehung des Kindes."
[35] Vgl. bspw. Schäfer 1995 (dass inzwischen zwei Neuauflagen erfolgten, ist wahrscheinlich kein Zufall, sondern dem nach PISA einsetzenden öffentlichen Interesse an der Debatte geschuldet). Vgl. auch die Empfehlungen des Forum Bildung (2001) und des Sachverständigenrats Bildung bei der Hans-Böckler-Stiftung (2001). Für einen Überblick über inhaltliche Themenfelder vgl. Weber 2003.
[36] So wurde beispielsweise im Rahmen des Bundesmodellprojekts „infans" bereits zwischen 1997 und 2000 ein Bildungs- und Erziehungskonzept entwickelt (in Kooperation mit Brandenburg, Sachsen und Schleswig-Holstein), das sich seit 2002 in der Erprobung befindet (Brandenburg und Baden-Württemberg; vgl. http://www.infans.net).
[37] Für einen Überblick vgl. Fthenakis / Oberhuemer 2004; vgl. auch OECD 2001.
[38] Vgl. Überblick in Fthenakis 2004 und Henry-Huthmacher 2005.

einzelnen Länder vom Bildungsverständnis her erheblich, wie sich exemplarisch anhand der Länder Bayern, Nordrhein-Westfalen und Brandenburg zeigen lässt. Bayern und Nordrhein-Westfalen markieren dabei idealtypisch unterschiedliche Vorgehensweisen.

In Bayern wurde das Staatsinstitut für Frühpädagogik (IfP), München, mit der Erarbeitung eines Bildungs- und Erziehungsplans (BEP) beauftragt. Dieser wurde in 104 Einrichtungen erprobt, lag Ende 2005 zur landesweiten Anwendung vor und wurde gesetzlich verankert. Der BEP zeigt sowohl die Orientierung als auch konkrete Handlungsanleitungen für pädagogische Fachkräfte zur Umsetzung in die Praxis. Er ist daher sehr detailliert und stellt auf über 480 Seiten ein umfassendes Instrument zur Bildungsarbeit mit Kindern in Tageseinrichtungen dar.

In Nordrhein-Westfalen wurde 2003 vom zuständigen Ministerium und von den Trägerverbänden eine Bildungsvereinbarung unterzeichnet (MSJK 2003). Das dieser Vereinbarung zugrunde liegende Bildungsverständnis setzt vor allem auf die Anknüpfung an Selbstbildungspotenziale der Kinder. Insofern werden weder konkrete Ziele formuliert noch Modelle für strukturierte Bildungsangebote vorgelegt. Des Weiteren sieht die Bildungsvereinbarung die Dokumentation der Bildungsprozesse im Kindergartenalter vor und hat damit den Anstoß dafür gegeben, dass nun auf breiter Basis Beobachtungsinstrumente entwickelt und eingesetzt werden. Betont wird in der Vereinbarung vor allem die Autonomie der Träger in der Umsetzung.

Auch in Brandenburg wurden „Grundsätze elementarer Bildung und Erziehung" mit den Trägern vereinbart. In einer zum 01.07.2007 in Kraft getretenen Gesetzesnovellierung wurde die Orientierung an diesen Grundsätzen festgeschrieben und die Einrichtungen verpflichtet, in ihren pädagogischen Konzeptionen darzulegen, wie sie diese Grundsätze umsetzen. Die Grundsätze enthalten einige Anregungen zur praktischen Ausgestaltung der Bildungsarbeit und Beispiele guter Praxis. Auch für die allgemeine Qualitätsentwicklung enthält die Gesetzesnovelle einen zusätzlichen Anstoß: Die örtlichen Jugendämter können auf der Grundlage eines vom Land zu schaffenden Rahmens externe Evaluierungen in den Einrichtungen durchführen lassen.

Diese wenigen Anmerkungen dürften die Komplexität verdeutlichen, die mit der Analyse der Bildungsleitlinien der Bundesländer verbunden ist. Eine vertiefte Darstellung der einzelnen Länder würde an dieser Stelle den Rahmen sprengen; daher soll Übersicht 1 zunächst einen allgemeinen Überblick geben. Eine erweiterte Auseinandersetzung wird nur mit einem ausgewählten Bereich, nämlich mit dem Themenfeld „Übergang Kindergarten – Grundschule", erfolgen. Aus diesem Grunde enthält die Übersicht auch eine Spalte, in der auf die diesbezüglichen Ausführungen in den jeweiligen Bildungsleitlinien verwiesen wird.

Übersicht 1: Leitlinien zur Bildungsarbeit im Elementarbereich[39]

Land	Titel	Umfang (Seiten)	Übergang Kita-Grundschule
Baden-Württemberg	Orientierungsplan für Bildung und Erziehung für die baden-württembergischen Kindergärten (2006)	128	Kooperation Kindergarten Schule, S. 53-54 Übergang in die Grundschule: Pädagogische Begleitung, S. 54-57
Bayern	Der Bayerische Bildungs- und Erziehungsplan für Kinder in Tageseinrichtungen bis zur Einschulung (2005)	489	Übergänge des Kindes und Konsistenz im Bildungsverlauf (Transitionen), S. 97-104 Übergang in die Grundschule, S. 118-128
Berlin	Berliner Bildungsprogramm für die Bildung, Erziehung und Betreuung von Kindern in Tageseinrichtungen bis zu ihrem Schuleintritt (2004)	130	Übergang in die Grundschule, S. 114-119
Brandenburg	Grundsätze elementarer Bildung in Einrichtungen der Kindertagesbetreuung im Land Brandenburg (2004)	25	kein eigenes Kapitel zum Thema Übergang Kita – Grundschule (kurze Erwähnung in der Einleitung)
Bremen	Rahmenplan für Bildung und Erziehung im Elementarbereich (2004)	41	Übergänge schaffen, S. 37-38
Hamburg	Hamburger Bildungsempfehlungen für die Bildung und Erziehung von Kindern in Tageseinrichtungen (2005)	84	Übergang in die Grundschule, S. 72-74

---

[39] Stand: Sommer 2008. Diese Synopse wurde im Rahmen des Projekts „Leitvorhaben Zielgruppenorientiertes Übergangsmanagement" (ZÜM) von Frau Simone Menke erstellt. Das Projekt ZÜM stand im Kontext des vom Bundesministerium für Bildung und Forschung und vom Sozialfonds der Europäischen Union geförderten Programms „Lernende Regionen – Förderung von Netzwerken" und wurde von Juni 2007 bis September 2008 zusammen mit zwei weiteren Kooperationspartnern von der Forschungsabteilung BEST am IAQ durchgeführt (vgl. 1). Für eine jeweils aktuelle Zusammenstellung der einzelnen Dokumente vgl. http://www.bildungsserver.de/zeigen.html?seite=2027

Land	Titel	Umfang (Seiten)	Übergang Kita-Grundschule
Hessen	Bildung von Anfang an Bildungs- und Erziehungsplan für Kinder von 0 bis 10 Jahren in Hessen (2007)	150	Moderierung und Bewältigung von Übergängen (Transitionen), S. 94-96 Übergang von der Kindertageseinrichtung in die Grundschule, S. 101-103
Mecklenburg-Vorpommern	Rahmenplan für die zielgerichtete Vorbereitung von Kindern in Kindertageseinrichtungen auf die Schule (2004)	92	kein Kapitel zum Thema Übergang Kita – Grundschule (Anmerkungen lediglich im Vorwort, ansonsten Fokussierung auf Bildungs- und Erziehungsbereiche)
Niedersachsen	Orientierungsplan für Bildung und Erziehung im Elementarbereich niedersächsischer Tageseinrichtungen für Kinder (2005)	60	Zusammenarbeit von Tageseinrichtung und Grundschule, S. 46-47
Nordrhein-Westfalen	Bildungsvereinbarung NRW – Fundament stärken und erfolgreich starten (2003)	24	Gestaltung des Übergangs in die Grundschule, S. 8
Rheinland-Pfalz	Bildungs- und Erziehungsempfehlungen für Kindertagesstätten in Rheinland-Pfalz (2004)	71	Zusammenarbeit zwischen Kindertagesstätte und Grundschule, S. 64-68
Saarland	Bildungsprogramm für Saarländische Kindergärten (2006)	20	Übergang in die Grundschule, S. 18
Saarland	Bildungsprogramm für saarländische Kindergärten – Handreichungen für die Praxis (2007)	190	Übergang in die Grundschule, S. 167-172
Sachsen	Der Sächsische Bildungsplan – ein Leitfaden für pädagogische Fachkräfte in Kinderkrippen und Kindergärten (2006)	146	Kooperation am Übergang zur Grundschule, S. 118-121

Land	Titel	Umfang (Seiten)	Übergang Kita-Grundschule
Sachsen-Anhalt	Bildungsprogramm für Kindertageseinrichtungen in Sachsen-Anhalt Bildung: elementar – Bildung von Anfang an (2004)	99	Übergang zur Grundschule, S. 81-85
Schleswig-Holstein	Erfolgreich starten – Leitlinien zum Bildungsauftrag von Kindertageseinrichtungen in Schleswig-Holstein (2004)	31	Bildung als gemeinsame Aufgabe – zur Kooperation mit Eltern, Schule und Jugendhilfe, S. 11f.
Schleswig-Holstein	Empfehlungen zur Zusammenarbeit von Kindertageseinrichtungen, Grundschulen und Jugendhilfe „Erfolgreich starten" (2004)	5	Gesamtes Dokument
Thüringen	Thüringer Bildungsplan für Kinder bis 10 Jahre (2006)	132	Gestaltung von Übergängen, S. 32 Von den Institutionen frühkindlicher Bildung in die Schule, S. 33-35
Thüringen	Vom Kindergarten zur Grundschule – Empfehlungen und Anregungen (2002)	159	Zum Übergang vom Kindergarten zur Grundschule, S. 15 Formen der Zusammenarbeit, S. 27

6.2 Der Übergang Kindergarten – Grundschule als zentrales Thema frühkindlicher Bildungsarbeit

Im Elementar- und Primarbereich werden Grundlagen für lebenslanges Lernen gelegt. Der Übergang vom Kindergarten in die Grundschule ist eine wichtige Etappe in der Entwicklung des Kindes. „Selbstbild, Leistungsentwicklung und Schulerfolg von Kindern hängen maßgeblich davon ab, wie (gut oder schlecht) grundlegende Bildung in den jeweiligen Institutionen gelingt und die Übergangssituationen zwischen ihnen bewältigt werden." (Denner / Schumacher 2004: 12) Die erfolgreiche Bewältigung durch das Kind ist demnach eine günstige Voraussetzung für die Bewältigung nachfolgender Übergänge. Wilfried Griebel und Renate Niesel haben jedoch in einer Langzeitstudie, bei der unter anderem mittels Kinder- und Elterninterviews der Übergangsprozess beleuchtet wurde, festgestellt, dass eine erfolgreiche Bewältigung keineswegs selbstverständlich ist. Wichtige Ergebnisse der Untersuchung sind, dass

- Kinder mit der Einschulung einen Identitätswandel erleben (vgl. Griebel / Niesel 2002: 15ff.)
- Kinder die Zeit der Einschulung vielfach mit Stress-Erfahrungen verbinden (vgl. ebd.: 35ff.)
- Kinder vielfach den Unterschied zwischen Kindergarten und Schulen mit den Gegensatzpaaren „spielen" und „lernen" sowie „dürfen" und „müssen" charakterisieren (vgl. ebd.: 113)
- Kinder Anstrengungen sowohl hinsichtlich der schulspezifischen Rollenerwartungen als auch auf der Beziehungsebene mit anderen Kindern oder der/dem Lehrer/in erleben (vgl. ebd.: 114)
- Eltern die Einschulung ihrer Kinder mit Phasen von Ängstlichkeit im Hinblick auf Leistungserwartungen und sich verstärkende Selektion begleiten (vgl. ebd.: 116 und 125ff.).

Lösungen des Übergangsproblems Kindergarten – Grundschule sind schwierig, solange jede Bildungseinrichtung auf der Integrität ihres eigenen Bildungsauftrags beharrt. Ohne strukturelle Lösungen gibt es für die professionellen Akteure nur wenig Veranlassung, sich mit den Bildungszielen und pädagogischen Praktiken in Kindergarten und Grundschule wechselseitig so ernsthaft auseinander zu setzen, dass eine Anschlussfähigkeit zwischen beiden Einrichtungen für alle Kinder hergestellt wird. Jedoch gehören gerade Kindergarten und Grundschule in Deutschland traditionell verschiedenen Systemen an, die personell, curricular und strukturell voneinander getrennt sind und unterschiedlichen pädagogischen Konzepten folgen (Faust / Rossbach 2004: 91). Dies macht die Gestaltung des Übergangs – gerade auch im internationalen Vergleich – besonders schwierig.

Gabriele Faust und Hans-Günther Rossbach bezeichnen dieses Thema als einen „Dauerbrenner in der pädagogischen und bildungsreformerischen Diskussion" (Faust / Rossbach 2004: 91). Dass es in den letzten Jahren neue Aktualität gewonnen hat, zeigt sich an aktuellen Publikationen (bspw. Denner / Schumacher 2004; Faust et al. 2004) und nicht zuletzt daran, dass viele Bundesländer in den letzten Jahren gesetzliche Regelungen zu diesem Themenfeld geschaffen haben – zu nennen sind bspw. Informationsveranstaltungen für Eltern von Vorschulkindern, Sprachstandstests oder die Möglichkeit der Weiterleitung von individuellen Bildungsdokumentationen an die Schulen. Dabei geht es nicht um eine Veränderung der institutionellen Struktur mit dem Ziel eines anders aufgebauten Schulsystems (wie in einigen anderen Ländern mit einer Integration von

Elementar- und Primarbereich in einer Institution vorfindbar), sondern um die Stärkung der Kooperation zwischen den bestehenden Institutionen. Hier hat sich in den letzten Jahren eine Vielzahl von Aktivitäten entwickelt. Eine Befragung von Kindertageseinrichtungen in Nordrhein-Westfalen im Herbst 2006[40] ergibt folgendes Bild:

Übersicht 2: Kooperationsformen mit der Grundschule

Anteil der diese Kooperationsform praktizierenden Einrichtungen in Prozent	
Besuche der Tagesstättenkinder in der zukünftigen Schule	94,1
Gespräche über einzelne „Schulkinder"	69,6
regelmäßige Gespräche auf der Leitungsebene (mehrmals im Jahr)	63,0
gemeinsame Konferenzen/Gespräche von Erzieher/inne/n und Grundschullehrer/inne/n zum Übergang in die Schule	57,1
regelmäßige Gespräche zwischen Grundschullehrer/inne/n und Erzieher/inne/n (mehrmals im Jahr)	46,9
obligatorische Gespräche über jedes „Schulkind"	39,9
Teilnahme von Grundschullehrer/inne/n an Elternabenden der Einrichtung	29,0
gemeinsame Fortbildungen von Erzieher/inne/n und Grundschullehrer/inne/n	22,1
keine Zusammenarbeit	1,3

---

[40] Im Rahmen der wissenschaftlichen Begleitung des Landesprojekts „Familienzentrum NRW" (vgl. auch Kap. 5) durch PädQUIS (Kooperationsinstitut der Freien Universität Berlin; Prof. Dr. Wolfgang Tietze) wurde unter Leitung von Dr. Sybille Stöbe-Blossey eine schriftliche Befragung an 1.100 Kindertageseinrichtungen durchgeführt. Eine Gesamtauswertung findet sich in Meyer-Ullrich / Schilling / Stöbe-Blossey 2008; die Ergebnisse zum Thema „Kooperation Kindergarten – Grundschule" wurden dort allerdings nicht im Detail dargestellt.

Zusammenarbeit scheint also nahezu zur Selbstverständlichkeit geworden zu sein; es existiert ein breites Spektrum an Aktivitäten und inzwischen auch an Literatur mit praktischen Hinweisen (bspw. Hopf / Zill-Sahm / Franken 2004). Eine Reihe von Projekten ist inzwischen auf den Weg gekommen, wie anhand einiger Beispiele deutlich wird:

Im Projekt „Lernwelt Essen" konzentrierten sich die Beteiligten auf die Entwicklung und regionale Einführung einer gemeinsamen Bildungsverantwortung von Kita und Schule. Neben einer Handreichung, die alle Erzieher/innen und Lehrer/innen zum Thema „Gemeinsame Bildungsverantwortung: Kindergarten und Grundschule als Orte für Bildung und Lernen" erhielten, konnte eine für alle Vorschulkinder verbindliche Bildungsdokumentation eingeführt werden. Dieses für alle einheitliche Formular wird bei der Schulanmeldung über die Eltern an die zukünftigen Lehrer/innen weitergegeben. Eine Verbindlichkeit der Kooperation zwischen Kindertageseinrichtung und Grundschule wurde zum Beispiel auch durch einen gemeinsamen Kalender für ein Begegnungsjahr hergestellt. Aktionen beider Einrichtungen sowie gemeinsam geplante Veranstaltungen im Jahr vor dem Wechsel zur Schule werden hier notiert.

Die Inhalte des Projekts wurden beginnend ab dem Schuljahr 2005/2006 in Essen flächendeckend umgesetzt und sichern somit sukzessive eine wachsende Kooperation von Kindertageseinrichtungen und Grundschulen. Dies zeigt sich bspw. darin, dass jede Institution abwechselnd gemeinsame Weiterbildungsveranstaltungen oder Elternseminare (wie etwa die gemeinsame Informationsveranstaltung für alle Eltern 4-jähriger Kinder) organisiert und durchführt. Zudem wurde ein System an gemeinsamen Fortbildungen und Fachtagungen entwickelt und die Inhalte des Projekts in die Ausbildung von Erzieher/inne/n und Lehrer/inne/n integriert, um die Fachkräfte bereits frühzeitig auf die Praxis vorzubereiten.

In der „Lernenden Region Billenetz" (Hamburg) konnten drei Sozialpädagogen die Kooperation insbesondere zwischen den Kindertageseinrichtungen und Grundschulen dreier Stadtteile durch externe Moderation „anschieben". Zu ihrem Arbeitsauftrag gehörten die Gestaltung der Zusammenarbeit von Kitas, Schulen, Jugendamt und Familien sowie eine nachgehende Unterstützung der Familien in ihrem Lebensumfeld zur Vermeidung von frühzeitiger Ausgrenzung der Kinder. Die Maßnahmen bestehen sowohl in unterrichtsbegleitenden Aktivitäten als auch in einer Unterstützung der Kinder außerhalb des Unterrichts. In wöchentlichen Teamgesprächen tauschen sich die Sozialpädagogen mit den Lehrkräften aus und erarbeiten gemeinsam Bildungs- und Entwicklungspläne.

Es galt, das Bildungsverständnis von Kindertagesstätten und Grundschulen zu thematisieren und pädagogische Konzepte in regionalen Netzwerken abzustimmen. Dazu wurden eine Reihe von Maßnahmen und Projekten auf den Weg gebracht: An fünf Grundschulen und zwölf Kitas der Region sind in drei Projektstadtteilen Sozialpädagog/inn/en als „Übergangsmanager/innen" tätig. In der Rolle einer „intermediären Instanz" wurde zudem ein Teil ihres Arbeitsplatzes in die Schule verlegt, damit die Sozialpädagog/inn/en zwischen schulischem, familiärem und sozialem Umfeld vermitteln können. Die Übergangsmanager/innen beraten Pädagog/inn/en der Schule und der Kita, bieten den Kindern bis zu deren achten Lebensjahr sowie ihren Eltern individuelle Unterstützung an und veranstalten Workshops zu Schwerpunktthemen. Sie koordinieren die gemeinsame Arbeit mit allen Beteiligten. Beispiele für gemeinsame Handlungsansätze sind:

- gemeinsame Dokumentations- und Untersuchungskultur mittels eines abgesprochenen Verfahrens
- gemeinsame Planung für ein „Begegnungsjahr" mittels eines Kooperationskalenders
- Elternbildungsangebote zur Förderung einer stärkeren Beteiligung der Eltern beim Übergangsprozess sowie zur Bearbeitung allgemeiner Erziehungsfragen
- Bildung von regionalen runden Tischen zur Planung der gemeinsamen Gestaltung des Übergangs
- Unterstützung des Übergangsprozesses durch eine gemeinsam von Kitas und Grundschulen organisierte kooperative Vorschule für alle Kinder.

Die „Lernende Region Osnabrück" baute gemeinsam mit ihren Netzwerkpartnern ein strukturiertes Übergangsmanagement mit verzahnten Maßnahmen auf. Im Mittelpunkt der Angebote stand die Entwicklung von Materialien und Kursen zur Stärkung von Eltern in ihrer Rolle als „Übergangsmanager/innen" ihrer Kinder. Ein Ergebnis dieser intensiven Zusammenarbeit von regionalen Netzwerkpartnern ist das Konzept „Elternbildung" mit dem Titel „Macht Euch stark für starke Kinder". Dazu erfolgten Multiplikator/inn/en-Qualifizierungen von Lehrer/inne/n und Erzieher/inne/n zur Förderung der Kommunikation und gemeinsamen Zielabsprache im Dreieck Familie – Kita – Schule.

Die Zielsetzung zur Entwicklung von Elternkursen bestand darin, Eltern zu einem offenen Austausch über Themen wie Konflikte, Grenzen, Erziehungsmodelle und -strategien zu befähigen, um zum einen die Erziehungskompetenz zu stärken und zum anderen an ihren Stärken mit dem Ziel anzuknüpfen, Probleme zu lösen. Weitere Angebote sind eine gemeinsame Zielbestimmung von Erzieher/inne/n, Lehrer/inne/n und Eltern sowie Fortbildungen für Pädagog/inn/en zur Erarbeitung von Strategien zur Verbesserung des Verhältnisses zwischen Lehrer/inne/n, Erzieher/inne/n und Eltern. Die regionale Verankerung dieses Konzeptes erfolgte durch die Qualifizierung von Kursleiter/inne/n nach einem eigens dafür entwickelten und evaluierten Konzept zur Elternarbeit.

Inzwischen gibt es vielerorts vergleichbare Aktivitäten. Während diese Aktivitäten jedoch in den genannten Beispielen in einen örtlich koordinierten Zusammenhang gestellt wurden, ist anderswo die Implementierung häufig noch stark vom individuellen Engagement der einzelnen Leitungen von Kindergärten und Grundschulen abhängig; lokale Gesamtkonzepte mit verbindlichen Strukturen sind noch die Ausnahme. Jedoch liegt gerade hier ein wesentliches Potenzial: Wenn die Aktivitäten zur Förderung des Übergangs und der Übergangskompetenz in ein Netzwerk eingebunden werden, werden nicht nur eine qualitative und quantitative Erweiterung und eine flächendeckende Umsetzung mit weniger Abhängigkeit vom Engagement in der einzelnen Institution ermöglicht. Vielmehr können darüber hinaus die Ressourcen unterschiedlicher Akteure miteinander verknüpft und die Maßnahmen von Kindergärten und Grundschulen beispielsweise sowohl mit Fortbildung der pädagogischen Fachkräfte als auch mit Elternbildung verbunden werden.

In allen Bundesländern gibt es seit einigen Jahren Bestrebungen, für die Gestaltung des Übergangs Kindergarten – Grundschule mehr Verbindlichkeit herzustellen. Dazu gehören unterschiedliche Modellprojekte; dazu gehören aber auch Regelungen, die sowohl in die Gesetze über Kindertageseinrichtungen als auch in Schulgesetze eingefügt wurden. Des Weiteren wurde das Thema in zahlreichen Bildungsleitlinien aufgegriffen. Alle diese Regelungen dürften erhebliche Auswirkungen auf die Arbeit in Kindertageseinrichtungen haben. Im Folgenden soll daher ein Überblick zu diesem Themenfeld gegeben werden.

6.3 Länderregelungen zum Übergang Kindergarten – Grundschule

Um einen Überblick über die Regelungen zum Thema „Übergang Kindergarten – Grundschule" als einem zentralen Feld frühkindlicher Bildung zu gewinnen, wurde eine Synopse erstellt.[41] Für die Synopse wurden die Kindertagesstätten- und Schulgesetze, Grundschulverordnungen und -rahmenpläne und die für den Vorschulbereich geltenden Bildungspläne, -programme und -empfehlungen der einzelnen Länder untersucht und ausgewertet. Übersicht 3 enthält zunächst eine Auflistung der einschlägigen Gesetze. Einige zentrale Ergebnisse und Schlussfolgerungen der gesammelten Informationen sollen im Folgenden vorgestellt werden (6.3.1). Im Anschluss erfolgt ein Einblick in die einschlägigen Aussagen in den Bildungsleitlinien (6.3.2).

Übersicht 3: Gesetze und Verordnungen über Kindertageseinrichtungen und (Grund-)Schulen

Land	„Kindergartengesetz"	„Schulgesetz"
Baden-Württemberg	Gesetz über die Betreuung und Förderung von Kindern in Kindergärten, anderen Tageseinrichtungen und der Kindertagespflege (Kindertagesbetreuungsgesetz – KiTaG) in der Fassung vom 9. April 2003 → § 2 a (3)	Schulgesetz für Baden-Württemberg (SchG) → keine Hinweise zum Übergang Kita – GS ----- Gemeinsame Verwaltungsvorschrift des Kultusministeriums und des Sozialministeriums über die Kooperation zwischen Tageseinrichtungen für Kinder und Grundschulen (VwV Kooperation Kindertageseinrichtungen - Grundschulen) vom 14. Februar 2002
Bayern	Bayerisches Kinderbildungs- und Betreuungsgesetz und Ausführungsverordnung vom Dezember 2005 → Art. 15 (2), Art. 17 (2)	Bayerisches Gesetz über das Erziehungs- und Unterrichtswesen (BayEUG) vom 31. Mai 2000 → Art. 7 (4), Art. 31 (1)
Berlin	Kindertagesbetreuungsreformgesetz; mit Kindertagesförderungsgesetz (KitaFöG) vom 23. Juni 2005 → § 1 (4)	Grundschulverordnung (GsVO) vom 19. Januar 2005, geändert durch Verordnung vom 25. September 2006 → § 3 (5)

---

[41] Erstellung der Synopse durch Simone Menke (vgl. Fußnote 39).

Land	„Kindergartengesetz"	„Schulgesetz"
Brandenburg	Zweites Gesetz zur Ausführung des Achten Buches des Sozialgesetzbuches – Kinder- und Jugendhilfe (Kindertagesstättengesetz – KitaG) vom 27. Juni 2004, zuletzt geändert am 21. Juni 2007 → § 3, § 4 (1)	Brandenburgisches Schulgesetz (BbgSchulG) vom 02. August 2002, zuletzt geändert am 24. Mai 2005 → Abschnitt 2 § 19 -------- Grundschulverordnung (GV) vom 02. August 2001, zuletzt geändert am 31. Juli 2006 → Abschnitt 3, § 15
Bremen	Bremisches Tageseinrichtungs- und Tagespflegegesetz – BremKTG vom 19. Dezember 2000, zuletzt geändert am 28. März 2006 → § 14	Bremisches Schulgesetz (BremSchulG) vom 28. Juni 2005 → § 18 (2)
Hamburg	Hamburger Kinderbetreuungsgesetz vom 27. April 2004 → Erster Teil, §2 (2), (3) -------- Landesrahmenvertrag Kinderbetreuung in Tageseinrichtungen vom 13. Juni 2005 in der Fassung vom 29. Mai 2007 mit den Änderungen vom 26. September 2007 → § 9	Hamburgisches Schulgesetz vom 16. April 1997, zuletzt geändert am 2. Januar 2007 → keine Hinweise zum Übergang Kita – GS
Hessen	Hessisches Kinder- und Jugendhilfegesetz (HKJGB) vom 18. Dezember 2006 → keine Angaben zum Übergang Kita – GS	Hessisches Schulgesetz (HSchG) in der Fassung vom 14. Juni 2005, zuletzt geändert durch Gesetz vom 13. Juli 2006 → § 129, 7.
Mecklenburg-Vorpommern	Gesetz zur Förderung von Kindern in Kindertageseinrichtungen und in Tagespflege (KiföG M-V) vom 1. April 2004 in der Fassung vom 2. Dezember 2004 → § 1 (4)	Schulgesetz für das Land Mecklenburg-Vorpommern (SchulG M-V) vom 13. Februar 2006 → keine Hinweise zum Übergang Kita – GS

Land	„Kindergartengesetz"	„Schulgesetz"
Niedersachsen	Gesetz für Tageseinrichtungen (KiTaG) vom 7. Februar 2002, zuletzt geändert durch Gesetz vom 12. Juli 2007 → § 3, Absatz 5	Niedersächsisches Schulgesetz (NSchG) in der Fassung vom 3. März 1998, zuletzt geändert am 17. Juli 2006 → § 6, Absatz 1 -------- Grundsatzerlass des Kultusministeriums zur Arbeit in der Grundschule vom 3.2.2004 → 3.5-3.8
Nordrhein-Westfalen	Gesetz zur frühen Bildung und Förderung von Kindern (Kinderbildungsgesetz - KiBiz) vom 30. Oktober 2007 → § 14	Schulgesetz NRW (SchulG) „Jedes Kind mitnehmen!" vom 1. August 2006 → § 5 (1) -------- Rahmenrichtlinien und Lehrpläne zur Erprobung für die Primarstufe / Grundschule (2003) → Punkt 7
Rheinland-Pfalz	Kindertagesstättengesetz vom 15. März 1991, zuletzt geändert am 16. Dezember 2005 → § 2 a	Schulgesetz (SchulG) vom 30. März 2004 → § 19 -------- Landesgesetz zum Ausbau der frühen Förderung (2006) → Punkt 3
Saarland	Gesetz Nr. 969 zur Förderung der vorschulischen Erziehung vom 9. Mai 1973, zuletzt geändert durch das Gesetz vom 15. Februar 2006 → § 13 (2) -------- Gesetz Nr. 1258 zur Förderung von Kinderkrippen und Kinderhorten vom 29. November 1989, zuletzt geändert durch das Gesetz vom 13. Juli 2005 → § 7	Gesetz zur Ordnung des Schulwesens im Saarland (Schulordnungsgesetz: SchoG) vom 5. Mai 1965, zuletzt geändert am 6. September 2006 (Amtsbl. S. 1694, ber. S. 1730). → keine Hinweise zum Übergang Kita – GS
Sachsen	Gesetz zur Förderung von Kindern in Tageseinrichtungen (SächsKitaG) vom 17.12.2005 → § 2, Absatz 3	Schulgesetz vom 16. Juli 2004 → § 5, Absatz 5

Land	„Kindergartengesetz"	„Schulgesetz"
Sachsen-Anhalt	Gesetz zur Förderung und Betreuung von Kindern in Tageseinrichtungen und Tagespflege des Landes Sachsen-Anhalt (Kinderförderungsgesetz – KiFöG) (2004) → § 5	Schulgesetz (2005) → § 4, Absatz 4
Schleswig-Holstein	Gesetz zur Förderung von Kindern in Tageseinrichtungen und Tagespflegestellen (KiTaG) vom 12.12.1991 → § 5 (6)	Schleswig-Holsteinisches Schulgesetz vom 24.01.2007 → § 3, Absatz 3, § 41, Absatz 3
Thüringen	Thüringer Kindertageseinrichtungsgesetz vom 16. Dezember 2005, in der Fassung der Bekanntmachung vom 17. Februar 2006 → § 6 (5), § 15 (3)	Thüringer Schulgesetz (ThürSchulG) vom 6. August 1993, in der Fassung vom 30. April 2003, zuletzt geändert am 04. April 2007 → §2 (3)

6.3.1 Regelungen zu Kooperation und Übergang in Gesetzen und Verordnungen

Gesetzliche Regelungen zum Thema Übergang Kindergarten – Grundschule bzw. zur Kooperation zwischen den Institutionen sind bei der Mehrheit der Länder sowohl im jeweiligen Kindertagesstätten- als auch im Schulgesetz zu finden. In einigen Kindertagesstätten-Gesetzen wird speziell eine „an dem Entwicklungsstand der Kinder orientierte Zusammenarbeit mit der Schule" empfohlen, um den Übergang zu erleichtern/zu unterstützen (z.B. in Sachsen-Anhalt, Schleswig-Holstein, Brandenburg, Berlin, Hamburg). Typische Formulierungen zur Zusammenarbeit und Kooperation zwischen den Institutionen sind z.B.: „Eine enge Kooperation mit den Institutionen des Elementarbereichs soll einen bestmöglichen Übergang der einzelnen Schülerinnen und Schüler in den schulischen Bildungsweg sichern." (Bremisches Schulgesetz, § 18, Abs. 2) oder „Kindertagesstätten arbeiten mit der Schule in Wahrnehmung einer gemeinsamen Verantwortung für die beständige Förderung des Kindes und seinen Übergang in die Grundschule zusammen." (Kinderbildungsgesetz, Nordrhein-Westfalen, § 14, Abs. 1).

In einigen wenigen Landesgesetzen wird auch die Notwendigkeit einer konzeptionellen Abstimmung zwischen Kindertagesstätten und Grundschule thematisiert, so z.B. im Bayerischen Kinderbildungs- und -betreuungsgesetz, Art. 15, Abs. 2: „Die pädagogischen Fachkräfte in den Kindertageseinrichtungen und die Lehrkräfte an den Schulen sollen sich regelmäßig über ihre pädagogische Arbeit informieren und die pädagogischen Konzepte aufeinander abstimmen".

Allein in Baden-Württemberg, Hamburg, Mecklenburg-Vorpommern und im Saarland enthalten die Schulgesetze keine diesbezüglichen Hinweise. In Mecklenburg-Vorpommern gibt es jedoch eine Verwaltungsvorschrift zur Arbeit in der Grundschule, in der die Übergangsthematik aufgegriffen wird. Im hessischen Schulgesetz wird das Thema indirekt angesprochen („die Schulkonferenz entscheidet über Grundsätze der Zusammenarbeit mit anderen Schulen und außerschulischen Einrichtungen"; Hessisches Schulgesetz, § 129, Abs. 7). In Hessen und in Baden-Württemberg gibt es darüber hinaus auch in den Kindertagesstätten-Gesetzen keine Hinweise zum Thema Übergang Kindertagesstätte – Grundschule bzw. zur Kooperation zwischen den Institutionen.

Dies bedeutet jedoch nicht, dass das Thema von Seiten der jeweiligen Länder nicht beachtet würde. In Hessen finden sich sehr weit reichende und umfassende Aussagen zu dem Thema Übergang Kindertagesstätte – Grundschule im Bildungsplan (siehe unten). In Baden-Württemberg gibt es eine gemeinsame Verwaltungsvorschrift des Kultusministeriums und des Sozialministeriums über die Kooperation zwischen Tageseinrichtungen für Kinder und Grundschulen („VwV Kooperation Kindertageseinrichtungen – Grundschulen" vom 14. Februar 2002), in der die Notwendigkeit und Möglichkeiten der Zusammenarbeit zwischen den Institutionen sehr viel ausführlicher erläutert werden als dies in den Kindertagesstätten- und Schulgesetzen der anderen Länder geschieht. So werden z.B. als Ziele der Kooperation die Kenntnis und Berücksichtigung des individuellen Entwicklungsstandes und Förderbedarfs der Kinder sowie der pädagogischen Konzepte, Methoden und Arbeitsweisen der Tageseinrichtungen und der Schulen genannt. Als Felder der Zusammenarbeit ergibt sich daraus u.a. der Austausch in Arbeitsgemeinschaften oder die Beratung der Eltern. Die Ausgestaltung der Kooperation soll in einem gemeinsamen Jahresplan abgestimmt werden; unterstützend können die Tageseinrichtungen und Grundschulen Kooperationsbeauftragte der staatlichen Schulämter heranziehen, zu deren Aufgaben beispielsweise die Entwicklung und Vertiefung der Kooperationsvorhaben und die Mitwirkung an regionalen Arbeitskreisen gehören (vgl. Gemeinsame Verwaltungsvorschrift des Kultusministeriums und des Sozialministeriums über die Kooperation zwischen Tageseinrichtungen für Kinder und Grundschulen: 1f.). Gefordert wird außerdem die „konzeptionelle Abstimmung zwischen den pädagogischen Fachkräften in Tageseinrichtungen und Grundschulen" (ebd.).

Besonders in Grundschulverordnungen bzw. Lehr- oder Rahmenplänen (z.B. Grundschulverordnung Brandenburg, Abschnitt 3, § 15; Grundsatzerlass des Kultusministeriums zur Arbeit in der Grundschule, Niedersachsen, 3.6) oder auch in der Verwaltungsvorschrift Baden-Württembergs werden zusätzlich zu oben genannten Empfehlungen ausführlichere Gestaltungsmöglichkeiten der Zusammenarbeit bzw. Formen der Kooperation benannt. Auch die Informationen auf den Internetseiten mancher Ministerien (z.b. Hessen[42]) sind diesbezüglich teilweise sehr umfangreich. Insbesondere werden dabei folgende Gestaltungsmöglichkeiten der Zusammenarbeit und Formen der Kooperation angesprochen:

- regelmäßiger Dialog und Abstimmung zwischen den Kitas und Schulen
- gegenseitige Informationen zwischen Schulen und Kitas über Ziele, Aufgaben, Arbeitsweisen und Organisationsformen der jeweiligen Bereiche
- Austausch über pädagogische Grundlagen der Arbeit in Kitas und Schulen;
- gemeinsame Feiern und Veranstaltungen, Projekte
- gegenseitige Besuche und Hospitationen, Teilnahme an Besprechungen und Konferenzen
- gemeinsame Elterngespräche und Informationsveranstaltungen
- Besuch der Kindergartenkinder in der Schule / Besuch der/des künftige/n Klassenlehrer/in/s in den Kitas / Besuch von Schulkindern in der Kita
- gemeinsame Qualifizierungen/Fortbildungen
- Übernahme von Anregungen aus der Kita und die Fortführung von Projekten;
- Benennung fester Ansprechpersonen in beiden Institutionen
- verbindliche Vereinbarungen über die Verfahren und Inhalte der Zusammenarbeit.

Gemeinsame Qualifizierungen und Fortbildungen von pädagogischen Fachkräften und Lehrer/inne/n werden in der Übergangsmanagementforschung als besonders wichtig erachtet. In einigen Bundesländern wird diese Form der Zusammenarbeit und des Austauschs zwischen Kindergarten und Grundschule auch in den gesetzlichen Regelungen konkret benannt: In Baden-Württemberg können laut gemeinsamer Verwaltungsvorschrift auch Erzieher/innen aus Tageseinrichtungen an den Fortbildungsveranstaltungen und Arbeitsgemeinschaften der Grundschullehrkräfte teilnehmen (Gemeinsame Verwaltungsvorschrift Baden-Württemberg, Punkt II, 1.2). Im bayerischen Kinderbildungs- und Betreuungsgesetz heißt es unter Art. 17 II: „Zur Qualifizierung des pädagogischen Personals sind geeignete Fortbildungsmaßnahmen sicherzustellen und zu fördern. […] Grundschullehr-

---

[42] Relevante Internetseiten sind ebenfalls auf der Seite www.uebergangsmanagement.info zu finden.

kräfte sollen im Hinblick auf die Zusammenarbeit mit Kindertagesstätten einbezogen werden." Auch das nordrhein-westfälische Kinderbildungsgesetz und das rheinland-pfälzische Kindertagesstättengesetz greifen gemeinsame Qualifizierungen als Kooperationsform auf:

- „Zur Gestaltung des Übergangs vom Elementar- in den Primarbereich gehören […] insbesondere […] gemeinsame Fort- und Weiterbildungsmaßnahmen." (Kinderbildungsgesetz NRW, § 14, Abs. 2)
- „Die Kindergärten arbeiten mit den Grundschulen zur Information und Abstimmung ihrer jeweiligen Bildungskonzepte zusammen. Hierzu werden geeignete Kooperationsformen, wie Arbeitsgemeinschaften, gegenseitige Hospitationen und gemeinsame Fortbildungen zwischen Kindergärten und Grundschulen vereinbart." (Kindertagesstättengesetz Rheinland-Pfalz, § 2a, Abs. 3)

Insgesamt ist festzuhalten, dass in nahezu allen Kindertagesstätten- und Schulgesetzen ausdrücklich auf die Notwendigkeit von Austausch und Kooperation zwischen den Mitarbeiter/inne/n der Kindertagesstätten und den Grundschullehrkräften hingewiesen wird. Darüber hinaus wird in einigen Gesetzen die Vorbereitung auf die Grundschule als Aufgabe der Kindertageseinrichtungen formuliert. Dabei handelt es sich um ein sensibles Thema, das in einem Spannungsfeld steht zwischen einseitiger Anpassung an schulische Anforderungen und dem schwierigen Umgang mit heterogenen Ausgangslagen in den Grundschulen.

Im Kinderförderungs-Gesetz von Sachsen-Anhalt wird näher erläutert, welche Fähigkeiten und Kompetenzen bei einer „geeigneten Vorbereitung des Übergangs in die Grundschule" gefördert werden sollen: „Zu diesem Zweck sollen insbesondere sprachliche Kompetenzen, elementare Fähigkeiten im Umgang mit Mengen, räumliche Orientierungen, eine altersgerechte Grob- und Feinmotorik sowie die Wahrnehmung mit allen Sinnen und das Denken gefördert werden" (§ 5, Abs. 2).

In Rheinland-Pfalz soll das letzte Kindergartenjahr laut Kindertagesstätten-Gesetz „möglichst von allen Kindern besucht werden […] In diesem Kindergartenjahr wird nach Maßgabe der jeweiligen Konzeption insbesondere der Übergang zur Grundschule vorbereitet […]" (Kindertagesstättengesetz Rheinland-Pfalz, § 2a, Abs. 1 und 2). Auch in Sachsen und in Nordrhein-Westfalen wird speziell das letzte Kindergartenjahr als zentraler Zeitraum für die Schulvorbereitung angeführt, in dem bestimmte Fähigkeiten und Kompetenzen besonders gefördert werden.

Als einziges Bundesland hat Nordrhein-Westfalen dazu ein Schulfähigkeitsprofil entwickelt, „das die wesentlichen Voraussetzungen für das Lernen in der Grundschule beschreibt" und „auch dem Kindergarten dazu orientierende Hilfen [gibt]" (Rahmenrichtlinien und Lehrpläne zur Erprobung für die Primarstufe/Grundschule, Punkt 7.1). Die Handreichung „Erfolgreich starten! Schulfähigkeitsprofil als Brücke zwischen Kindergarten und Grundschule" wurde 2003 vom Ministerium für Schule, Jugend und Kinder herausgegeben und beschreibt neben allgemeinen Lernvoraussetzungen elementare Kompetenzen und Voraussetzungen in den Bereichen (Schrift-)Spracherwerb, mathematisches Lernen, naturwissenschaftliches Lernen, Motorik, Wahrnehmung, personale/soziale Kompetenzen und Umgang mit Aufgaben (Spiel- und Lernverhalten/Konzentrationsfähigkeit). Das Schulfähigkeitsprofil bietet in Form von konkreten Beispielen Anregungen, wie Fähigkeiten bzw. Schwierigkeiten in diesen Bereichen ermittelt werden können (vgl. MSJK 2003: 9-22).

In einigen Bundesländern wird das Thema Schulfähigkeit und Schulvorbereitung in den Lehr- bzw. Rahmenplänen für die Grundschule differenzierter aufgegriffen. So wird z.B. im Lehrplan für die bayerische Grundschule Schulfähigkeit nicht als „einseitige Vorleistung des Kindes, sondern [als] eine gemeinsame Aufgabe aller an der Bildung und Erziehung Beteiligten" gesehen. „Durch angemessene inhaltliche und methodische Gestaltung soll deshalb der Anfangsunterricht der Situation der Schulanfänger Rechnung tragen und einen gleitenden Übergang vom Kindergarten in die Grundschule unterstützen. So kann die behutsame und zielstrebige Hinführung zum schulischen, systematischen Lernen gelingen. Dabei ist es wichtig, die kindliche Neugier und die natürliche Freude am Lernen zu erhalten und zu fördern. Ausreichende Spiel- und Bewegungsphasen sowie Zeiten der Stille und Entspannung sind vor allem im Anfangsunterricht von besonderer Bedeutung" (Lehrplan für die bayerische Grundschule, Punkt 2.7). Auch in den Rahmenlehrplänen Berlins und Brandenburgs wird die Anknüpfung an Fähigkeiten und Kenntnisse aus der Vorschulzeit thematisiert. Dabei soll das Vertrauen in die eigene Leistungsfähigkeit und die „Erhaltung bzw. Herausbildung eines positiven Selbstwertgefühls und eines Selbstkonzepts" besonders gestärkt bzw. unterstützt werden (Rahmenlehrpläne Grundschule, Berlin und Brandenburg, Punkt 1.1). Ganz ähnlich ist dieser Aspekt auch im Thüringer Grundschullehrplan zu finden: „Die Grundschule geht von den vor- und außerschulischen Erfahrungen des Kindes aus und knüpft an den erreichten Entwicklungsstand an. Sie führt die Kinder behutsam in das schulische Leben und Lernen ein […]". Dabei soll „die individuelle Ausgangslage jedes Kindes in angemessener Weise" beachtet werden (Lehrplan für die Grundschule, Thüringen, Punkt 1). In diesen Regelungen wird demnach die Förderung von Schulfähigkeit nicht einseitig als Aufgabe oder „Vorleistung" der Kindertageseinrichtungen definiert, sondern in den Schulbereich integriert.

6.3.2 Das Thema „Übergang" in den Bildungsleitlinien

Neben den gesetzlichen Regelungen sind vor allem die Bildungsleitlinien für den Elementarbereich von hoher Bedeutung für die Kindertageseinrichtungen. Das Thema Übergang Kindertagesstätte – Grundschule hat dabei in Umfang und Gestaltung einen sehr unterschiedlichen Stellenwert. Einige Bildungsleitlinien widmen dem Thema ein eigenes Kapitel; meistens jedoch wird die Thematik als Unterpunkt eines übergreifenden Kapitels aufgegriffen; teilweise gibt es ergänzende Dokumente.

In den meisten Bildungsleitlinien wird grundlegend darauf hingewiesen, dass die Entwicklung und Förderung der Schulfähigkeit gemeinsame Aufgabe von Kindergarten und Grundschule (und Eltern) ist. Es wird betont, dass die Grundschule auf vorangegangene Bildungsprozesse aufbaut, an sie anknüpft und sie fortführt. In Brandenburg heißt es z.B.: „Als der Schule vor- und nebengelagerter Bildungsort hat die Kindertagesstätte die Aufgabe, mit den Kindern den Übergang in die Schule vorzubereiten; die Schule tritt in vorangegangene Bildungsprozesse ein, knüpft an sie an und setzt sie mit ihren Möglichkeiten fort." (Grundsätze elementarer Bildung: 1). Empfehlungen und Anregungen für die vorschulische Bildungsarbeit in den Kindertagesstätten (durch gezielte Förderung von Basiskompetenzen, teilweise mit besonderer Betonung der Förderung sprachlicher Kompetenzen) machen den Hauptteil vieler Bildungsleitlinien aus. Gleichzeitig wird jedoch oftmals betont, dass die verstärkte Wahrnehmung des Bildungsauftrags im Elementarbereich nicht als einseitige und isolierte Anpassung an das System Schule zu sehen ist, sondern dass die Gestaltung des Übergangs und die Sicherung von Anschlussfähigkeit Aufgabe und Ziel beider Institutionen (bzw. aller Beteiligten) sein muss.

Im Bildungsplan von Sachsen-Anhalt wird dies an einer Stelle besonders deutlich: „Die Kindertagesstätte als Bildungseinrichtung anzuerkennen bedeutet auch, dass es nicht die ausschließliche Aufgabe des Kindergartens ist, auf die Schule vorzubereiten. Gemäß Kinderförderungsgesetz haben die Kindertagesstätten den Übergang in die Grundschule in geeigneter Weise vorzubereiten. Kindertagesstätten und Schule stehen in gemeinsamer Verantwortung für die Gestaltung einer Übergangsphase im Bildungssystem. Die gemeinsame Gestaltung der Übergangsphase stellt Fachkräfte beider Institutionen vor neue Herausforderungen: Kindertagesstätten müssen künftig die Gestaltung der Übergangsphase zum Bestandteil ihres pädagogischen Konzepts machen. In dieser Phase überschneiden sich die Zuständigkeiten von Kindergarten und Schule. Sie beginnt im Kindergarten und ist mit dem Schuleintritt nicht abgeschlossen. Sinnvolle Konzepte können deshalb nur gemeinsam entwickelt werden." (Bildungsprogramm für Kindertageseinrichtungen in Sachsen-Anhalt: 84).

In NRW scheint der Fokus auf den ersten Blick auf der Schulvorbereitung zu liegen. In der Bildungsvereinbarung wird dem letzten Kindergartenjahr die Funktion zugeschrieben, eine intensive Vorbereitung auf einen gelingenden Übergang in die Grundschule zu leisten (vgl. Bildungsvereinbarung NRW: 6). In diesem Kontext werden einige Aspekte zur Kooperation beider Institutionen genannt (ebd.: 8); ansonsten konzentriert sich die Bildungsvereinbarung vor allem auf die Darstellung eines für den Elementarbereich spezifischen Bildungsverständnisses, das an den Potenzialen der Kinder ansetzt und vorgegebene Lernziele ablehnt. Vor diesem Hintergrund ist es nicht verwunderlich, dass das erwähnte Schulfähigkeitsprofil „Erfolgreich starten!" für die praktische Arbeit der Tageseinrichtungen kaum eine Rolle spielt. Dass das Schulfähigkeitsprofil und die Bildungsvereinbarung unterschiedlichen Diskussionszusammenhängen und „Philosophien" entspringen, lässt sich an der Kritik ablesen, die Gerd E. Schäfer, der als Wissenschaftler die Bildungsvereinbarung maßgeblich geprägt hat, im Hinblick auf das Schulfähigkeitsprofil äußert. Er bezeichnet es als ein „Armutszeugnis für die Pädagogik" (Schäfer 2003: 21). Diese Kritik kann als Indikator dafür angesehen werden, dass beiden Dokumenten ein höchst unterschiedliches Bildungsverständnis zugrunde liegt – einmal wird aus der Sicht der Schule formuliert, was Kinder zum Ende der Kindergartenzeit können müssten, einmal aus der Sicht des Kindergartens, wie Kinder lernen sollten. Eine systematische Brücke zwischen beiden Perspektiven und eine Verzahnung von in den Dokumenten enthaltenen Handlungsansätzen fehlen jedenfalls, und von einer einseitigen Ausrichtung der Kita-Arbeit auf die Anforderungen der Schule kann in der Praxis keine Rede sein.

Dass man nicht ohne Weiteres von den vorhandenen Dokumenten auf die Ausrichtung der Arbeit schließen kann, zeigt auch das Beispiel Bayern. Zwar gibt es hier kein Schulfähigkeitsprofil, und es wird, wie oben dargestellt, deutlich die „Kindfähigkeit" der Institution Schule eingefordert. Andererseits liegt der bayerische Bildungsplan mit seinen zahlreichen Handreichungen zur Umsetzung in konkrete Bildungsprojekte wesentlich näher an einem schulischen Bildungsverständnis als die nordrhein-westfälische Bildungsvereinbarung.

Die Frage nach gemeinsamen pädagogischen Grundlagen ist ein Thema, dem sich Bayern und Hessen besonders gewidmet haben, aber auch in anderen Bundesländern sind diesbezügliche Aussagen zu finden. In Mecklenburg-Vorpommern und Schleswig-Holstein etwa werden als gemeinsame pädagogische Grundlagen „die Förderung der Gesamtpersönlichkeit des Kindes, seiner

Selbsttätigkeit und Selbständigkeit sowie [der] Aufbau tragfähiger sozialer Beziehungen" genannt. Diese Grundlagen werden als wesentliche Voraussetzungen für die Entwicklungs- und Bildungskontinuität gesehen (Leitsätze zur Schulentwicklungsplanung in Mecklenburg-Vorpommern, Anlage 26: 1; Gemeinsamer Rahmen der Länder für die frühe Bildung in Kindertageseinrichtungen, Schleswig-Holstein). Im Bildungsplan Schleswig-Holsteins wird gleichzeitig darauf hingewiesen, dass Kontinuität von Bildung und Entwicklung in diesem Zusammenhang jedoch nicht „weit gehende Angleichung der Lebensbereiche Tageseinrichtung und Schule" bedeute und Unterschiede auch entwicklungsfördernd sein können (vgl. ebd.). Dieser Gedanke bzgl. des Umgangs mit strukturellen Unterschieden der Bildungseinrichtungen wird auch im bayerischen Bildungsplan aufgegriffen. Bestehende Unterschiede sollten demnach bewusst wahrgenommen und auch betont werden. Zwar können einzelne Elemente der abgebenden Einrichtung in der nachfolgenden Bildungsinstitution im Rahmen der Übergangsbegleitung eingesetzt werden, allgemein sei den Kindern jedoch „nicht gedient, wenn die Unterschiede zwischen den Lebensräumen verwischt werden". Diskontinuitäten und Unterschiede sollten eher als „positiver Entwicklungsimpuls" und die Entwicklung anregende Herausforderungen gesehen werden (vgl. ebd.: 102f.).In Berlin, Sachsen-Anhalt und im Saarland wird ähnlich wie in Bayern und Mecklenburg-Vorpommern Diskontinuität als Chance beschrieben, die die Möglichkeit biete „sich neu zu definieren und neue Fähigkeiten zu entwickeln". Die Schule solle sich deutlich vom Kindergarten unterscheiden und dem Kind keine anspornenden Herausforderungen vorenthalten. Entscheidend für die individuelle Gestaltung des Übergangs sei aus Sicht des Kindes, „wie viel Kontinuität bzw. Diskontinuität sich parallel in seinem sonstigen Umfeld ereignet". (Berliner Bildungsprogramm für die Bildung, Erziehung und Betreuung von Kindern in Tageseinrichtungen bis zu ihrem Schuleintritt: 118 und Bildungsprogramm für saarländische Kindergärten – Handreichungen für die Praxis: 171)

In Sachsen und Nordrhein-Westfalen wird vor diesem Hintergrund besonders die Eigenständigkeit der Institutionen in den Vordergrund gestellt. So heißt es im Schulfähigkeitsprofil Nordrhein-Westfalens, dass sich bei der Entwicklung der Schulfähigkeit der Blick auf die „Förderung der Kinder aus der Sicht der jeweiligen Institution" richte (MSJK 2003: 3). Im sächsischen Bildungsplan wird ebenfalls darauf hingewiesen, dass „sowohl Kindertagesstätten als auch Grundschulen eigenständige Institutionen mit eigenen Handlungsanleitungen" seien. (Der Sächsische Bildungsplan – ein Leitfaden für pädagogische Fachkräfte in Kinderkrippen und Kindergärten: 19). Auch im bayerischen Bildungsplan wird die Eigenständigkeit der Institutionen Kinderkrippe und Kindergarten betont, deren pädagogisches Grundprinzip weiterhin das Spiel sei. Zugleich wird allerdings erklärt, dass „fachlich fundierte Bildung und Erziehung nicht an institutionellen Grenzen Halt macht"; der Plan biete „die Chance zur Vernetzung […] von Kindergarten und Grundschule" (vgl. ebd.: 9). An anderer Stelle wird zudem betont, dass sich vorschulische Bildungsarbeit „Institutionen übergreifend an bestimmte Prinzipien und einem ganzheitlichen Bildungsverständnis orientieren" soll (vgl. ebd.: 38).

Dieser Aspekt spielt auch in den Bildungsplänen Hessens und Thüringens eine große Rolle. Diese beiden Pläne sind im Kontext des Übergangs Kindergarten – Grundschule hervorzuheben: Anders als die Leitlinien der übrigen Länder richten sich diese Pläne ausdrücklich auf die Bildung und Erziehung von Kindern bis 10 Jahren (Hessen: „Bildungs- und Erziehungsplan für Kinder von 0 bis 10 Jahren", Thüringen: „Thüringer Bildungsplan für Kinder bis 10 Jahren"). Mit dem Titel „Bildung von Anfang an" erschien 2005 der Entwurf des hessischen Bildungs- und Erziehungsplans, der nach Erprobung, Evaluation und Überarbeitung im Dezember 2007 in seiner vorläufigen Endfassung veröffentlicht wurde. Hessen hat damit eine Vorreiterrolle übernommen. Zum ersten Mal wurde in Deutschland ein Bildungs- und Erziehungsplan vorgelegt, der die gesamte kindliche Entwicklung zwischen dem ersten und zehnten Lebensjahr umfasst. „Der Bildungs- und Erziehungsplan in Hessen richtet sich somit an alle Lernorte, an denen kindliche Bildungs- und Erziehungsprozesse stattfinden, und fokussiert konsequent auf das Kind und nicht auf die jeweilige Bildungsinstitution." (Hessischer Bildungs- und Erziehungsplan für Kinder von 0 bis 10 Jahren: 12) Kindertagesstätten und Grundschulen werden dazu aufgefordert, „die gleichen Grundsätze und Prinzipien anzuwenden, wenn es um Bildung und Erziehung von Kindern geht" (vgl. ebd.: 10). Die gemeinsamen, Institutionen übergreifenden Grundsätze und Prinzipien sind Grundlage für die Fokussierung auf die individuellen Bildungsverläufe der Kinder: statt einzelner Institutionen rückt die kindliche Bildungsbiographie in den Mittelpunkt (vgl. ebd.: 12). Auch im Thüringer Bildungsplan wird betont, dass der kindzentrierte Fokus des Bildungsplans für Kinder bis 10 Jahren „[…] das organisationstheoretische Denken in pädagogischen Institutionen hinter sich [lässt] und […] die inhaltlichen Grenzen bestimmter pädagogischer Ansätze [überschreitet]" (Thüringer Bildungsplan für Kinder bis 10 Jahren: 5). Der Plan ist „institutionenübergreifend und konzeptneutral angelegt" (ebd.: 5).

Unterschiedlich beantwortet wird somit die Frage nach der Eigenständigkeit der Institutionen vor dem Hintergrund übergreifender pädagogischer Ansätze. Während in Sachsen und NRW stärker die Eigenständigkeit der Institutionen betont wird, sollen in Bayern, Hessen und Thüringen institutionelle Grenzen überwunden und die kindliche Bildungsbiographie in den Mittelpunkt gerückt werden.

Dabei haben Hessen und Thüringen sich für den Weg entschieden, gemeinsame Dokumente für beide Institutionen zu entwickeln. Auch die oben angesprochene gemeinsame Verwaltungsvorschrift des Kultusministeriums und des Sozialministeriums in Baden-Württemberg stellt ein an beide Institutionen gerichtetes Dokument dar. In jüngster Zeit hat auch Brandenburg eine solche Initiative ergriffen. Hier hat das Ministerium für Bildung, Jugend und Sport unter dem Titel „Gemeinsamer Orientierungsrahmen für die Bildung in Kindertagesbetreuung und Grundschule – Zwei Bildungseinrichtungen in gemeinsamer Verantwortung" (Weimar/Berlin 2008) einen Konzeptentwurf vorgelegt, der dem Kita-Bildungsplan („Grundsätze elementarer Bildung in Einrichtungen der Kindertagesbetreuung im Land Brandenburg") und den Rahmenlehrplänen für die Grundschule einen „verbindenden Rahmen" (S. 4) geben soll. Dieser Entwurf wurde von einer Expertenkommission erarbeitet und soll in 14 regionalen Auftaktveranstaltungen vorgestellt, breit diskutiert, in der Fachpraxis erprobt und weiterentwickelt werden.

6.3.3 Zwischenbilanz

Das Thema „Übergang Kindergarten – Grundschule" spielt in der aktuellen Fachdiskussion, in Regelungen der Bundesländer und in der Praxis der Kindertageseinrichtungen eine große Rolle. Von besonderem Interesse für die weitere Entwicklung dürfte dabei die Frage sein, inwieweit eine integrierte Herangehensweise mit gemeinsamen, an beide Institutionen gerichteten Dokumenten tatsächlich zu einer stärkeren Verknüpfung der beiden Bildungsbereiche beitragen kann. Die unterschiedlichen Ansätze – integrierte Bildungspläne in Hessen und Thüringen, Verwaltungsvorschrift in Baden-Württemberg, gemeinsamer Orientierungsrahmen in Brandenburg – wären hier auf ihre Reichweite und ihre Umsetzung in die Praxis zu untersuchen.

Generell ist das Verhältnis zwischen landesrechtlicher bzw. bildungspolitischer Regulierung einerseits und konkreter Umsetzung in der Praxis andererseits in diesem Zusammenhang von Interesse. Die zum Abschluss erwähnte Vorgehensweise des Landes Brandenburg, das auf eine breite Fachdiskussion setzt, kann als Hinweis darauf gewertet werden, dass gezielte Aktivitäten notwendig sind, um die Praxisrelevanz von Vorgaben aus Gesetzen und Bildungsprogrammen zu sichern. Eine qualitative Untersuchung zur Nutzung und Umsetzung rechtlicher Vorgaben und pädagogischer Empfehlungen könnte darüber Aufschluss geben.

Der Aufbau von Kooperationsstrukturen, die Konzipierung und Durchführung gemeinsamer Aktivitäten sowie die Entwicklung gemeinsamer, kind- statt institutionenzentrierter pädagogischer Grundlagen stellen zweifellos Herausforderungen für die Fachkräfte in Grundschulen und Kindertageseinrichtungen beider Institutionen dar. Angesichts dessen, dass den letzteren – wenn auch in unterschiedlicher Form – die Aufgabe der Vorbereitung auf die Grundschule zugeschrieben wird, ist die Intensität, mit der das Aufgabenfeld „Übergangsmanagement" bearbeitet werden muss, wahrscheinlich in den Kindertageseinrichtungen stärker ausgeprägt, zumal die Bildungsleitlinien hierzu mehr oder weniger konkrete Anforderungen formulieren. Insofern stellt sich die Frage, wie die Beschäftigten in Kindertageseinrichtungen mit diesem Themenfeld umgehen. In den drei Bundesländern, in denen Interviews mit Erzieher/inne/n durchgeführt wurden, spielten diese Fragen daher eine wichtige Rolle.

6.4 Bildungsleitlinien und Übergangsmanagement: Erfahrungen in drei Bundesländern

In der Interviewserie, die 2007 in Kindertageseinrichtungen in Bayern, Brandenburg und Nordrhein-Westfalen durchgeführt wurde, wurden die *Erzieherinnen* nach ihren Erfahrungen mit der Umsetzung der Bildungsleitlinien befragt. Ergänzt wurde diese Befragung durch eine Nacherhebung im Herbst 2008, in der schwerpunktmäßig nach dem Thema „Übergang Kindergarten – Grundschule" gefragt wurde. Erfasst wurde dabei im Wesentlichen der gleiche Personenkreis wie in der Ausgangserhebung. Im Folgenden wird zunächst die allgemeine Bewertung der Bildungsleitlinien dargestellt (6.4.1); anschließend erfolgt die Auswertung zum Thema Übergang (6.4.2).

6.4.1 Umsetzung der Bildungsleitlinien

In den Ergebnissen zeigt sich zunächst, dass die Umsetzung der Leitlinien so unterschiedlich erfolgt, wie die Leitlinien selbst es sind. In Bayern beurteilen fast alle befragten Erzieher/innen den BEP positiv. Durch dieses Rahmeninstrument wurde nach allgemeiner Auffassung ein zunehmend bewussteres und strukturierteres Arbeiten ermöglicht. Dies schlägt sich nach Meinung der Interviewpartner/innen in Lern- und Entwicklungsfortschritten auf Seiten der Kinder positiv nieder; das Qualitätsniveau in den Einrichtungen konnte durch den BEP nach Einschätzung der Befragten insgesamt angehoben werden. Die folgende Aussage einer Erzieherin fasst diese Aspekte zusammen: „Insgesamt ist eine gemeinsame, schriftlich fixierte Basis für alle Praktiker entstanden, die in der Vielzahl der unübersichtlich gewordenen Qualitätsmaßnahmen einen gemeinsamen Orientierungsrahmen bietet, der auch vom Fachpersonal nachgefragt wurde." Ein Teil der Befragten gab an, die pädagogische Konzeption ihrer Einrichtung den Vorgaben des BEP entsprechend umgestellt zu haben, andere meinten, dass durch den BEP „das Rad nicht erfunden" worden ist. Allerdings verwies auch diese Gruppe der Befragten auf die zentrale Rolle des BEP, durch den die pädagogische Arbeit und die Konzeption nochmals bestätigt und bekräftigt wurden oder Angebotsdefizite identifiziert werden konnten.

In Nordrhein-Westfalen wurde die Umsetzung der Bildungsvereinbarung von nahezu allen Befragten als wichtigste neue Anforderung der letzten Jahre angeführt. Verwiesen wird vor allem auf die Einführung der schriftlichen Dokumentation der Bildungsprozesse der einzelnen Kinder, die für die meisten Einrichtungen Neuland darstellte. Grundsätzlich wird die Einführung der Beobachtungs- und Dokumentationsverfahren von der Mehrheit der Befragten positiv bewertet. Ein Kernproblem besteht in dem Zeitaufwand, der für die Dokumentation benötigt wird; nur vereinzelt wurde dafür zusätzliche Verfügungszeit eingeräumt. Die meisten Befragten betonen, dass die Dokumentationen „irgendwie nebenbei" geschrieben werden müssen. Dennoch werden positive Auswirkungen wahrgenommen; so stellt eine Befragte fest, dass die Bildungsdokumentation „einen anderen Blick auf die Kinder" bringt und man nun mehr über ihren Entwicklungsstand wisse.

Kritisch wird die Dokumentation vor allem dann bewertet, wenn sie wenig standardisierte Hilfestellungen zur Einordnung des Entwicklungsstandes bietet, sondern eher auf einer nicht formalisierten, freien Beobachtung basiert. „Zu meinem Leidwesen", so eine Befragte, „hat unser Träger uns einen Bogen gegeben, der sehr ausführlich geschrieben werden muss. Das macht viel Arbeit, bringt aber wenig Informationen." Problematisch sind in einigen Fällen auch mehrfache Wechsel der anzuwendenden Bögen und fehlende Fortbildungen. In der Tat scheint der Hauptakzent bei der Umsetzung der Bildungsvereinbarung auf dem Thema „Dokumentation" zu liegen. Nur vereinzelt berichten die Befragten von anderen Aktivitäten in diesem Kontext. So wurden in einer Einrichtung mehr Projektarbeit und ein gruppenübergreifendes Bildungsprogramm eingeführt. Insgesamt aber scheint eine qualitative und quantitative Erweiterung der Bildungsarbeit durch die Bildungsvereinbarung bisher nicht gelungen zu sein.

In Brandenburg ergab die Befragung, dass die Auseinandersetzung mit den „Grundsätzen elementarer Bildung" in allen Kitas als Bestandteil einer notwendigen Weiterentwicklung angesehen wird und im engen Zusammenhang mit der Einführung und Aktualisierung von Maßnahmen zum Qualitätsmanagement steht. Etwa ein Drittel der befragten Einrichtungen hat die Umsetzung der

Grundsätze bereits in der pädagogischen Konzeption oder im Qualitätsmanagement-Handbuch verankert. Das Inkrafttreten der gesetzlichen Verpflichtung hat offenkundig einen zusätzlichen Schub für einen bereits seit einigen Jahren laufenden Entwicklungsprozess ausgelöst; für Einschätzungen zur Umsetzung war es zum Zeitpunkt der Interviews noch zu früh.

Insgesamt gilt sowohl für die Gestaltung von Bildungsprogrammen als auch für die Beobachtung und Dokumentation, dass Leitlinien zur Strukturierung der eigenen Arbeit von den pädagogischen Fachkräften mehrheitlich nicht als Einschränkung des persönlichen Handlungsspielraums, sondern als Unterstützung angesehen werden. Die Arbeit mit strukturierten Instrumenten wird als ein Teil professionellen Handelns betrachtet, die Bereitstellung derartiger Instrumente als eine Anerkennung von Professionalität. Der entscheidende Engpassfaktor für die Umsetzung besteht – dies wurde aus allen drei Ländern berichtet – in dem Mangel an Verfügungszeiten. Sowohl die Vorbereitung von Bildungsprojekten als auch die Dokumentation der kindlichen Entwicklung erfordern zeitliche Spielräume. Dies wird bislang in den Fördersystemen der Bundesländer nicht in hinreichendem Maße berücksichtigt.

6.4.2 Übergang Kindergarten – Grundschule

In allen drei Bundesländern zeigen die Ergebnisse der Befragungen zunächst, dass das Thema „Übergang Kindergarten – Grundschule" für die Mitarbeiter/innen in den Kindertageseinrichtungen einen hohen Stellenwert hat. Die Befragten waren gebeten worden, die Bedeutung des Themas auf einer Skala von 1 („völlig unwichtig") bis 10 („das wichtigste Thema") einzuschätzen. Eine Bewertung unterhalb von 5 kommt nicht vor; die Einordnung in Stufe 5 und 6 findet sich jeweils zweimal (verteilt über die Länder). Die meisten Befragten entscheiden sich für die Stufen 7 bis 9, so dass der Durchschnittswert in etwa bei 8 liegt: In Brandenburg beträgt er 8,2, in Bayern 8,0 und in Nordrhein-Westfalen 7,6 (wobei den Unterschieden zwischen den Ländern angesichts der geringen Anzahl an Befragten keine große Bedeutung zugemessen werden sollte).

Auch berichten alle Einrichtungen von Aktivitäten zur Vorbereitung und Gestaltung des Übergangs: Schulvormittage für künftige Erstklässler, Hospitationen der Erzieher/innen in der Schule (teilweise auch umgekehrt), Schulkindergruppen in der Schule mit speziellen Bildungsangeboten und Projekten, Gespräche zwischen Lehrkräften und Erzieher/inne/n, gemeinsame Elternabende, Patenschaften zwischen Erstklässlern und Vorschulkindern, in wenigen Fällen auch gemeinsame Fortbildungen mit Lehrkräften und Erzieher/inne/n. In den meisten Fällen gibt es nicht nur vereinzelte Aktivitäten, sondern ein breites

Spektrum. Unterschiede zwischen den Bundesländern lassen sich dabei nicht feststellen. Die Organisation der Kooperation ist meistens Sache der Einrichtungsleitung; nur in wenigen Fällen haben andere Mitarbeiter/innen die Funktion von „Kooperationsbeauftragten" übernommen.

Bedauert wird von etwa einem Viertel der Befragten (auch hier ohne Unterschiede zwischen den Bundesländern), dass die Lehrkräfte nicht hinreichend Zeit für die Kooperation hätten; hier wird der Wunsch nach einem größeren Engagement der Grundschulen formuliert. Grundsätzliche Probleme in der Kooperation werden hingegen kaum angesprochen. Während Erzieher/innen vor einigen Jahren noch häufig darüber klagten, dass eine Kooperation „auf Augenhöhe" mit Lehrkräften schwer realisierbar sei und sie von den Partnern an der Grundschule nicht hinreichend ernst genommen würden, scheint dieses Problem – nach den Aussagen in den Interviews zu urteilen – an Bedeutung verloren zu haben. Auch die Frage nach einem unterschiedlichen Bildungsverständnis beider Institutionen, die in der politischen Debatte eine große (wenn auch in den einzelnen Bundesländern unterschiedlich ausgeprägte) Rolle spielt, wird von den Befragten kaum thematisiert. Viele Befragte betonen, dass es ihnen vor allem wichtig ist zu erreichen, dass „ihre" Kinder nach dem Eintritt in die Schule „gut klar kommen" (so eine Erzieherin aus Nordrhein-Westfalen).

Nur ein Teil der Befragten berichtet, dass ihre Kommune die Aktivitäten zum Übergang Kindergarten – Grundschule unterstützt und koordiniert. In Nordrhein-Westfalen trifft dies auf ein knappes Drittel, in Bayern auf ein Viertel und in Brandenburg auf die Hälfte der an der Befragung erfassten Einrichtungen zu. Dort, wo es kommunale Initiativen gibt, werden sie von den Befragten nahezu einhellig als positiv und unterstützend bewertet.

In Nordrhein-Westfalen betreffen die in der Befragung dargestellten kommunalen Initiativen Runde Tische im Stadtteil oder auf Stadtebene, bei denen sich Kindertageseinrichtungen und Schulen unter Beteiligung von Jugendamt und Schulamt treffen. Des Weiteren gibt es thematische Arbeitskreise, an denen Kindertageseinrichtungen und Schulen – neben anderen Akteuren – mitwirken. Andere Befragte bedauern das Fehlen einer kommunalen Koordination: „Bei uns ist das Fehlanzeige – obwohl wir das immer wieder gefordert haben", so eine Erzieherin.

Eine Befragte aus Brandenburg berichtet, dass die Kommune den Abschluss von Kooperationsverträgen zwischen Kindergärten und Grundschulen veranlasst hat: „Das ist sehr nützlich, weil es nun eine geregelte Vereinbarung für die Kooperation gibt." In einem anderen Fall hat die Kommune ein Papier zum Übergangsmanagement erarbeitet und dabei auch festgelegt, welche Kindertageseinrichtungen mit welchen Grundschulen zusammen- arbeiten sollen. Auch diese Festlegung wird als hilfreich betrachtet, weil sie die Orientierung erleichtert. In anderen Fällen gibt es Arbeitskreise, Fachkommissionen oder Stadtteilkonferenzen. In einer Kommune werden Weiterbildungen zum Thema „Übergang" angeboten; da diese sich aber nur an Erzieher/innen richten, ohne dass Lehrkräfte einbezogen werden, empfindet die Befragte dieses Angebot als nur begrenzt hilfreich.

In Bayern nehmen von den in die Befragung einbezogenen Einrichtungen nur drei an Arbeitskreisen oder anderen Kooperationsgremien teil. Dafür scheinen gemeinsame Fortbildungen eine größere Rolle zu spielen: Immerhin sechs Befragte berichten von derartigen Angeboten und bewerten sie als sehr nützlich. Eine Befragte hat an der Entwicklung des „Amberger Modells" mitgewirkt, das verschiedene Bausteine zur Gestaltung der Übergangsphase enthält, in Form einer Handreichung publiziert wurde (Netta / Weigl 2006) und auch in den Bayerischen Bildungs- und Erziehungsplan eingegangen ist (ebd.: 125ff.).

Das „Amberger Modell" mit seiner Darstellung im Bildungsplan und der Ergänzung durch eine Handreichung bietet ein Beispiel für den sehr konkreten und umsetzungsorientierten Ansatz des Bildungsplans. Zwei Drittel der Befragten aus Bayern betonen denn auch, dass der Bildungsplan ihnen wichtige Anregungen für die Vorbereitung und Gestaltung des Übergangs liefert, etwa für die Umsetzung der Sprachförderung oder die Förderung des Zahlenverständnisses. Bei der Aufzählung verschiedener Felder, in denen die Befragten Anregungen des Bildungsplans umgesetzt haben, wird deutlich, dass die Umsetzung durchaus unterschiedlich ist; die einzelnen Einrichtungen greifen sich offenkundig ein mehr oder weniger breites Spektrum an Elementen heraus, die zu ihren Rahmenbedingungen passen. Dies bedeutet nicht, dass es sich um eine nur partielle Umsetzung des Bildungsplans handeln würde; speziell das „Amberger Modell" ist als Baukasten-System mit einer Auswahl an Elementen angelegt.

Einige Befragte weisen darauf hin, dass sie derartige Aktivitäten auch schon vor der Einführung des Bildungsplans durchgeführt hätten und dieser insofern nichts Neues biete. Allerdings, so ein Teil dieser Gruppe, sei die Kooperation durch den Plan strukturierter und intensiver geworden; der Plan, so eine Befragte, stelle „eine Art roten Faden" dar. Nur eine Befragte meint, ihr seien die Inhalte des Plans im Hinblick auf das Thema „Übergang" nicht bekannt; eine andere erklärt, dass sie andere Konzepte sinnvoller fände. Zwei Befragte weisen darauf hin, dass der hohe Anspruch des Plans mit den vorhandenen Ressourcen nicht einzulösen sei. Eine Befragte thematisiert das Bildungsverständnis und würde sich wünschen, dass der Bildungsplan sich nach dem hessischen Vorbild an Kindertageseinrichtungen und Schulen richten würde oder dass zumindest der Bildungsplan in den Schulen stärker rezipiert würde.

Die Bildungsvereinbarung in Nordrhein-Westfalen enthält nur einen kurzen Passus zum Thema Übergang. Die meisten Befragten erklären, dass sie schon vor Inkrafttreten der Bildungsvereinbarung Aktivitäten zum Thema Übergang durchgeführt haben; nur zwei sind der Meinung, dass die Bildungsvereinbarung zusätzliche Impulse gebracht habe, wobei eine dieser beiden die „Anschubwirkung" der Bildungsvereinbarung vor allem darin sieht, dass sie nun eine offizielle Grundlage in der Hand hätte, um auf die Schulen zuzugehen: „Da ist jetzt etwas mehr Druck zur Kooperation. Das hat insbesondere für die Schulen den Ausschlag gegeben, sich mehr drum zu kümmern."

Ähnlich wie im Hinblick auf die Bildungsarbeit im Allgemeinen, so berichten die Befragten auch beim Thema Übergang nicht über konkrete Aktivitäten, die sich aus der Bildungsvereinbarung ergeben hätten. Auch die Entwicklungsdokumentation spielt in diesem Kontext anscheinend keine wesentliche Rolle; sie wird in keinem der Fälle etwa als Grundlage für den Austausch mit der Grundschule genutzt oder über die Eltern an die Schule weitergegeben (was einige Befragte bedauern). Eine Befragte vermisst klare Orientierungen in der Bildungsvereinbarung: „Der Bildungsauftrag der Kita müsste klarer definiert werden. Es müsste ein Bildungsplan entwickelt werden, in dem auch Bildungsinhalte formuliert werden. Der würde dann auch als Handlungsplan fungieren. Jetzt arbeitet jeder nach Gutdünken, und jeder muss das Rad neu erfinden."

In Brandenburg betonen fast alle Befragten, dass sie ihre Angebote zum Thema Übergang an den Grundsätzen elementarer Bildung orientieren. Hier scheint ein breiter Konsens darüber zu bestehen, dass diese Grundsätze Rahmen und Anregung bieten. Zum Zeitpunkt der Befragung lief gerade der Prozess zur öffentlichen Diskussion um den „Gemeinsamen Orientierungsrahmen für die Bildung in Kindertagesbetreuung und Grundschule". Gut die Hälfte der Befragten hatte sich bereits mit dem Orientierungsrahmen auseinander gesetzt. Einige andere Befragte kannten ihn, hatten ihn aber noch nicht gelesen, einigen war er noch nicht bekannt. Angesichts des laufenden Diskussionsprozesses stellt dieses Ergebnis eine Momentaufnahme dar, die schon kurze Zeit später wahrscheinlich anders ausgefallen wäre. Von denjenigen, denen der Orientierungsrahmen bereits bekannt war, wird er durchweg sehr positiv beurteilt, vor allem deshalb, weil er eine gemeinsame Grundlage für die Kommunikation mit Lehrkräften bildet. Eine Befragte meint allerdings einschränkend, der Rahmen sei zwar sehr gut, aber vielleicht zu idealistisch.

Zusammenfassend lässt sich festhalten, dass das Thema Übergang in den Kindertageseinrichtungen auf der Tagesordnung steht und dass sich eine Vielfalt an Aktivitäten entwickelt hat. Dass diese Aktivitäten von der Kommune im Sinne einer strukturierten Vernetzung unterstützt würden, scheint jedoch noch eher eine Ausnahme darzustellen. Aber selbst dort, wo die Kommune die Kooperation lediglich über punktuelle Arbeitskreise oder einzelne Fachtagungen unterstützt, wird dies als sehr hilfreich empfunden. Der Nutzen der Bildungsleitlinien wird im Kontext des Themas Übergang, ähnlich wie im Hinblick auf die Bildungsarbeit insgesamt, vor allem dann gesehen, wenn sie konkrete Anregungen enthalten. Allgemeine Aussagen zum Wert von Kooperation können zwar im Einzelfall hilfreich sein, um die Kooperationsbereitschaft von Partnern zu steigern; ein Nutzen im Alltag wird darin jedoch von den Erzieher/inne/n nicht gesehen.

6.5 Fazit

Die Anforderungen, die mit der Weiterentwicklung der Bildungsarbeit verbunden sind, sind hoch. Es geht um eine frühere und intensivere Förderung der Kinder in unterschiedlichen Bildungsbereichen, um eine erweiterte Beobachtung und Dokumentation, um die Zusammenarbeit mit der Institution Schule und um die unterschiedlichsten Aktivitäten zur Gestaltung des Übergangs. Insgesamt stoßen derartige Konzepte und Maßnahmen bei Erzieher/inne/n im Grundsatz auf große Akzeptanz; nirgendwo ist festzustellen, dass der gesteigerte Stellenwert frühkindlicher Bildung abgelehnt würde. Dies ist insofern nicht verwunderlich, als dieser gesteigerte Stellenwert letztlich auch eine Aufwertung der Position der Erzieher/innen bedeutet.

Ein Kernproblem liegt jedoch in den Ressourcen; insbesondere fehlende Verfügungszeiten werden als hinderlich für die Weiterentwicklung der Bildungsarbeit betrachtet. Auch dies ist nicht erstaunlich, wenn man bedenkt, dass die unterschiedlichen Handlungsfelder in der frühkindlichen Bildung mehr Zeit als früher für „kinderfreie" Arbeitszeiten binden – sei es auf dem Gebiet der Kooperation, bei der Vor- und Nachbereitung von Bildungsprojekten und bei der Beobachtung und Dokumentation. Insofern wird immer wieder darauf hingewiesen, dass die eigenen Ansprüche letztlich nicht befriedigend eingelöst werden können. Ein Schlüssel für die Weiterentwicklung der Bildungsarbeit liegt somit nicht so sehr in einer allgemeinen Verbesserung der Personal-Kind-Relation, sondern vor allem in der gezielten Berücksichtigung von „Kinderfreien" Arbeitszeiten – sowohl in der Gesetzgebung und finanziellen Förderung als auch in der internen Organisation und Dienstplangestaltung.

Auf der inhaltlichen Ebene werden wenige Probleme gesehen. Die politisch teilweise mit großer Heftigkeit geführten Diskussionen um ein unterschiedliches Bildungsverständnis in Kindertageseinrichtung und Schule werden in den Einrichtungen nur begrenzt aufgegriffen. Zwar finden sich in den Interviews einige Äußerungen, die darauf schließen lassen, dass man sich eine stärkere Auseinandersetzung der Schulen mit der Bildungsarbeit und dem Bildungsverständnis des

Elementarbereichs wünschen würde. Dominierend ist jedoch eine eher pragmatische Sichtweise: Es wird Wert gelegt auf eine gute Vorbereitung der Kinder auf die Schule.

Unterschiedliche Formen der Unterstützung werden von den Einrichtungen im Allgemeinen gern genutzt. Im Bereich des Übergangs Kindergarten – Grundschule betrifft dies nicht zuletzt kommunale Initiativen zur Koordinierung, die dort, wo sie bestehen, in der Regel positiv bewertet und dort, wo es sie nicht gibt, vielfach vermisst und eingefordert werden. Bildungsleitlinien werden vor allem dann wertgeschätzt, wenn sie konkrete Handreichungen und Anregungen enthalten. Dabei ist nicht davon auszugehen, dass diese Leitlinien immer komplett umgesetzt würden; vielfach werden sie auch als Baukasten betrachtet, aus dem man sich passende Elemente auswählt. Allgemeine Aussagen hingegen, die weniger handlungsorientiert sind und eher appellativen Charakter haben, sind für die Praxis kaum von Bedeutung. Insofern kann vermutet werden, dass Bildungsleitlinien, die Arbeitsinstrumente und Anregungen für konkrete Projekte enthalten, nahezu unabhängig von ihrer formalen Verbindlichkeit in der Praxis mehr bewirken als programmatische Aussagen in Gesetzen.

Sybille Stöbe-Blossey

7 Pädagogische Mitarbeiter/innen in der Offenen Ganztagsschule

Einige Bundesländer haben in den letzten Jahren die Nachmittagsbetreuung von Schulkindern aus dem Jugendhilfe-System herausgelöst und an die Schulen verlagert. Ein Beispiel für die flächendeckende Umsetzung dieses Schritts bildet Nordrhein-Westfalen. Im Schuljahr 2008/09 gibt es in diesem Bundesland gut 9.000 Tageseinrichtungen für Kinder und 2.900 so genannte „Offene Ganztagsgrundschulen". Letztere bieten etwa 184.000 Plätze – mit steigender Tendenz.[43] Im Gegensatz zu Kindertageseinrichtungen gibt es für die Offene Ganztagsschule weder verbindliche Standards zur Personal-Kind-Relation noch eine entsprechende Statistik, so dass man im Hinblick auf die Zahl der entstandenen Arbeitsplätze auf Schätzungen angewiesen ist. Geht man davon aus, dass auf 25 Kinder im Durchschnitt ein/e (in der Regel teilzeitbeschäftigte/r) Erzieher/in kommt, wären NRW-weit 7.360 Erzieher/innen in Offenen Ganztagsschulen beschäftigt – Grund genug, sich mit der Arbeitssituation der Beschäftigten in diesem neu entstandenen Arbeitsfeld auseinander zu setzen.

In diesem Artikel werden zunächst die Rahmenbedingungen der Offenen Ganztagsschule skizziert, wobei sowohl auf schriftliche Unterlagen als auch auf Interviewergebnisse zurückgegriffen wird (7.1). Anschließend erfolgt eine Übersicht über Befunde einschlägiger Untersuchungen (7.2). Schließlich werden die Ergebnisse einer explorativen Mitarbeiterbefragung dargestellt, die im BOP-Projekt durchgeführt wurde (7.3).

7.1 Die Offene Ganztagsschule – Rahmenbedingungen in Nordrhein-Westfalen

Die Umsetzung der Offenen Ganztagsgrundschule in Nordrhein-Westfalen begann mit dem Schuljahr 2003/2004.[44] Angeboten werden soll von Montag bis

---

[43] http://www.schulministerium.nrw.de/BP/Schulsystem/Ganztagsbetreuung/index.html
[44] Zu den aktuellen Regelungen über die Offene Ganztagsschule vgl. Runderlass des Ministeriums für Schule und Weiterbildung v. 26. 1. 2006 (ABl. NRW. S. 29): Offene Ganztagsschule im Primarbereich.

Freitag ein Programm bis mindestens 15.00 Uhr, in der Regel bis 16.00 Uhr und nach Bedarf auch länger. Dabei sollen sportliche und musische Aktivitäten ebenso enthalten sein wie Hausaufgabenbetreuung und Fördermöglichkeiten (bspw. Sprachförderung). Eine Ferienbetreuung muss gewährleistet werden, wobei die Schulkonferenz eine Schließungszeit von insgesamt 6 Wochen zu beschließen hat. In diesem Abschnitt wird zunächst ein Überblick gegeben über die Finanzierungsstruktur (7.1.1), die Trägerstrukturen (7.1.2), die Personalausstattung (7.1.3), Fragen von Qualitätsstandards und -entwicklung (7.1.4) und die Möglichkeiten flexibler Betreuung (7.1.5).

7.1.1 Finanzierungsstruktur

Für die Finanzierung geht das Land NRW von Kosten von 1.230 Euro pro Kind und Jahr aus. Dieser Betrag wird zu zwei Dritteln vom Land bereitgestellt (820 Euro), zu einem Drittel von der Kommune (410 Euro), wobei die Kommune Elternbeiträge (bis zu 100 Euro monatlich, seit dem 01.08.2007 bis zu 150 Euro pro Monat) auf ihren Anteil anrechnen kann. Ein Entgelt für das Mittagessen wird zusätzlich erhoben. Im Vergleich zu einem Hortplatz nach dem bis zum 31.07.2008 geltenden Gesetz über Tageseinrichtungen für Kinder (GTK), der einen Personalschlüssel von zwei Vollzeitstellen pro 20 Kinder vorsah, ist dies eine deutlich geringere Finanzierung: Nach einer Sonderauswertung der Betriebskostennachweise kostete ein Hortplatz im Jahre 2000 pro Jahr 5.621 Euro (Schilling 2004: 44).

In den 820 Euro Landesmitteln sind 205 Euro enthalten, die rechnerisch 0,2 Lehrerstellen pro 25 Schüler entsprechen. Dem Schulträger stand zunächst frei, ob er diese Stellenanteile oder die 205 Euro als Geldbetrag in Anspruch nehmen wollte. Dabei stellte sich schnell heraus, dass die Stellenanteile kaum genutzt wurden, weil aus den kapitalisierten Mitteln andere Kräfte mit geringer Bezahlung und somit höherer Stundenzahl eingestellt werden konnten. 2006 zog die Landesregierung aus dieser Situation die Konsequenz, die Nutzung von mindestens 0,1 Lehrerstellen vorzuschreiben und die Kapitalisierung nur noch für die Hälfte des Betrages zu ermöglichen.

Für die Ausstattung konnten die Kommunen Investitionsmittel aus dem vom Bund aufgelegten „Investitionsprogramm Zukunft Bildung und Betreuung" (IZBB) in Anspruch nehmen, wobei sie einen zehnprozentigen Eigenanteil leisten mussten. Erklärte Absicht der Landesregierung war es von Anfang an, die Offene Ganztagsgrundschule zum zentralen Instrument der Schulkinderbetreuung zu machen. Die Horte – bislang für die Betreuung von Schulkindern in Kindertageseinrichtungen angesiedelt – wurden bis 2007 schrittweise aufgelöst; spätestens mit dem Inkrafttreten des Kinderbildungsgesetzes (KiBiz) zum 01.08.2008 wird die Betreuung von Schulkindern in Kindertageseinrichtungen mehr und mehr zur Ausnahme.

Die schon seit längerem bestehenden Programme zur Betreuung an der Schule bis 13.00 Uhr sollten zunächst erhalten bleiben und mit der Offenen Ganztagsgrundschule kombiniert werden können, weil einem Teil der Eltern eine Betreuung bis zur Mittagszeit ausreicht. Mit einem Erlass vom 21.12.2006 wurde jedoch festgelegt, dass künftig an Offenen Ganztagsschulen keine Gruppen nach dem Programm „Schule von acht bis eins" mehr gefördert werden könnten. Stattdessen erhält nun der Schulträger für andere Betreuungsformen an einer Offenen Ganztagsschule (zum Beispiel Vor- und Übermittagsbetreuung, Silentien) je Offener Ganztagsgrundschule eine Betreuungspauschale in Form eines Zuschusses von 5.500 EUR, je Förderschulen von 6.500 EUR. Diese Mittel können für Randzeitenbetreuung oder andere zusätzliche Angebote für Kinder im Offenen Ganztag genutzt werden, aber auch für eine Aufrechterhaltung des Angebotes „Schule von acht bis eins" in begrenztem Umfang.

Verantwortlich für die Errichtung von Offenen Ganztagsschulen sowie für ihre Ausgestaltung sind die Kommunen. Dabei ist eine sehr heterogene Entwicklung zu konstatieren. Während einige Kommunen tatsächlich nur den vorgeschriebenen Mindestbetrag pro Kind einsetzen, haben andere kommunale Standards zur Personalausstattung verabschiedet und ergänzen die Förderung aus kommunalen Mitteln – teilweise bis zum etwa doppelten Förderbetrag pro Kind. Dabei hängt das inhaltliche und finanzielle Engagement der einzelnen Kommune nicht linear mit der Finanzsituation der Kommune zusammen: „Viele Beispiele aus NRW zeigen, dass es nicht nur um die finanzielle Ausstattung, sondern auch um den politischen Willen der einzelnen Kommunen und Kreise geht, inwieweit die qualitative Ausgestaltung der Offenen Ganztagsgrundschule als politisches Projekt betrieben wird oder nicht." (Deinet 2004: 14)

7.1.2 Trägerstrukturen

Für die Organisation und Durchführung der Angebote in der Offenen Ganztagsschule bestehen unterschiedliche Trägerschaften. Ergebnissen der wissenschaftlichen Begleitung zufolge fungierten im Schuljahr 2004/05 in 49 % der Schulen freie Träger der Jugendhilfe als Träger des Offenen Ganztags, bei jeweils 20 % die Kommune oder Eltern- und Fördervereine und bei 11 % andere Träger (Beher et al. 2007: 28). Dabei ist die Verteilung in den einzelnen Kommunen sehr unterschiedlich gestaltet. In vielen Kommunen gibt es keinerlei städtische Trägerschaften; nicht selten wird ausschließlich mit freien Trägern der Jugendhilfe kooperiert. Fördervereine als Träger finden sich vorrangig in kleinen Kommunen. In größeren Städten gibt es diese Lösung, wenn, dann vorrangig in Stadtteilen mit einer gehobenen Sozialstruktur oder einer besonders ausgeprägten Tradition von bürgerschaftlichem Engagement. Viele Kommunen befürchten, dass die Vereine auf Dauer mit der Organisation und Verwaltung des Angebotes überfordert sind. Insbesondere im Ruhrgebiet setzte man daher von Anfang an vorrangig auf die großen Verbände.

Sehr unterschiedlich sind sowohl die Verfahren zur Auswahl der freien Träger als auch die Aufgaben, die die Träger übernehmen: In einigen Kommunen wird die Verantwortung für das Angebot komplett an freie Träger übertragen, in anderen ist die Stadt selbst zuständig, und der freie Träger erbringt ergänzende Leistungen. Darüber hinaus gibt es gemischte Strukturen – hier werden die Angebote je nach Schule entweder in städtischer oder in freier Trägerschaft durchgeführt. In der Praxis zeigt sich, dass die unterschiedlichsten Konstellationen funktionsfähig und jeweils mit spezifischen Vorteilen verbunden sind.

Die Entscheidung über die Trägerschaft orientiert sich vielfach an pragmatischen Kriterien: Wenn die Stadt beispielsweise in der Nähe einer Schule eine Tageseinrichtung oder ein Angebot der offenen Jugendarbeit bereithält, können diese Angebote räumlich und personell mit der Ganztagsschule verknüpft werden. Verstärkt galt dies bei einer räumlichen Nähe von Horten: Bei einer städtischen Trägerschaft des Betreuungsangebotes war es leichter möglich, das Personal aus dem Hort in die Offene Ganztagsgrundschule zu überführen.

Bei der Auswahl der freien Träger greift man häufig auf gewachsene Strukturen zurück, insbesondere bei Schulen, die bereits vorher im Rahmen der Schulbetreuung mit Trägern kooperiert haben. Vorteile werden vor allem darin gesehen, dass die Beteiligten sich kennen, die Zusammenarbeit bereits eingespielt und der Träger im Stadtteil verankert ist. Die Auswahl des Trägers erfolgt vor diesem Hintergrund durch die einzelne Schule, in der Regel unterstützt durch die Verwaltung.

In einigen Kommunen werden bei den freien Trägern Interessenabfragen durchgeführt, aus denen sich ein Spektrum von potenziellen Anbietern ergab. Aus diesem Spektrum können die Schulen eine Auswahl treffen, die sich wiederum vielfach an gewachsenen Kooperationen orientiert. Teilweise wurde auch das Angebot für eine Gruppe von Schulen an einen Träger übertragen. Dies schränkt zwar die Entscheidungsfreiheit der Schulen ein, bietet aber Vorteile im Hinblick auf Vertretungsregelungen beim Betreuungspersonal und eine Zusammenfassung der Ferienbetreuung. Unterschiedlich ist auch die Gestaltung der Verträge zwischen Schule bzw. Schulträger und dem Träger des Offenen Ganztags: Teilweise laufen die Verträge für ein Jahr oder sind kurzfristig kündbar, teilweise werden längerfristige Bindungen eingegangen.

7.1.3 Personalausstattung

Die Personalausstattung ist in den einzelnen Kommunen sehr unterschiedlich: Überwiegend wird davon ausgegangen, dass es für eine Gruppe von 25 Kindern ein/e Erzieher/in und eine Zweitkraft geben soll. Die Erzieher/innen arbeiten meistens in sozialversicherungspflichtigen Beschäftigungsverhältnissen, ihre Arbeitszeit variiert zwischen 20 Stunden und einer Vollzeitstelle. Allerdings arbeiten nur wenige Kommunen mit Vollzeitstellen, die es ermöglichen, dass ein/e Erzieher/in auch vormittags anwesend ist und sowohl Zeit zur Vorbereitung von Angeboten als auch zum Austausch mit dem Lehrerkollegium hat. Selbst eine Stelle im Umfang von etwa 30 Wochenstunden stellt eher eine Ausnahme dar; häufiger sind halbe Stellen vorzufinden. Die Zweitkräfte werden entweder als geringfügig Beschäftigte oder sozialversicherungspflichtig angestellt.

Nicht in allen Kommunen gibt es für den gesamten Nachmittag Zweitkräfte; teilweise ist nur ein Einsatz von zehn bis zwölf Stunden vorgesehen. Ergänzend steht meistens ein Honorarkostenbudget bereit, aus dem insbesondere das Freizeitangebot, manchmal aber auch die Hausaufgabenbetreuung finanziert wird. Dabei werden Mitarbeiter/innen mit sehr unterschiedlichen Qualifikationen eingesetzt – Erzieher/innen, Sozialpädagog/inn/en, Diplom-Sportlehrer/innen, Übungsleiter/innen, Künstler/innen. Vereinzelt wird die Offene Ganztagsschule auch ausschließlich über Mitarbeiter/innen auf der 410-Euro-Basis und über Honorarkräfte abgewickelt. Insbesondere kleine Kommunen wählen nicht zuletzt deshalb Fördervereine als Träger der Betreuungsangebote aus, weil diese nicht an Tarife gebunden sind. Damit entfällt die Bindung an Tarifverträge, so dass auch für qualifizierte Personen niedrige Eingruppierungen möglich sind. Die Lehrerin, die während ihrer eigenen Elternzeit für einen Stundensatz von 8,50 Euro in der Offenen Ganztagsgrundschule Hausaufgabenbetreuung anbietet, scheint in ländlichen Gebieten keine Seltenheit zu sein. Teilweise gibt es auch Kombinationslösungen: Sozialversicherungspflichtig beschäftigte Erzieher/innen sind bei der Kommune (oder einem anderen größeren Träger) angestellt; ergänzend beschäftigt der Förderverein Mitarbeiter/innen mit Mini-Jobs.

7.1.4 Qualitätsstandards und -entwicklung

In vielen Kommunen setzte bereits mit der Einführung der Offenen Ganztagsschule im Jahre 2003 eine Qualitätsdiskussion ein. Teilweise wurden solche Standards auch festgeschrieben und politisch beschlossen. Inhaltlich beziehen sich die vorhandenen Qualitätsstandards zum Beispiel auf die Hausaufgabenbetreuung: Diese wird in einigen Kommunen als Pflichtbestandteil definiert, wobei eine Höchstgrenze für die Gruppengröße festgelegt wird. Auch die Einbindung von Lehrer/inne/n wird teilweise als Anforderung formuliert. Des Weiteren spielen räumliche Standards eine Rolle, beispielsweise ausreichende Rückzugsmöglichkeiten oder der Zugang zu Sportanlagen an der Schule oder in der Nähe. Fast überall werden Mindestgrößen für den Betreuungsschlüssel und die Qualifikation des Personals vorgegeben. So gilt beispielsweise in den meisten Kommunen die Regel, dass die Gruppenleitung bei einer ausgebildeten Erzieherin bzw. bei einem ausgebildeten Erzieher liegen soll.

Wurde die Qualitätsdebatte zu Anfang vorrangig innerhalb einzelner Kommunen geführt, so kam es im weiteren Verlauf auch zu einer übergreifenden Diskussion. Das Land Nordrhein-Westfalen fördert die „Service-Agentur Ganztägig Lernen in Nordrhein-Westfalen"[45], die Workshops moderiert sowie Kongresse und Fortbildungen anbietet und inzwischen einige Handreichungen herausgegeben hat (Institut für soziale Arbeit 2005a, 2005b, 2005c, 2007a, 2007b, 2007c, 2008a, 2008b, 2008c). Inhaltlich beziehen sich die Handreichungen beispielsweise auf die Kooperation zwischen Schule und Jugendhilfe, auf den Umgang mit Erziehungsschwierigkeiten und Kindeswohlgefährdung sowie auf die kulturelle Bildung. Mit dem Programm „QUIGS" (Qualitätsentwicklung in Ganztagsschulen) wurde ein Verfahren entwickelt, das Selbstevaluation in und durch Teams im Ganztag ermöglicht, einen fachlichen Orientierungsrahmen bietet und Methoden und Instrumente als Arbeitsgrundlage zur Verfügung stellt. Darüber hinaus werden kommunale Qualitätszirkel gefördert, die in lokal unterschiedlicher Form arbeiten.[46]

Im Kontext der Frage nach der Arbeitssituation von Erzieher/inne/n ist darauf hinzuweisen, dass „QUIGS" neben Checklisten, die sich auf unterschiedliche Bereiche der pädagogischen Arbeit beziehen, auch einen Abschnitt zum Thema „Arbeitsrahmen – Personal – Finanzierung" enthält. Die diesbezügliche Checkliste (in der im Rahmen der Selbstevaluation auf einer jeweils vierstufigen Skala zwischen „trifft zu" und „trifft gar nicht zu" angekreuzt werden kann) enthält folgende Punkte[47]:

---

[45] http://www.nrw.ganztaegig-lernen.de/Nordrhein_Westfalen/home.aspx
[46] http://www.ganztag.nrw.de/upload/pdf/aktuelles/broschreprofilsteckbriefe_Stand_02062008.pdf
[47] http://www.ganztag.nrw.de/upload/pdf/quigs/Modul_O__Organisation_und_Management_.pdf

Checkliste „Arbeitsrahmen – Personal – Finanzierung"

Für die Mitarbeiter/innen im Ganztag gibt es klare und festgeschriebene Arbeitszeitregelungen.

Die Arbeitszeiten der Mitarbeiter/innen sind in einem Dienstplan festgehalten. Der Dienstplan im Ganztag berücksichtigt

- Teamsitzungen und kollegiale Beratung
- Arbeit mit Eltern
- Verzahnung von Unterricht und Ganztagsangeboten (Kooperation mit Lehrkräften)
- Entwicklung von Konzepten und Leitbildern
- Zusammenarbeit mit dem Angebots- bzw. Ganztagsträger
- Fortbildungszeiten
- Vertretungsregelungen bei Abwesenheit von Mitarbeiter/inne/n
- Pausen
- Überstunden
- Ferienzeiten
- Teilnahme an Arbeitskreisen
- Dokumentation von Einzelfallarbeiten (z.B. Beobachtung und Entwicklungsdokumentation)
- Qualitätsentwicklung / Evaluation.

Die Regelungen des Dienstplans stellen für alle Mitarbeiter/innen eine verlässliche Arbeitsgrundlage dar.

Die Teilnahme an Fortbildungen wird jährlich mitarbeiterbezogen geplant.

Personalfragen (z.B. Einstellungen, Geschäftsverteilung, Zielbestimmung) werden im Team besprochen.

Der Dienstplan wird im Team abgestimmt und erstellt.

Bei der Einstellung des Kernteams im Ganztag (hauptamtliche Kräfte) wird auf eine einschlägige pädagogische Qualifikation als Voraussetzung geachtet.

Die Größe des Teams lässt eine kalkulierbare und in ihrer Qualität gleich bleibende pädagogische Arbeit im Ganztag zu.

Durch die bestehende Größe des Teams im Ganztag können Überstunden und Mehrbelastungen weitestgehend vermieden werden.

Im Ganztag arbeiten auch Fachkräfte mit Migrationshintergrund.

Bei Abwesenheit von Mitarbeiter/inne/n (z.B. wegen Fortbildungen, Krankheit) gibt es verlässliche Vertretungskräfte.

Die pädagogische Arbeit im Ganztag wird unterstützt durch

- den Anteil von Frauen und Männern,
- die Altersstruktur des Teams.

Die Aufgabenplanung und der Einsatz des Budgets für den Ganztag sind auf die pädagogischen Ziele abgestimmt.

Die Verwendung der Mittel im Ganztag ist transparent und es werden Informationen darüber veröffentlicht.

Für Fort- und Weiterbildung der Mitarbeiter/innen stehen Ressourcen (z.B. Zeit, finanzielle Mittel) zur Verfügung.

Größere Anschaffungen und Umstrukturierungen im Finanzplan werden im Team verhandelt.

Für Verbrauchsmittel (Papier, Bastelmaterialien etc.) stehen finanzielle Mittel zur Verfügung.

Die Arbeit im Ganztag wird regelmäßig dokumentiert.

Damit stehen inzwischen für die Offenen Ganztagsschulen wichtige Instrumente zur Unterstützung ihrer Qualitätsentwicklung zur Verfügung. Die aufgeführten Items zum Themenfeld „Arbeitsrahmen – Personal – Finanzierung" geben inhaltlich richtige und wichtige Hinweise für eine Organisation, die sowohl pädagogischen Aspekten als auch den Belangen der Beschäftigten Rechnung trägt. Allerdings ist das Konzept von „QUIGS" so angelegt, dass Qualitätsentwicklung Sache der einzelnen Schule bzw. des einzelnen Teams ist. Die Items beziehen sich somit auf die Prozessqualität; Fragen der Strukturqualität (Personalschlüssel, Räume) werden nicht thematisiert. Die Umsetzungsmöglichkeiten für die Qualitätsentwicklung dürften sich örtlich sehr unterschiedlich darstellen; angesichts der großen Differenzen in den von den Kommunen gesetzten Rahmenbedingungen sind auch die Unterschiede in der Praxis enorm groß.

7.1.5 Möglichkeiten flexibler Betreuung

In der Repräsentativbefragung von 1.400 Müttern mit Kindern unter 14 Jahren, die die Forschungsabteilung BEST mit Förderung der Hans-Böckler-Stiftung im Jahre 2003 – also kurz vor Einführung der Offenen Ganztagsschule – durchführte, wurde auch nach dem Bedarf an Nachmittagsangeboten für Schulkinder gefragt. Dabei wurde ein sehr hohes Interesse deutlich – allerdings bezog sich dieses Interesse wesentlich häufiger auf Angebote an einzelnen Wochentagen als auf eine „Rundum-Versorgung" während der ganzen Woche, wie Abbildung 1 zeigt:

Abbildung 1: Interesse an Nachmittagsangeboten für Schulkinder

Quelle: Esch / Altgeld / Stöbe-Blossey 2005: 69

Die Einführung der Offenen Ganztagsschule im Jahre 2003 traf, wie die hohen Anteile von an Nachmittagsangeboten interessierten Müttern zeigen, somit auf einen großen Bedarf. Der Wunsch nach flexiblen Lösungen blieb jedoch unberücksichtigt. Differenzierte Regelungen, etwa für eine Nutzung des Platzes an zwei oder drei Tagen in der Woche, sind von Seiten des Landes Nordrhein-Westfalen in der Offenen Ganztagsschule nicht erwünscht. Begründet wird dies mit dem pädagogischen Konzept, das eine kontinuierliche Anwesenheit erforderlich mache. Diese Begründung ist zweifellos dann zutreffend, wenn (was nach dem Erlass möglich, aber nur selten in die Tat umgesetzt wird) ganze Klassen in Ganztagsform geführt werden und Unterricht und ergänzende Angebote in einer neuen Rhythmisierung über den Tag verteilt sind. Bei offenen Angeboten hingegen, an denen nur ein Teil der Klasse teilnimmt und die den Kindern Wahlmöglichkeiten zwischen unterschiedlichen Aktivitäten lassen, ist eine stichhaltige pädagogische Begründung für das Fünf-Tage-Prinzip nicht erkennbar. Gerade Schulkinder kommen nicht nur gut mit wechselnden Gruppenstrukturen zurecht, sondern haben ein hohes Interesse an Wahlmöglichkeiten zwischen Angeboten innerhalb und außerhalb der Institution (vgl. Esch / Klaudy / Stöbe-Blossey 2005: 109ff.).

Dass für einige Kinder aus Gründen der Förderung eine tägliche Teilnahme sinnvoll wäre, steht außer Frage. Dennoch wäre eine Öffnung gerade auch aus pädagogischen Gründen sinnvoll: So weist Wolfgang Thoring darauf hin, dass die Aufteilung einer Klasse in Ganztags- und Halbtagskinder das Risiko beinhaltet, „dass der Ganztagsschulbereich für Kinder als ‚Zerschneidung' ihrer bisherigen sozialräumlichen Bezüge erlebt wird" (Thoring 2004: 6). „Orientierung am Interesse der Kinder", so seine Schlussfolgerung, „heißt aber auch, deren gewachsenen Freundschaften, Beziehungen etc. nicht zu zerschneiden, was bedeutet, die außerunterrichtlichen Angebote einer offenen Ganztagsschule so offen und flexibel wie möglich zu gestalten und hier die Richtlinienvorgaben extensiv zu nutzen." (Thoring 2004: 6f.)

In der Praxis zeigt sich, dass die Offene Ganztagsschule, ähnlich wie der Hort, von einem Teil der Kinder nur tageweise genutzt wird. Angesichts des hohen Interesses, das ein derartiges inhaltliches Angebot bei Eltern für einzelne Wochentage findet, ist dies auch nicht verwunderlich. Sowohl die Kommunen als auch die einzelnen Schulen und Träger gehen hier unterschiedliche Wege. Teilweise wird die Praxis der „Teilzeitnutzung" stillschweigend geduldet, teilweise versucht man, verbindliche organisatorische Regelungen mit den Eltern zu treffen, teilweise wird – oft unter Berufung auf den Erlass – auf eine Teilnahme am vollen Programm Wert gelegt. Informationen darüber zu erhalten, welchen quantitativen Stellenwert die Teilzeitnutzung hat, ist nahezu unmöglich: In der kommunalen Verwaltung will man oft nicht zu genau wissen, wie die Schulen diese Frage handhaben, weil man keine Konflikte mit dem Land riskieren möchte; die Schulen selbst legen aus ähnlichen Gründen ihre Vorgehensweise auch nicht unbedingt offen.

Faktisch haben sich einige Grundschulen jedenfalls für eine Öffnung entschieden. In einigen Fällen werden die Arbeitsgemeinschaften am Nachmittag für alle Kinder geöffnet. Teilweise handelt es sich dabei um Angebote, die schon vor Einführung der Ganztagsbetreuung von Lehrer/inne/n im Rahmen ihres Stundenkontingents durchgeführt wurden und die somit kostenfrei bereitgestellt werden können. Einzelne Schulen erheben von Nicht-Ganztags-Kindern auch einen Kostenbeitrag für die Teilnahme an Arbeitsgemeinschaften. Eine weitere Möglichkeit besteht darin, dass jedes Nicht-Ganztags-Kind aus dem Gesamtangebot eine Arbeitsgemeinschaft pro Woche auswählen kann. Eine Öffnung der offenen Ganztagsschule ist also in doppeltem Sinne wünschenswert – einerseits im Sinne der Öffnung für unterschiedliche Betreuungsbedarfe von Eltern und Kindern, andererseits im Sinne einer Öffnung der Angebote – oder zumindest eines Teils davon – für alle Kinder.

7.1.6 Zwischenbilanz

Mit der Offenen Ganztagsschule ist ein neues Angebot entstanden, das in vielfältiger Weise den Bedürfnissen von Familien und Kindern entgegenkommt. Für Erzieher/innen hat sich damit in den letzten Jahren ein neues Arbeitsfeld entwickelt, das durch völlig andere Strukturen gekennzeichnet ist als die Kindertageseinrichtung. Da das Nachmittagsangebot an Schulen – sowohl im Vergleich zum Schulunterricht als auch im Vergleich zur Kindertageseinrichtung – relativ wenig reguliert ist, ist auch von heterogenen Arbeitsbedingungen auszugehen. Im Folgenden werden daher zunächst Informationen aus unterschiedlichen Studien über die Arbeitssituation von Erzieher/inne/n an Schule im Allgemeinen ausgewertet. Anschließend wird auf die diesbezüglichen Ergebnisse der wissenschaftlichen Begleitung der Offenen Ganztagsschule eingegangen.

7.2 Arbeitsbedingungen in der Offenen Ganztagsschule – Empirische Befunde

Zu den Arbeitsbedingungen der Beschäftigten in der Offenen Ganztagsschule gibt es bislang nur wenige empirische Befunde. In den meisten Studien zur Ganztagsschule, die in den letzten Jahren entstanden sind, wird die Frage der Beschäftigungsverhältnisse nur am Rande thematisiert. So werden beispielsweise in der „Studie zur Entwicklung von Ganztagsschulen" (StEG) (welche sowohl gebundene als auch offene Formen der Ganztagsschule einschließt) die Wochenstundenzahlen des im Ganztag beschäftigten Personals erhoben. 35,1 % der pädagogischen Mitarbeiter/innen an Grundschulen, die keine Lehrkräfte sind, sind demnach nur stundenweise beschäftigt (unter 5 Stunden wöchentlich). 29,5 % der Mitarbeiter/innen arbeiten in einer Teilzeitstelle mit weniger als 50 % der Arbeitszeit, 23,1 % in Teilzeit mit einer halben Stelle oder mehr Stunden und 12,3 % in Vollzeit. Die Autor/inn/en kommen zu dem Schluss, dass diese Situation sich als problematisch für die Qualitätsentwicklung herausstellen kann: „Als strukturelle Hürde könnte sich erweisen, dass gerade an offenen Ganztagsschulen sehr viel pädagogisches Personal mit wenigen Stunden arbeitet, Kooperationsstrukturen dabei nur schwer aufzubauen sind, was sich wiederum auf die pädagogische Gestaltung des Ganztags auswirkt." (Höhmann / Bergmann / Gebauer 2007: 85)

Ähnliche Schlussfolgerungen ziehen Wahler / Preiß / Schaub aus Fallstudien an 16 Ganztagsschulen unterschiedlicher Schulform und unterschiedlichen Typs. Der Einsatz von Beschäftigten verschiedener Professionen im Nachmittagsbereich wird zwar, nicht zuletzt aufgrund der so entstehenden Angebotsvielfalt, allgemein begrüßt. Hingewiesen wird aber auch auf die mangelnde Kontinuität, die sich durch die prekären Beschäftigungsverhältnisse ergibt. Die sei, so die Autor/inn/en, insbesondere dann ein Problem, wenn Förder- oder Elternvereine Träger der Nachmittagsangebote sind: Derartige Vereine verfügen über keinerlei finanzielle Puffer und müssen arbeitsvertragliche Risiken daher unbedingt vermeiden, so dass sie nahezu zwangsläufig mit kurzzeitig befristeten Beschäftigungsverhältnissen agieren müssen (Wahler / Preiß / Schaub 2005: 110f.).

Speziell auf die Offene Ganztagsschule in Nordrhein-Westfalen beziehen sich die Daten, die von der wissenschaftlichen Begleitung dieses Projekts erhoben wurden (Beher et al. 2007). Hier wurden im Schuljahr 2004/05 Erhebungen in 379 Grundschulen, wobei Schulleitungen, Lehrkräfte, andere Beschäftigte, Eltern und Kinder einbezogen wurden.

Erzieher/innen sind demnach die quantitativ bedeutsamste Berufsgruppe unter den Mitarbeiter/inne/n der Offenen Ganztagsschulen und sind an 86 % der Schulen vertreten. Diplomierte Sozialpädagog/inn/en arbeiten an 38 % der Offenen Ganztagsschulen. Hinzu kommen weitere pädagogisch einschlägig qualifizierte Berufsgruppen wie Kinderpfleger/innen, externe Lehrkräfte oder Sport- und Musikpädagog/inn/en. Fasst man die von diesen Angehörigen pädagogischer Berufe geleisteten Stunden zusammen, so lässt sich feststellen, dass sie knapp zwei Drittel (63 %) der Stunden im Offenen Ganztag abdecken. Für die übrigen Stunden sind vor allem Übungsleiter/innen (an 55 % der Schulen) und Hauswirtschafter/innen (35 %) häufig vorzufinden. Hinzu kommen zum einen Ergänzungskräfte ohne spezifische Qualifikation, zum anderen Personen, die bestimmte Inhalte wie musisch-kulturelle Angebote oder Werken und Technik einbringen (Beher et al. 2007: 24ff.).

Erzieher/innen und Sozialpädagog/inn/en arbeiten im Durchschnitt etwa 17 ½ Stunden pro Woche und haben damit das höchste Stundenkontingent aller Beschäftigtengruppen. Kräfte – ob pädagogisch ausgebildet oder nicht –, die spezifische bspw. musisch-kreative oder sportliche Qualifikationen einbringen, arbeiten hingegen oft nur zwei bis vier Wochenstunden an ihrer Schule. (Beher et al. 2007: 24) Aus diesen Zahlen ist zu ersehen, dass in der Offenen Ganztagsschule weit überwiegend Teilzeitkräfte beschäftigt sind, vielfach mit geringem Stundenvolumen. Der Durchschnittswert von 17½ Stunden bei pädagogischen Fachkräften lässt darauf schließen, dass selbst Koordinations- und Leitungskräfte nur selten in Vollzeit beschäftigt sein können und dass es wahrscheinlich auch in dieser Gruppe einen relevanten Anteil an Mini-Job-Verträgen gibt. Der Anteil von sozialversicherungspflichtig und auf anderer Basis Beschäftigten wurde jedoch leider nicht erhoben.

An 166 Schulen erfolgte eine schriftliche Befragung aller pädagogischen Mitarbeiter/innen. Mit einem Rücklauf von 49,8 % liegen hier Daten von 954 Befragten vor (Beher et al. 2007: 41). Bezogen auf die Arbeitsbedingungen konnten die Befragten ihre Zufriedenheit auf einer Skala von 1 (sehr unzufrieden) bis 4 (sehr zufrieden) angeben. Dabei ist die Zufriedenheit mit der pädagogischen Arbeit am höchsten ausgeprägt; 85 % der Befragten äußern sich zufrieden oder sehr zufrieden. Deutlich weniger positiv fallen die Urteile bezüglich der Arbeitsverträge und der Arbeitsbedingungen aus, wobei insbesondere Personen mit höheren Stundenzahlen zu kritischen Bewertungen kommen: „So berichten Erzieher/innen, Beschäftigte mit einer Hochschulausbildung, Personen mit einem BAT-Vertrag, hauptberuflich Beschäftigte, aber vor allem Betreuungskräfte mit einem höheren Stundendeputat von geringerer Zufriedenheit mit ihrer Entlohnung. Ähnlich sehen die Ergebnisse bei der Zufriedenheit mit dem Umfang der Arbeitszeit im Verhältnis zu den anstehenden Aufgaben aus. Hier sind z. B. von den Kräften mit höherem Stundenanteil (21 Stunden und mehr pro Woche) lediglich noch 38 % zufrieden. Für nicht wenige mit einer höheren Stundenzahl im offenen Ganztag Beschäftigter reicht also offensichtlich die Arbeitszeit nicht aus, um die ihnen aufgetragenen Aufgaben bewältigen zu können oder anders ausgedrückt: Mit zunehmendem Stundendeputat im Ganztag werden Betreuungskräfte offensichtlich unverhältnismäßig hoch für (immer weitere zusätzliche) Aufgaben in Anspruch genommen." (Beher et al. 2007: 69)

139 Befragte waren vorher in Kindertageseinrichtungen beschäftigt. Es ist davon auszugehen, dass es sich bei dieser Gruppe nahezu ausschließlich um Erzieher/innen handelt. Diese Befragten wurden gebeten, anhand von acht Kriterien ihre Arbeitsbedingungen in der Tageseinrichtung mit denen in der Offenen Ganztagsschule zu vergleichen (Beher et al. 2007: 71). Besonders positiv für die Offenen Ganztagsschulen fällt der Vergleich in Bezug auf die Zusammenarbeit mit den Mitarbeiter/inne/n aus (34 % besser, 15 % schlechter). Überwiegend als besser eingeschätzt werden auch die Freizeitgestaltung (35 % vs. 22 %) und die Hausaufgabenbetreuung (30 % vs. 24 %). Hier macht sich offenkundig das Konzept der Offenen Ganztagsschule – die Verknüpfung mit Freizeitangeboten außerschulischer Partner und die Anbindung an Schule – positiv bemerkbar. Im Verhältnis zu den Kindern werden in deutlich geringerem Maße Veränderungen wahrgenommen (18 % besser, 16 % schlechter). Bei der Bewertung der eigenen Arbeitszufriedenheit ergibt sich ein sehr heterogenes Bild: 33 % sehen eine Verbesserung, 36 % eine Verschlechterung. Offenkundig hat die Arbeitszufriedenheit nicht unmittelbar mit der Bewertung der Arbeitsbedingungen zu tun, denn hier fällt die Bilanz deutlich negativer aus: 45 % sehen eine Verschlechterung, 30 % eine Verbesserung. Besonders negativ werden kindbezogene Aspekte bewertet: Die pädagogische Arbeit mit den Kindern wird von 47 % als schlechter und nur von 22 % als besser als in der Tageseinrichtung eingeschätzt, bezüglich der individuellen Förderung der Kinder liegen die Werte mit 55 % versus 28 % noch weiter auseinander. Bei diesen Werten macht sich wahrscheinlich der im

Vergleich zum Hort in der Regel ungünstigere Personal-Kind-Schlüssel bemerkbar.

Insgesamt fällt die vergleichende Bewertung also gemischt aus. Eher positiv für die Offene Ganztagsschule stellen sich konzeptionelle Aspekte dar, die mit der Verknüpfung mit Schule einerseits und mit Freizeitangeboten andererseits zusammenhängen, negative Aspekte ergeben sich aus der Personalsituation. Angesichts der Vehemenz, mit der vor allem freie Träger der Jugendhilfe ursprünglich den Hort verteidigt und die Offene Ganztagsschule kritisiert hatten, ist dieses Gesamtergebnis für die Offene Ganztagsschule als überraschend günstig zu bezeichnen.

Nicht speziell auf die Offene Ganztagsschule, sondern auf die Arbeitssituation von sozialpädagogischen Fachkräften an Ganztagsschulen allgemein, bezieht sich eine bundesweite Untersuchung, die im Mai 2007 von der GEW und der Max-Träger-Stiftung durchgeführt wurde. Hier wurden 4.000 Fragebögen zum Thema „Arbeitsbedingungen" an sozialpädagogische Fachkräfte an Ganztagsschulen verschickt. Angesichts einer Rücklaufquote von nur gut 12 % und der Tatsache, dass Berlin mit 31 % der Rückläufe überproportional häufig vertreten war, sind die Ergebnisse jedoch nicht als repräsentativ zu betrachten (Fuchs-Rechlin 2008: 90). Für die Offene Ganztagsschule in Nordrhein-Westfalen lassen sich kaum Aussagen entnehmen, da Nordrhein-Westfalen im Vergleich zu den meisten anderen Bundesländern unterrepräsentiert war und Erzieher/innen – die mit Abstand größte Berufsgruppe in der OGS – unter den Befragten der westdeutschen Bundesländer insgesamt nur einen Anteil von 27 % ausmachten. Insgesamt waren Erzieher/innen zu 43,4 % vertreten; hinzu kamen 31,7 % Sozialpädagog/inn/en, Pädagog/inn/en und Sozialarbeiter/innen, 15,5 % Lehrer/innen und 9,4 % Sonstige.

Dennoch lassen sich einige Einblicke in das Arbeitsfeld entnehmen:

- An Grundschulen verteilt sich die Arbeitszeit der Fachkräfte folgendermaßen: 67,7 % der Zeit werden für die direkte pädagogische Arbeit mit den Schüler/inne/n verwendet. 7,8 % der Zeit dienen der Vor- und Nachbereitung, 8,2 % Arbeitsbesprechungen, 12,3 % Verwaltung und Administration und 4,1 % sonstigen Aktivitäten (ebd.: 111).
- Unter möglichen Maßnahmen zur Verbesserung der Arbeitsbedingungen wird an erster Stelle (60,2 %) der Wunsch nach mehr Personal geäußert, gefolgt von einer angemessenen Bezahlung (38,0 %) mehr Vorbereitungszeit (30,2 %), einer qualifizierten fachlichen Anleitung und Supervision (26,5 %) sowie einem sicheren Arbeitsplatz (25,9 %) (ebd.: 113).
- Befragt man die sozialpädagogischen Fachkräfte in Ganztagsschulen nach Belastungsfaktoren, so zeigt sich, dass der hohe Geräuschpegel an erster

Stelle steht: 66,4 % fühlen sich dadurch stark oder sehr stark belastet. An zweiter Stelle – passend zu dem vielfach geäußerten Wunsch nach mehr Personal – wird die zu geringe Personalausstattung angesprochen (56,5 %), dicht gefolgt von Verhaltensauffälligkeiten der Schüler/innen (53,7 %). Häufig genannt werden weiterhin zu viel Arbeit (50,2 %), Zeitdruck (48,8 %) und hohe Anforderungen an die Konzentrationsfähigkeit (44,6 %). Weiterhin fühlen sich 44,1 % der Befragten stark oder sehr stark dadurch belastet, dass Schüler/innen aus problembelasteten Familien kommen (44,1 %) oder sich aggressiv verhalten (37,6 %).

Fasst man die Aussagen zu den Arbeitsbedingungen zusammen, so stellt sich vor allem die vielfach knappe Personaldecke als problematisch dar. Schwierigkeiten ergeben sich vor allem aus einem hohen Anteil zeitlich befristeter und mit nur geringer Stundenzahl ausgestatteter Arbeitsverhältnisse. Diese Konstellation ist nicht nur für die Beschäftigten prekär, sondern erzeugt auch einen Mangel an Kontinuität und Koordinierungsmöglichkeiten in der pädagogischen Arbeit. Diese Probleme sind, wie die Ergebnisse bundesweiter Studien zeigen, nicht spezifisch für die Offene Ganztagsschule in Nordrhein-Westfalen, sondern kennzeichnen offenkundig auch andere Formen von Ganztagsschulangeboten. Zwar wird auch in Kindertageseinrichtungen vielfach kritisiert, dass die Personalausstattung für die Erfüllung der vielfältigen Aufgaben nicht ausreicht. Jedoch bestehen hier – wenn auch je nach Bundesland unterschiedlich ausgestaltet – klare Mindeststandards. Sowohl aus der pädagogischen Perspektive als auch im Hinblick auf die Gestaltung der Beschäftigungsverhältnisse wären entsprechende Regelungen zur Strukturqualität auch für den Schulbereich sinnvoll.

7.3 Personalmanagement in der Offenen Ganztagsschule – Ergebnisse einer Befragung

Im Sommer/Herbst 2007 wurde im Rahmen des Projekts BOP eine explorative Interviewserie zum Thema „Personalmanagement in der Offenen Ganztagsschule" durchgeführt. Diese Serie umfasste

- 6 Interviews mit Trägervertreter/inne/n in zwei Schwerpunktkommunen
- 24 Mitarbeiter/innen-Interviews in zwei Schwerpunktkommunen
- 10 ergänzende Interviews in unterschiedlichen Kommunen (Schulverwaltung, Schulleitung, Beschäftigte).

Bei den beiden Schwerpunktkommunen handelt es sich um zwei große Städte mit vergleichbarer Sozialstruktur, aber höchst unterschiedlicher Ausgestaltung der Offenen Ganztagsschule: Während in dem einen Fall nur der vom Land vorgeschriebene Minimalbetrag von 1.230 Euro pro Kind zugrunde gelegt wird, gibt es in der anderen Kommune zusätzliche kommunale Mittel: Für die ersten 50 Plätze pro Schulstandort erhält jeder Träger insgesamt 1.800 Euro pro Platz; hinzu kommen 300 Euro pro Platz, die standortunabhängig verwendet werden können. Alle weiteren Plätze pro Standort werden mit dem Mindestbetrag von 1.230 Euro berechnet. Die ergänzenden Interviews dienten vor allem der Einordnung der Ergebnisse aus den beiden Schwerpunktkommunen. Einbezogen wurden außerdem Ergebnisse aus einer thematischen Arbeitsgruppe einer Fachtagung, die im Rahmen des BOP-Projekts am 12.03.2008 durchgeführt wurde. Die Interviews wurden qualitativ anhand eines Leitfadens durchgeführt; selbstverständlich kann die Auswertung keinen Anspruch auf Repräsentativität erheben und dient vor allem der exemplarischen Darstellung von Problemfeldern und Lösungsansätzen. Im Folgenden werden die Ergebnisse unter den Themenfeldern „Beschäftigungsstruktur" (7.3.1), „Gruppenstruktur" (7.3.2) und „Zeitstruktur" (7.3.3) zusammengefasst.

7.3.1 Beschäftigungsstruktur

Trotz der unterschiedlichen Personalstandards und Budgets in den einzelnen Kommunen ist Teilzeitbeschäftigung überall der Regelfall. Für die Einrichtung von Vollzeitstellen reicht das Budget selbst dann nicht, wenn es durch die Kommune erheblich aufgestockt wird. So legt zum Beispiel eine der Kommunen, in denen Ergänzungsinterviews durchgeführt wurden, als Standard für eine Gruppe mit 25 Kindern zwar für eingruppige Offene Ganztagsschulen eine Vollzeitstelle pro Gruppe zugrunde (zuzüglich von Mitteln für eine Hauswirtschaftskraft im Umfang von 10 Wochenstunden, eines Vertretungsbudgets und Sachkosten). Gleichzeitig empfiehlt die Kommune jedoch, diese Vollzeitstelle zu teilen, damit zur Gewährleistung der Aufsichtspflicht und zur Durchführung pädagogischer Angebote in der Regel zwei Personen gleichzeitig anwesend sind. Darüber hinaus ist es möglich, die auf der Basis einer Vollzeitstelle berechneten Mittel aufzuteilen, etwa in eine halbe Stelle und auf mehrere Mini-Jobs. Eine Grundschule, deren Offener Ganztag in städtischer Trägerschaft liegt, nutzt diese Mittel beispielsweise folgendermaßen: Als Leitung des Offenen Ganztags setzt sie eine Mitarbeiterin ein, die, wie von der Stadt als Standard vorgesehen, über eine pädagogische Qualifikation verfügt und mit einer halben Stelle sozialversicherungspflichtig bei der Stadt angestellt ist. Die Mittel für die zweite Hälfte der

Stelle wurden kapitalisiert und dem Förderverein zur Verfügung gestellt, der daraus für einen Stundensatz von 10 Euro drei Kräfte über Mini-Jobs mit jeweils 10 Wochenstunden eingestellt hat. Auf diese Weise stehen mehr Wochenstunden zur Verfügung, als wenn die Vollzeitstelle auf zwei sozialversicherungspflichtige Beschäftigungsverhältnisse mit jeweils einer halben Stelle aufgeteilt worden wäre.

An fast allen Schulen arbeiten Mitarbeiter/innen mit Mini-Jobs. Vielfach werden sie, wie im gerade angesprochenen Beispiel, ergänzend zu sozialversicherungspflichtig beschäftigten Mitarbeiter/inne/n eingesetzt. Dort, wo die Kommune sich auf die Leistung des vorgeschriebenen Förderbetrages beschränkt, wird die Offene Ganztagsschule sogar in den meisten Fällen ausschließlich über Mini-Jobs getragen. „Es gibt nur ein paar sozialversicherungspflichtig Beschäftigte mit halber Stelle", so ein Trägervertreter, „das sind Mitarbeiterinnen, die schon vorher bei uns tätig waren und die wir nun im Offenen Ganztag beschäftigen. Neueinstellungen nehmen wir nur auf der Basis von Mini-Jobs vor."

Fast alle im Rahmen des BOP-Projekts befragten Mitarbeiter/innen arbeiten mit befristeten Verträgen. Auf den ersten Blick liegt der Grund für die Befristungspraxis darin, dass die Zuschüsse des Landes immer nur jährlich und pro angemeldetes Kind gewährt werden. Aufgrund von möglichen Auslastungsschwankungen arbeiten die Träger daher oft, wie auch zunehmend im Bereich der Kindertagesstätten (vgl. 3.3), mit befristeten Verträgen. Mögliche Auslastungsschwankungen sind jedoch eigentlich kein Grund dafür, (fast) alle Verträge zu befristen; nahe liegend wäre eher eine Kombination von unbefristeten und befristeten Verträgen.

Dennoch scheint bei freien Trägern die Beschäftigung fast immer befristet zu erfolgen. Bei städtischen Trägern gibt es teilweise unbefristete Stellen. Letzteres hängt zum einen damit zusammen, dass bei Kommunen die befristete Beschäftigung insgesamt nicht im gleichen Maße verbreitet ist wie bei freien Trägern und von Personalräten kritisch betrachtet wird. Genau diese Situation trägt allerdings auch dazu bei, dass viele Kommunen, um haushaltspolitisch nicht gewünschte Neueinstellungen zu vermeiden, die Trägerschaft der Offenen Ganztagsschule lieber an freie Träger delegieren. Oder sie kombinieren, wie im angesprochenen Beispiel, die städtische Trägerschaft mit einer Einbeziehung von Fördervereinen, um auf diese Weise das Instrument der Mini-Jobs jenseits von Tarifverträgen und Mitbestimmung nutzen zu können.

Zum anderen sind unbefristete Arbeitsverträge für die Kommunen mit einem geringeren Risiko verbunden als für freie Träger. Auch die Verträge über die Trägerschaft der Offenen Ganztagsschule sind in der Regel befristet, und die Träger möchten keine arbeitsvertraglichen Bindungen eingehen, die über die

Laufzeit ihrer eigenen Kooperationsverträge mit der Schule bzw. dem Schulträger hinausgehen. Nicht in den möglichen Auslastungsschwankungen, sondern in der Weitergabe des Vertragsrisikos an die Beschäftigten liegt der Hauptgrund für die extensive Befristungspraxis.

Hier zeigen sich erhebliche Unterschiede zwischen den Kommunen. In einer Kommune berichten die Träger, dass ihre Verträge für ein Jahr laufen und auf Wunsch der Schule verlängert werden können oder auch nicht. „Wenn die Schulleiterin mit einer unserer Mitarbeiterinnen nicht zufrieden ist", so eine Trägervertreterin, „sucht sie sich vielleicht zum kommenden Schuljahr einen neuen Träger." Für die Träger – und damit für ihre Mitarbeiter/innen – bedeutet das zweierlei: Zum einen schließen sie in dieser unsicheren Konstellation nur Jahresverträge mit ihren Mitarbeiter/inne/n ab. Zum anderen tauschen sie die Mitarbeiter/innen aus, wenn es Konflikte mit der Schulleitung gibt. „Es gibt Situationen", berichtet die Trägervertreterin, „da müssten wir uns eigentlich hinter unsere Mitarbeiterin stellen. Aber dann stehen die anderen Träger schon in den Startlöchern, um die Schule zu übernehmen. Also versuchen wir lieber, die Mitarbeiterin an einer anderen Schule einzusetzen."

In einer anderen Kommune haben sich die Träger untereinander abgesprochen und mit der Stadt dahingehend verhandelt, dass die Kooperationsverträge mit den Schulen nun über drei Jahre abgeschlossen werden. Dementsprechend werden nun auch Verträge zumindest mit einem Teil der Mitarbeiter/innen an diesen Zeitraum angepasst. Hier zeigen sich ambivalente Auswirkungen des Wettbewerbs zwischen den Trägern. Einerseits besteht für sie im Wettbewerb die Notwendigkeit, ein möglichst gutes Angebot zu unterbreiten. Insofern trägt Wettbewerb zur Qualität bei. Andererseits führt ein völlig unregulierter Wettbewerb offenkundig zu einem so hohen Maß an Unsicherheit für den Träger und damit in den Beschäftigungsverhältnissen, dass Qualitätseinbußen nahezu zwangsläufig die Folge sein müssen. Ein begrenzter Wettbewerb mit längerfristig angelegten Kooperationsverträgen dürfte demnach im Sinne einer qualitätsorientierten Steuerung der sinnvollere Weg sein.

Trägervertreter/innen und Mitarbeiter/innen in unserer Stichprobe sind sich darüber einig, dass für die Koordinierung des Offenen Ganztages eigentlich pro Schule mindestens eine Vollzeitstelle oder wenigstens eine Teilzeitstelle mit mindestens 30 Wochenstunden notwendig wäre. Realisiert ist diese Anforderung aber fast nirgendwo (wenn, dann in erster Linie dort, wo die Offene Ganztagsschule – etwa in einem sozialen Brennpunkt – mit anderen Projekten kombiniert wird).

Koordinierungs- oder sonstige Verfügungszeiten werden in der Bemessung der Arbeitszeiten kaum berücksichtigt. Die Wochenstunden werden so bemessen, dass sie nahezu komplett für die unmittelbare Arbeit mit den Kindern eingesetzt werden. Teambesprechungen werden daher nicht selten außerhalb der offiziellen Arbeitszeit durchgeführt.

Insgesamt gibt ungefähr die Hälfte der von uns Befragten an, mit ihrer Vertragsgestaltung unzufrieden zu sein. Interessanterweise gibt es dabei keine Unterschiede zwischen Mini-Job-Kräften und sozialversicherungspflichtig beschäftigten Mitarbeiter/inne/n. Dies hängt wahrscheinlich damit zusammen, dass ein Teil der Mini-Job-Kräfte die geringfügige Beschäftigung in einer bestimmten Lebensphase für sich als passend empfindet; nur ein Teil der Betroffenen wünscht sich kurzfristig den Wechsel in eine andere Art von Beschäftigungsverhältnis. Unter den sozialversicherungspflichtigen Teilzeitbeschäftigten hingegen gibt es wahrscheinlich eine größere Gruppe an Personen, für die ihre Tätigkeit zur (möglicherweise alleinigen) Existenzsicherung gehört. In einer solchen Konstellation werden eine geringe Stundenzahl und noch mehr die Befristung als problematischer empfunden, als wenn die Tätigkeit, wie bei Mini-Job-Kräften teilweise der Fall, eher als Zuverdienst in einer bestimmten Lebensphase betrachtet wird. Insgesamt jedenfalls lässt sich angesichts der Teilzeit- und Befristungspraxis feststellen, dass mit der Offenen Ganztagsschule zwar ein Arbeitsfeld mit zahlreichen Arbeitsplätzen für Erzieher/innen entstanden ist – existenzsichernde Beschäftigungsverhältnisse bietet es jedoch kaum.

7.3.2 Gruppenstrukturen

In den meisten Offenen Ganztagsschulen gibt es eine Kombination von festen Gruppen und offener Arbeit. Die meisten Schulen bieten – je nach Größe – zwischen einer und drei Arbeitsgemeinschaften (AGs) am Tag an, die von den Kindern wahlweise besucht werden können. Diese Arbeitsgemeinschaften werden oft durch außerschulische Partner geleitet (Übungsleiter im Sport, Musikschulen, Handwerker, Honorarkräfte mit den unterschiedlichsten Arbeitsfeldern wie Schach oder Theaterspiel). Es sind in erster Linie diese Kräfte, durch die die hohen Anteile an stundenweise Beschäftigten zustande kommen, die in den oben zitierten Untersuchungen erwähnt werden.

Die Kooperation mit diesen Partnern wird von den pädagogischen Kräften in der Regel als sehr positiv empfunden. Auch die geringe Stundenzahl der außerschulischen Partner wird als unproblematisch angesehen, da von vornherein klar ist, dass diese nur für punktuelle Aktivitäten eingesetzt werden. Die pädagogischen Mitarbeiter/innen nehmen meistens wahr, dass diese Aktivitäten den Kindern Spaß machen, und betrachten sie daher als positiv (wie sich ja auch an den Ergebnissen der wissenschaftlichen Begleitung zeigt, nach denen der Aspekt

„Freizeitangebote" tendenziell als Vorteil der Offenen Ganztagsschule gegenüber dem vorherigen Arbeitsplatz bewertet wird; vgl. 7.2).

Darüber hinaus kann es für die pädagogischen Kräfte auch eine Entlastung bedeuten, wenn AGs durch Kooperationspartner angeboten werden: „Wenn ein Teil der Kinder an einer AG teilnimmt, habe ich mehr Zeit für die anderen und kann mich auch schon mal um einzelne Kinder kümmern", so eine Mitarbeiterin. Teilweise sind allerdings auch Ansätze eines Konkurrenzverhältnisses zu beobachten: „Wir Erzieherinnen bemühen uns die ganze Woche über um die Kinder. Und dann kommt einmal in der Woche der Sport-Übungsleiter, und die Kinder rennen alle zu ihm und finden es toll, dass er da ist."

Es scheint eher die Ausnahme zu sein, dass den kompletten Nachmittag über in festen Gruppen gearbeitet wird und die Kinder diese nur für die Teilnahme an AGs verlassen. In manchen Fällen gehen die Kinder nach der Schule zuerst in ihre Gruppe und nehmen gemeinsam das Mittagessen ein. Die Hausaufgabenbetreuung wird eher klassenweise bzw. nach Altersgruppen organisiert, und danach besteht eine Wahlmöglichkeit zwischen AGs oder (gruppenübergreifendem) Freispiel. In anderen Fällen wird auch das Mittagessen nach Altersgruppen organisiert, weil jüngere Kinder früher Unterrichtsschluss haben und essen, bevor die Älteren in den Offenen Ganztag kommen. Teilweise ist die Gruppe gar nicht Ort gemeinsamer Aktivitäten, sondern hat lediglich eine strukturierende Funktion: Bestimmte Kinder sind jeweils einer Gruppenleitung zugeordnet, die für sie die Funktion der „Bezugserzieherin" wahrnimmt.

Gerade Erzieher/innen, die vorher im Hort gearbeitet haben, betrachten eine feste Gruppe oft als Orientierungsrahmen für ihre Arbeit. Offene Gruppenarbeit ist in Offenen Ganztagsschulen daher nicht immer aus pädagogischer Überzeugung eingeführt worden, sondern deshalb, weil sich die knappe Zahl an Mitarbeiter/inne/n auf diese Weise besser aufteilen lässt. So kann beispielsweise vor 13.30 Uhr, wenn ein Teil der Kinder noch im Unterricht ist, oder nach 15.00 Uhr, wenn einige Kinder die Offene Ganztagsschule schon verlassen haben, mit weniger Personal gearbeitet werden. Während ein Teil der Kinder an AGs teilnimmt, muss nicht für jede einzelne Gruppe ein/e Mitarbeiter/in im Freispiel-Bereich zur Verfügung stehen.

Was teilweise aus der Not heraus entstanden ist, hat pädagogisch und aus der Sicht der Kinder durchaus Vorteile. Kinder müssen sich nicht in eine feste Gruppe einordnen, sondern haben mehr Wahlmöglichkeiten sowohl in Bezug auf ihre Aktivitäten als auch auf ihre Spielpartner. Vielleicht ist es kein Zufall, dass eine Mitarbeiterin unserer Stichprobe, die an einer Offenen Ganztagsschule mit geschlossenen Gruppen arbeitet, besonders intensiv über Verhaltensauffälligkeiten klagt – und dies, obwohl es sich keineswegs um eine Schule in einem Sozialraum mit besonderen Problemen handelt: „Besonders nach dem Unterricht ist es oft schlimm. Wir sind zu zweit in der Gruppe, und eine von uns beaufsichtigt die Hausaufgaben, die andere nimmt die Kinder in Empfang, die nach und nach in die Gruppe kommen. Da ist dann immer furchtbar viel Unruhe, einige toben im Raum rum und sind nicht zu bremsen. Nach draußen schicken können wir die nicht, dazu bräuchten wir eine dritte Kraft zur Aufsicht, denn aus unserem Gruppenraum können wir den Schulhof nicht einsehen."

Bei einer offenen Gruppenarbeit lässt sich ein solches Problem relativ leicht lösen, da sich mehrere Mitarbeiter/innen die verschiedenen Aufgaben aufteilen können; Kinder, die sich nach dem Unterricht erst einmal austoben möchten, können dann nach draußen gehen, während andere, die eher ein Ruhebedürfnis haben, einen ruhigen Raum oder eine Kuschelecke aufsuchen können.

Wenn auch die Möglichkeit, unterschiedlichen Bedürfnissen nachzugehen, sicher zum Wohlbefinden der Kinder beiträgt und damit wahrscheinlich auch Probleme mit Verhaltensauffälligkeiten reduziert, so heißt dies nicht, dass die Kinder keine Struktur bräuchten. Als problematisch erweist sich der Mangel an Struktur vor allem dann, wenn feste Bezugspersonen fehlen, weil das Team der Offenen Ganztagsschule ausschließlich aus Mini-Job-Kräften besteht. „Wir sind ein Team aus elf Mini-Jobbern und jede von uns arbeitet an zwei Tagen in der Woche. Es ist schwierig für die Kinder, sich die ganzen Gesichter zu merken und sich jeden Tag neu zu orientieren. Wenn wir auch Kräfte in Vollzeit hätten, wäre es bestimmt auch für die Kinder einfacher." Hier wird deutlich, dass die Personalstruktur unmittelbare Auswirkungen für die Kinder hat.

7.3.3 Zeitstruktur

In vielen Offenen Ganztagsschulen wird darüber diskutiert, ob sich angesichts wachsender Elternbedarfe die Betreuungszeiten über 16.00 Uhr oder 16.30 Uhr hinaus ausweiten lassen. Die Realisierungschancen werden allerdings meistens als gering eingeschätzt, da bereits die bisherigen Öffnungszeiten mit dem vorhandenen Personal nur schwer abzudecken sind.

Die meisten Schulen aus unserer Stichprobe bieten eine Betreuung vor dem Unterricht an und öffnen zwischen 7.15 Uhr und 7.45 Uhr. Dort, wo die Schule eine verlässliche Unterrichtsversorgung von 8.00 Uhr bis 12.00 Uhr garantiert, endet die Frühbetreuung mit Unterrichtsbeginn, wo dies nicht der Fall ist, wird die Frühbetreuung oft bis 9.00 Uhr angeboten. Eine Frühbetreuung von fast zwei Stunden bindet erhebliche Personalkapazitäten, die letztlich im Nachmittagsbereich fehlen. Daher streben immer mehr Schulen eine verlässliche Unterrichtsversorgung ab der 1. Stunde an, um den Aufwand für die Frühbetreuung auf ein

Minimum zu reduzieren und die knappen Kapazitäten auf den Nachmittag zu konzentrieren.

Nach dem Erlass des Landes NRW sollen die angemeldeten Kinder in der Regel jeden Nachmittag bis mindestens 15.00 Uhr am Angebot des Offenen Ganztags teilnehmen. Die Praxis sieht anders aus. Nach den Ergebnissen der wissenschaftlichen Begleitung besuchen 69 % der Kinder den Offenen Ganztag täglich, 12 % an vier und 20 % an drei oder weniger Tagen (Beher et al. 2007: 194). Die Situation stellt sich je nach Kommune, je nach Träger und je nach Schule sehr unterschiedlich dar. Im Wesentlichen ließen sich in unserer Befragung drei Typen von Regelungen vorfinden:

- „immer bis mindestens 15.00 Uhr" – regelmäßige Ausnahme bei Therapien, teilweise auch für Sportverein, Musikschule usw.; punktuelle Ausnahme bei Arztbesuchen oder Familienfeiern;
- Mindestanwesenheit an drei (meistens für ein Halbjahr festzulegenden) Tagen;
- Differenzierte, aber feste Abholzeiten (bspw. 14.00 Uhr, 15.00 Uhr, 16.00 Uhr), um ungestörte Angebotsgestaltung mit Flexibilität zu verbinden.

In einigen Fällen gibt es keine expliziten Regelungen, es wird jedoch stillschweigend akzeptiert, dass die Kinder je nach Wunsch der Familie zu unterschiedlichen Zeiten und an unterschiedlichen Tagen kommen und gehen. Auf eine Regelung wird teilweise bewusst verzichtet, weil man einerseits die Wünsche von Eltern und Kindern akzeptieren, aber andererseits einen offenen Widerspruch zu den Regelungen des Landes vermeiden möchte. In diesen Fällen beklagen die pädagogischen Mitarbeiter/innen nicht selten, dass ein ständiges Kommen und Gehen herrsche und ein ungestörtes Angebot nicht möglich sei. Selbst Verpflichtungen, die mit der Anmeldung zu AGs eingegangen wurden, werden oft nicht eingehalten.

Umgekehrt führt eine restriktive Handhabung der Anwesenheitspflicht zu Konflikten. „Bei uns müssen Befreiungen durch den Schulleiter genehmigt werden", berichtet eine Mitarbeiterin, „und der genehmigt Ausnahmen nur bei Arztbesuchen. Neulich hat er einem Kind die Befreiung für die Teilnahme an einem Kindergeburtstag verweigert. Jetzt will die Mutter das Kind abmelden und sich eine Tagesmutter suchen." In einem anderen Fall erzählt eine Mitarbeiterin, dass die Schulleitung zwar Befreiungen für Sportvereins- oder Musikschultermine akzeptiere, aber nicht für einen „Familiennachmittag". „Das ist doch Unsinn", so die Mitarbeiterin, „warum soll ich Mutter und Kind einen gemeinsamen Nachmittag verbieten? Mit solchen Regelungen haben wir nur Ärger, und der wird auf unserem Rücken ausgetragen." Die Auffassung der jeweiligen Schulleitung scheint hier für die praktische Handhabung eine große Rolle zu spielen: Während sich in einer städtischen Grundschule die Mitarbeiter/innen über die Konflikte beschweren, die aus der restriktiven Haltung des Schulleiters entstehen, hat die Schulleitung einer benachbarten, ebenfalls städtischen Grundschule offiziell gestaffelte Abholzeiten und bis zu zwei freie Nachmittage eingeführt. Eine dritte Schulleiterin, ebenfalls in derselben Kommune, erklärt, dass sie sich nach den Bedürfnissen der Familien richte, der Schulträger dies jedoch auf keinen Fall wissen dürfe.

Überhaupt fällt in dieser Frage ein hohes Maß an Intransparenz auf. Die Angaben der Trägervertreter/innen über die Regelung der Anwesenheitszeit weichen teilweise erheblich von den Berichten der Mitarbeiter/innen ab. Während beispielsweise eine Trägervertreterin betont, man müsse „die Eltern zur Einhaltung der Anwesenheitspflicht erziehen", verbindet eine Mitarbeiterin dieses Trägers den Bericht über ihre (flexible) Praxis mit dem Hinweis, der Träger müsse ja nicht alles wissen.

Am besten handhabbar scheint die Situation für die Beschäftigten dann zu sein, wenn es eine klare Regelung gibt, die die Belange einer ungestörten Angebotsgestaltung und die Bedürfnisse nach flexibler Nutzung gleichermaßen berücksichtigt. Hierzu gehören gestaffelte Abholzeiten und die Festlegung bestimmter freier Tage. Transparente und begründete Regelungen werden von den Eltern eher akzeptiert und ersparen den Mitarbeiter/inne/n Konflikte. Nicht zuletzt erleichtern sie auch die Personaleinsatzplanung. Ein Vertreter eines Trägers, der den Familien die Möglichkeit gibt, bis zu zwei Tage als freie Nachmittage festzulegen, sieht einen erheblichen Vorteil dieser Regelung darin, dass auf diese Weise bekannt ist, wie viele Kinder an welchem Tag anwesend sind. „Wir wissen, dass zum Beispiel an einer Schule am Montag besonders viele und am Dienstag und Freitag besonders wenige Kinder da sind. Das berücksichtigen wir bei der Dienstplangestaltung. Und wenn eine Mitarbeiterin mal einen freien Tag braucht, ist das am Dienstag oder Freitag auch mal möglich. Oder sie kann am Dienstag oder Freitag notfalls mal in einer anderen Schule als Krankheitsvertretung einspringen." Spielt sich die zeitlich flexible Nutzung hingegen in einer Grauzone ab, sind solche Planungen nicht möglich. Transparente und bedarfsgerechte Regelungen sind demnach im Interesse aller – der Träger, der Beschäftigten, der Eltern und der Kinder.

7.4 Fazit

Die Praxis zeigt, dass die Offene Ganztagsschule von einem hohen Anteil befristeter Beschäftigungsverhältnisse und von Teilzeitarbeit mit teilweise geringen Stundenzahlen gekennzeichnet ist. Der extrem hohe Anteil befristet Beschäftigter ist nur auf den ersten Blick eine Folge der Pro-Kopf-Finanzierung und der damit verbundenen (bzw. zu befürchtenden) Budgetschwankungen. Eine größere Rolle spielt die Tatsache, dass die Verträge zwischen Trägern und Schule befristet sind. Hier sind die Kommunen gefordert, den Wettbewerb zwischen den Trägern zu strukturieren – so sinnvoll ein Wettbewerb grundsätzlich im Hinblick auf die Qualitätsentwicklung sein kann, so notwendig ist auch eine Regulierung des Wettbewerbs: Eine zu hohe Unsicherheit macht für den Träger eine qualitativ hochwertige Arbeit nahezu unmöglich, denn Qualität erfordert eine Professionalisierung des Personals und damit ein Mindestmaß an Kontinuität.

Sowohl aus pädagogischer und organisatorischer Perspektive als auch aus der Sicht der Beschäftigten ist die Existenz von Mini-Jobs nicht per se ein Problem: Pädagogisch und organisatorisch ist dieses Instrument zur Abdeckung von Spitzenzeiten geeignet, und für einige Beschäftigte passt eine geringfügige Beschäftigung in ihre persönliche Lebensphase. Problematisch wird die Nutzung von Mini-Jobs dann, wenn sie einen zu hohen quantitativen Stellenwert einnimmt. In der Offenen Ganztagsschule kommt es in solchen Fällen zu mangelnder Kontinuität. Für die Beschäftigten bedeutet dies faktisch, dass sie unabhängig von ihrer persönlichen Lebensplanung keine Möglichkeit dazu haben, ein sozialversicherungspflichtiges Beschäftigungsverhältnis im Arbeitsfeld „Offene Ganztagsschule" zu erhalten. Dies wiederum muss sich zwangsläufig negativ auf die Professionalisierung dieses Arbeitsfeldes auswirken. Negativ wirkt sich auch die im Durchschnitt geringe Stundenzahl von sozialversicherungspflichtig Teilzeitbeschäftigten aus. Auch hier ist eine hohe Fluktuation zu erwarten, denn wer eine existenzsichernde Erwerbstätigkeit anstrebt, wird sich ein anderes Arbeitsfeld suchen müssen. Und gerade dann, wenn eine Vielzahl von Beschäftigten mit teilweise geringen Stundenzahlen arbeitet, wäre es eigentlich notwendig, dass eine Leitungskraft mit einer umfassenden Zuständigkeit und einem ausreichendem Stundenbudget Koordinationsleistungen erbringen kann.

Eine Professionalisierung des Arbeitsfeldes „Offene Ganztagsschule" erfordert zweifellos Aktivitäten der Organisationsentwicklung innerhalb der einzelnen Schule. Die Anmerkungen zur offenen Gruppenarbeit als Alternative zu geschlossenen Gruppen zeigen exemplarisch, dass mancherorts durchaus interne Verbesserungspotenziale bestehen. Jedoch können diese Aktivitäten zur Weiterentwicklung der Prozessqualität nur eine begrenzte Reichweite haben, solange ergänzende Standards zur Strukturqualität fehlen. Hier wäre ein Mehr an Regulierung – verbunden mit der entsprechenden Finanzierung – durchaus wünschenswert.

Im Gegensatz zur mangelnden Regulierung im Hinblick auf Personalstandards ist eine Überregulierung im Hinblick auf die Zeitstrukturen festzustellen. Die Regelungen zur Anwesenheit, die der Erlass vorgibt, entsprechen nicht an allen Offenen Ganztagsschulen den Bedürfnissen von Kindern und Eltern. Diese Konstellation führt zu Intransparenz, zu Grauzonen in der Umsetzungspraxis und zu Konflikten, die letztlich eine Belastung für die Mitarbeiter/innen darstellen. Zugespitzt formuliert sind diese einer mangelnden Regulierung von Personalstandards und einer Überregulierung in Bezug auf die Zeitgestaltung ihrer Angebote ausgesetzt. Vor diesem Hintergrund wäre es sinnvoll, die Regelungs- und Finanzierungsstrukturen der Offenen Ganztagsschule unter beiden Aspekten zu überdenken.

Elke Katharina Klaudy

8 Organisationsentwicklung in Kindertageseinrichtungen: Das Instrument der Dienstplangestaltung

Die verschiedenen Kapitel dieses Buches haben gezeigt, dass sich die Anforderungen an die Arbeit in Kindertageseinrichtungen in vielerlei Hinsicht erhöht haben. Die Förderung von Kindern im Elementarbereich hat in den vergangenen Jahren einen großen Bedeutungszuwachs erhalten. Der Stellenwert der Kindertageseinrichtung als Bildungsinstitution, die die optimale Förderung der individuellen Entwicklungschancen von Kindern gewährleisten soll, wird bundesweit durch die Bildungsleitlinien der einzelnen Bundesländer unterstrichen. Bei der Erfüllung des Bildungsauftrages sind gesellschaftliche Veränderungen zu berücksichtigen, wie die Zunahme von Kinderarmut und der gestiegene Anteil von Kindern – mit und ohne Migrationshintergrund –, die einer Förderung ihrer Sprachentwicklung bedürfen. Darüber hinaus erweitert sich das Repertoire der Angebotsgestaltung um mehr Öffnung nach außen, mehr Gemeinwesen-Orientierung, mehr Kooperation und Vernetzung, wie das Beispiel der Familienzentren zeigt.

Kindertageseinrichtungen sind zudem aufgefordert, ihren Erziehungs- und Bildungsauftrag mit dem sozial- und arbeitsmarktpolitischen Auftrag der Bedarfsorientierung zu verknüpfen und ein ausreichend quantitatives Betreuungsangebot als Grundbedingung für die Vereinbarkeit von Familie und Beruf bereitzustellen. Erwerbstätige, und das betrifft längst nicht mehr nur Männer, werden immer häufiger mit hohen Anforderungen an Flexibilität und Mobilität konfrontiert. Gerade auch für Frauen in hoch qualifizierten Arbeitsbereichen ergibt sich so die Frage nach passgenauen und bedarfsgerechten Angeboten. Auf der anderen Seite stehen gering Qualifizierte, die häufig in Bereichen – etwa im Einzelhandel oder im Reinigungsdienst – arbeiten, in denen die Arbeit zu sehr unterschiedlichen Tageszeiten gefordert wird und die nur dann eine Chance zur Integration in den Arbeitsmarkt haben, wenn sie auf ein zeitlich passendes und bezahlbares Angebot an Kinderbetreuung zurückgreifen können.

Die Öffnungszeiten und die Verweildauer der Kinder in den Einrichtungen rücken damit immer mehr in den Mittelpunkt des öffentlichen Interesses und sind für die Eltern von besonderer Bedeutung. Erhöhte Anforderungen an den Erziehungs- und Bildungsauftrag, Vernetzung und Kooperation, Bedarfsorientierung und damit auch nach zunehmend flexibler Angebotsgestaltung führen dazu, dass viele Kindertageseinrichtungen an den Grenzen ihrer Kapazitäten angelangt sind. Auf die Notwendigkeit, diese Aspekte bei der öffentlichen Förderung von Kindertageseinrichtungen zu berücksichtigen, wurde in der vorliegenden Studie in unterschiedlichen Zusammenhängen hingewiesen. Aber auch und nicht zuletzt die Kindertageseinrichtungen selbst sind gefragt, ihre interne Organisation angemessen weiterzuentwickeln.

Ein zentrales Instrument in der internen Organisation ist die Dienstplangestaltung, die in diesem Kapitel im Mittelpunkt stehen soll. Mit der herkömmlichen Arbeitszeitregelung der Mitarbeiter/innen sind die skizzierten Anforderungen häufig nicht mehr zu bewältigen. Für kleine und für große Kindertageseinrichtungen gilt dabei gleichermaßen, dass nur dann alle Aufgaben abgedeckt werden können, wenn alle Erzieher/innen anwesend sind. Wenn jedoch bei der Personaleinsatzplanung die vertraglich vereinbarte Arbeitszeit der Erzieher/innen gleichgesetzt wird mit der Arbeitszeit im direkten Kontakt mit den Kindern, dann bestehen häufig keine Chancen, kontinuierliche und verlässliche Arbeitsabläufe im Tagesablauf herzustellen. Störungen im Arbeitsablauf treten vermehrt da auf, wo sich Mitarbeiter/innen über längere Zeiträume überlastet fühlen und auch ihre eigenen Interessen nicht mehr berücksichtigt sehen.

Die Gestaltung der Dienstpläne hat sich zu einer Aufgabe entwickelt, die hohe Anforderungen an das Management stellt. Hierbei steht das Ziel im Vordergrund, einen bedarfsorientierten Personaleinsatz und eine effektive Arbeitszeitplanung so zu gestalten, dass die Bedürfnisse aller Beteiligten befriedigt werden und den Faktoren Zeit und Kontinuität besonders Rechnung getragen wird. Es gilt dabei, noch nicht genutzte Ressourcen zu optimieren und mehr Flexibilität im Personaleinsatz herzustellen. Starre Dienstplanmodelle stehen diesen Anforderungen zunehmend im Wege. Im Folgenden werden Schritte zu einer flexiblen und mitarbeiterorientierten Dienstplangestaltung vorgestellt.

8.1 Die Anpassung der Arbeitszeit an die Anforderungen

Öffnungs- und Betreuungszeiten, die den Bedürfnissen der Eltern entgegenkommen, sind eine wichtige Voraussetzung für die Vereinbarkeit von Familie und Beruf. Dabei erfordern die Arbeitszeiten der Eltern zum Teil atypische Öffnungszeiten, also eine Ausweitung in den frühen Morgen als auch in den Abend hinein. Andere Eltern benötigen eine erhöhte Flexibilität innerhalb der „normalen" Öffnungszeiten der Kindertageseinrichtungen, um eine bessere Anpassung an die Bedürfnisse der Familie zu erzielen. Beide Formen der Flexibilisierung, sowohl durch eine „Erweiterung" als auch durch eine „Modularisierung", erfordern ebenso eine Flexibilisierung des Personaleinsatzes und somit der Dienstplangestaltung, um den Anforderungen und dem hohen Anspruch an die Erziehungs- und Bildungsqualität gleichermaßen Rechnung zu tragen wie der Herstellung von Kontinuität und Verlässlichkeit im Tagesablauf für Kinder, Eltern und Mitarbeiter/innen. Eine flexiblere Planung und Organisation soll dabei zu einer Steigerung der Vielfältigkeit in der Angebotsgestaltung beitragen und somit die „Lebenswirklichkeit" der Familien stärker berücksichtigen, indem eine größere Wahlfreiheit für Eltern geschaffen wird.

In vielen Kindertageseinrichtungen stellt sich der pädagogische Alltag der Mitarbeiter/innen durch ein Auf und Ab in der Arbeitsbelastung dar. So werden Zeiten der geringen Beanspruchung immer wieder abgewechselt durch Zeiten der erhöhten Beanspruchung. Dieses Auf und Ab in der Arbeitsbelastung stellt bereits jetzt Mitarbeiter/innen vor eine erhöhte Flexibilität, da besonders in Urlaubs,- Fort- und Weiterbildungssituationen und bei Erkrankung von Kolleg/inn/en Überstunden eingefordert werden, die in ruhigen Zeiten wieder ausgeglichen werden. Besonders in denjenigen Einrichtungen gehört diese Situation zum Standard, wo der Arbeitseinsatz der Mitarbeiter/innen für die direkte Arbeit mit den Kindern gleichgesetzt wird mit dem vertraglich vereinbarten Arbeitszeitvolumen.

Um eine Optimierung des Arbeitseinsatzes zu erzielen, muss die Arbeitsorganisation angeschaut werden. Es geht dabei darum, den Arbeitseinsatz so zu gestalten, dass immer so viele Mitarbeiter/innen zur Verfügung stehen, wie es nötig wird. Dabei darf nicht alleine die Zeit, die mit den Kindern gearbeitet wird, berücksichtigt werden, da die Qualität der Angebotsgestaltung abhängig ist von der Zeit der Vor- und Nachbereitung.

Die Arbeitszeit in Kindertageseinrichtungen setzt sich in der Praxis zusammen aus der Zeit mit dem Kind, der Kinderfreien Arbeitszeit (KifAZ) und den Ausfallzeiten der Mitarbeiter/innen, die es auch zu berücksichtigen gilt. Insbesondere im Kontext mit der Bildungsarbeit, den Bildungsbeobachtungen und Bildungsdokumentationen wurde auf die Notwendigkeit von Verfügungszeit, also von „KifAZ", hingewiesen (vgl. 6.4.1). Um die strukturellen Voraussetzungen für eine qualitativ hochwertige Bildungs- und Erziehungsarbeit benennen zu können, bietet sich die Betrachtung der Arbeitszeit unterteilt in drei Säulen nach dem Modell von Martin Cramer an (vgl. Cramer / Schaffranke o. J.):

- Der Anteil der Arbeitszeit im direkten Kontakt *mit den Kindern* bezieht sich auf die Zeiten, die für die direkte Arbeit mit den Kindern zur Erfüllung des Erziehungs- und Bildungsauftrages und zur Betreuung benötigt werden.
- *Kinderfreie Arbeitszeiten* bezeichnen den Anteil der Arbeitszeit, der nicht direkt mit den Kindern verbracht wird. Darunter fallen Zeiten der Vor- und Nachbereitung, Teamzeiten, Zeiten für Hospitationen, Elternarbeit, Fort-

und Weiterbildung, Supervision etc. Susanne Viernickel und Stefanie Schwarz fassen diese Tätigkeiten mit dem Begriff der „mittelbaren pädagogischen Arbeit" zusammen (vgl. Der Paritätische u. a. 2009: 2). Kinderfreie Arbeitszeiten werden von Cramer / Schaffranke (vgl. Cramer / Schaffranke: 29) als Qualitätssäule bezeichnet, die die Voraussetzung für eine qualitativ hochwertige Arbeit mit Kindern und Erwachsenen darstellt und zur umfassenden Erfüllung des Erziehungs- und Bildungsauftrages von Kindertageseinrichtungen notwendig ist. Nach den „40 Qualitätszielen für Kindertageseinrichtungen" (Netzwerk Kinderbetreuung und andere Maßnahmen zur Vereinbarkeit von Beruf und Familie für Frauen und Männer der Europäischen Kommission 1996) wird die Berücksichtigung von 10 Prozent der wöchentlichen Arbeitszeit ohne Kontakt zu den Kindern empfohlen, um die fachlichen Anforderungen angemessen zu berücksichtigen. Eine derzeitige genaue Bestimmung des Anteils ist jedoch nicht möglich, da unterschiedliche Erhebungsdaten vorliegen: Nach Erhebungen eines Trägerzusammenschlusses im Land Berlin müssen diese bspw. ca. 23 Prozent betragen, um den fachlichen Anforderungen des Berliner Bildungsprogrammes zu entsprechen (AG 3.13 QVTAG 2008); der Paritätische Wohlfahrtsverband legt einen 20-prozentigen Anteil an der Gesamtjahresarbeitszeit zugrunde (Der Paritätische 2008). Hingegen sollen sie mindestens 10 Prozent nach einer Empfehlung betragen, die sich auf eine Studie zur Evaluation der Personalausstattung in Kindertageseinrichtungen bezieht, die im Auftrag des Sächsischen Sozialministeriums durchgeführt wurde (Tietze et al. 2008: 164).

- Eine Personalausstattung, die den pädagogischen Qualitätsanforderungen folgt, hat neben der Zeit mit den Kindern und den Kinderfreien Arbeitszeiten auch die *Ausfallzeiten* der Mitarbeiter/innen zu berücksichtigen. Diese setzen sich (auf ein Jahr bezogen) zusammen aus:

> - Urlaub (29-30 Tage)
> - Bildungsurlaub (bis zu 5 Tage jährlich)
> - Zeit für Öffentliche Arbeit (z.B. Schöffenarbeit und Personal Betriebsratstätigkeit)
> - Abwesenheit durch Erkrankung (durchschnittlich 13 Tage).

Bei einer Berechnungsgrundlage von durchschnittlich 256 Arbeitstagen ergibt sich eine jährliche Ausfallzeit für jede/n Mitarbeiter/in in Höhe von 20 Prozent der Jahresarbeitszeit (LIGA der Spitzenverbände der Freien Wohlfahrtspflege im Land Brandenburg 2008: 6).

Anhand dieser Aufzählung wird deutlich, dass bei der Planung für das pädagogische Personal immer davon ausgegangen werden muss, dass nur 70 Prozent der vertraglich festgeschriebenen Arbeitszeit bei der Dienstplangestaltung für die pädagogische Arbeit mit den Kindern veranschlagt werden kann. Für die Ausfallzeiten der Fachkräfte sind demnach 20 Prozent und weitere mindestens 10 Prozent für die Kinderfreien Arbeitszeiten und demnach für die mittelbare pädagogische Arbeit zu kalkulieren. Eine fehlende Berücksichtigung dessen führt zwangsläufig zu Überstunden, die wieder ausgeglichen werden müssen und personelle Engpässe zur Folge haben.

Grundsätzlich kann festgestellt werden, dass, je mehr Arbeitsstunden im Jahresverlauf auf eine einzelne Säule entfallen, desto weniger für die restlichen zwei Säulen verbleiben. In der Regel entstehen in den Kindertageseinrichtungen Probleme, wenn bei der Dienstplangestaltung von der Zuständigkeit von pädagogischen Mitarbeiter/inne/n für feste Gruppen ausgegangen wird, da häufig Vertretungssituationen in den anderen Gruppen entstehen. Diese Vertretungssituationen können dazu führen, dass mehrere bzw. alle Gruppen von Personalengpässen in einer Gruppe betroffen sind (Cramer / Schaffranke o. J.: 22f.).

Bei der offenen und gruppenübergreifenden Arbeit stellt sich die Situation bei gleicher Ausgangslage anders dar: Statt der Notwendigkeit, die Betreuung in einer Gruppe sicherzustellen, kommt es hier bei Personalengpässen bspw. zum Ausfall eines Angebotes. Dies hat weniger Rückwirkungen auf die übrigen Aktivitäten in der Einrichtung als die Vertretung in einer Gruppe. Das ist ein erster Hinweis darauf, dass neben den pädagogischen Aspekten flexibler Betreuung auch organisatorische Gesichtspunkte für eine offene Gruppenarbeit sprechen (vgl. 4.3.1). Als eines ihrer Ergebnisse aus ihrer Studie zu „Tageseinrichtungen mit flexiblen Angebotsstrukturen" stellt Nicole Klinkhammer (2005) zudem fest, dass im Zuge interner Umstrukturierungen häufig ein Wechsel von geschlossenen hin zu offenen Gruppen bzw. gruppenübergreifenden Formen stattgefunden hat (Klinkhammer 2007a: 4). Dies wurde insbesondere bei der Beschäftigtenbefragung in Brandenburg bestätigt. Ein Viertel der Befragten gab an, dass die Anforderungen an eine Flexibilisierung nur durch die offene Arbeit umzusetzen sei, da sich damit auch die Personaleinsatzplanung flexibler gestalten ließe.

8.2 *Planung von bedarfsorientiertem Personaleinsatz*

Für die Gestaltung eines Dienstplanes, der auch die Zeiten für Kinderfreie Arbeitszeiten und Ausfallzeiten berücksichtigt, muss darüber hinaus eine Transparenz darüber hergestellt werden, wie viel Personal wann benötigt wird. Von Impuls Soziales Management (Liebenau-Strube 2007) wurde als statistisch-empirisches Analyseinstrument die Nutzerfrequenzanalyse entwickelt, durch die das Optimierungspotenzial der Einrichtung ermittelt und der Personaleinsatz auf das tatsächliche Nutzerverhalten abgestimmt werden kann (vgl. Liebenau-Strube 2007: 7f.).

Bedarfsanalyse und Tätigkeitsauflistung

Der erste Schritt zur Transparenz setzt sich aus zwei Analyseschritten zusammen. Hier soll ein genaues Bild darüber entstehen, wann wie viele Kinder anwesend sind und welches Angebot von wie viel Fachpersonal in dieser Zeit bereitgestellt wird.

- Mit der Bedarfsanalyse wird über einen bestimmten Zeitraum das konkrete Nutzerverhalten in der Kindertageseinrichtung erhoben. Durch die Ermittlung der Schwankungen im Tages-, Wochen-, Monats- und auch Jahresablauf entsteht ein konkretes Bild darüber, welcher Personalbedarf wirklich besteht. Im Abstand von bspw. 10 Minuten werden über eine vereinbarte Zeit (zum Beispiel drei Monate) in Form einer Strichliste die tatsächlichen Anwesenheitszeiten der Kinder in den Gruppen ermittelt.
- Durch die *einrichtungsspezifische Personal- und Tätigkeitsauflistung* hingegen wird transparent gemacht, wann wie viele Mitarbeiter/innen anwesend sind und welche Tätigkeiten in dieser Zeit mit und ohne Kinder verrichtet werden. Ein besonderes Augenmerk wird damit auf die Erzieher/innen-Kind-Relation gelegt und so ermittelt, wie viel Personal für welche Angebote und für wie viele Kinder zum Einsatz kommt.

Die Bedarfsanalyse und die Personal- und Tätigkeitsauflistung sollen ein genaues Bild darüber vermitteln, wie die gegebene Arbeitssituation aussieht, damit Verbesserungen eingeleitet werden können bzw. eine neue, dem Bedarf angepasste Dienstplangestaltung entwickelt werden kann.

Tätigkeitsanalyse

Im zweiten Schritt erfolgt die Tätigkeitsauflistung im Team. Dazu werden die jährlichen Anforderungen aufgelistet und einer Tätigkeitsanalyse und damit einer kritischen Diskussion bzw. Aufgabenkritik (Liebennau-Strube 2007: 9) in Hinsicht auf Effektivität und Qualität unter fachlichen Gesichtspunkten unterzogen. Beispielsweise könnte die Rechtfertigung des Zeiteinsatzes von wöchentlich zwei Arbeitsstunden für das gesamte Team für das Teamgespräch einer Aufgabenkritik unterzogen werden. Die Antwort könnte lauten, dass ein vorbereitetes und moderiertes Teamgespräch im wöchentlichen Umfang von einer Stunde gleiche Ergebnisse erzielt. Die eingesparte Zeit könnte in diesem Beispiel etwa für Fortbildungsmaßnahmen genutzt werden. Aus dieser Tätigkeitsanalyse entstehen Konsequenzen für das Team, für den Einsatz des Personals und somit für den Dienstplan.

Konsequenzen

Schritt drei beschreibt die Konsequenzen, die sich für die Einrichtung ergeben. Dabei sind die Leitung, das Team und auch der Träger gefordert. Das Verfahren führt dazu, den täglichen, wöchentlichen, monatlichen und jährlichen Arbeitszeiteinsatz hinsichtlich wiederkehrender Abläufe (jahreszeitlicher Feste, Schulabgänge, Neuaufnahmen, Übernachtung mit Schulkindern etc.) zu betrachten und zu optimieren. Hierdurch kann Zeit gewonnen werden, die bspw. für Kinderfreie Arbeitszeiten und Vertretungsmaßnahmen genutzt werden kann.

Stellt sich heraus, dass die Kinderfreie Arbeitszeit trotz Optimierung des Personaleinsatzes hinsichtlich der gestellten Ziele nicht ausreichend ist, dass bspw. weniger als nur 10 Prozent zur Verfügung stehen, dann wäre der Träger der Einrichtung gefordert. Durch Bereitstellung ausreichender Ressourcen hat er dafür Sorge zu tragen, dass genügend Kinderfreie Arbeitszeiten dazu beitragen, eine gute Qualität der pädagogischen Maßnahmen sicherzustellen. Die Aufgabenstellung der Kindertageseinrichtung könnte hinsichtlich ihres Beitrages zur öffentlichkeitswirksamen Außendarstellung des Trägers überprüft und reduziert werden (bspw. durch die Reduzierung an der Mitwirkung von Festen). Der eingesparte Zeitaufwand könnte wiederum für das Recht und die Pflicht der Mitarbeiter/innen zur Teilnahme an Fortbildungsmaßnahmen genutzt werden.

Die beschriebenen Schritte zur Analyse der tatsächlichen Situation in der Einrichtung und zur Gegenüberstellung von Anforderungen an die Erziehung, Bildung und Betreuung sind die Voraussetzung für die künftige Planung und Umsetzung von Angeboten. Die Dienstplanerstellung darf sich dabei nicht an der Präsenz der Mitarbeiter/innen orientieren, sondern muss den tatsächlichen Gegebenheiten und Anforderungen der Kindertageseinrichtungen Rechnung tragen.

8.3 Anforderungen an eine flexible Dienstplangestaltung

Die Funktion eines Dienstplanes besteht darin, den durch die Anwesenheit der Kinder in der Kindertageseinrichtung vorhandenen Bildungs- und Betreuungsbedarf durch den bedarfsgerechten Einsatz der Mitarbeiter/innen abzudecken. Bedarfsgerechte und flexible Angebotsformen erfordern eine Planung, die auch den flexiblen Personaleinsatz vorsehen. Dabei stellt Flexibilität die Mitarbeiter/innen nicht vor neue Anforderungen, da diese auch jetzt schon zu ihrer normalen Aufgabenerfüllung gehört. Die Durchführung von bspw. Elternabenden, Festen und Feiern an Abenden und/oder Wochenenden und auch der verlängerte Dienst, hervorgerufen z.B. durch die Vertretung einer erkrankten Kollegin oder bei verspäteter Abholung eines Kindes, führten schon immer zu wöchentlichen Überstunden, die wieder ausgeglichen werden müssen. Dadurch entstehen wiederum Personalengpässe zu anderen Zeiten.

Eine geplante Flexibilisierung hingegen geht bewusst mit „Plus- und Reservestunden" und Arbeitszeitkonten um. Im Folgenden werden relevante Aspekte vorgestellt, die bei der Erstellung flexibler Dienstpläne zu beachten sind.

Bedarfsorientierter und flexibler Personaleinsatz durch Arbeitszeitkonten

In der Regel entstehen Überstunden bzw. „Plusstunden" durch Mehrarbeit. Plusstunden bezeichnen dabei die Arbeitsstunden, die über das vereinbarte individuelle Arbeitszeitvolumen hinausgehen und in der Regel als Überstunden bezeichnet werden. Im System der Arbeitszeitflexibilisierung werden hingegen „Reservestunden" für die Bereitstellung einer guten Erziehungs- und Bildungsqualität für Zeiten gesammelt, in denen entweder wenig Personal zur Verfügung steht oder die pädagogischen Anforderungen mehr Personal erfordern. Reservestunden fallen dann an, wenn zum Beispiel nur wenige Kinder die Einrichtung besuchen und nicht gleichzeitig die Notwendigkeit besteht, Vor- und Nachbereitungen durchzuführen.

Notwendige Voraussetzung für den Umgang mit Plus- und Reservestunden ist das Führen von Arbeitszeitkonten. Das Prinzip besteht darin, die tägliche Einsatzzeit jeder einzelnen Mitarbeiterin bzw. jedes einzelnen Mitarbeiters von einem Fünftel[48] der regelmäßigen Wochenarbeitszeit zu entkoppeln. Die regelmäßige wöchentliche Arbeitszeit wird durch dieses Verfahren nur noch im Durchschnitt eines längeren Zeitraums erreicht. Die Abrechnung der geleisteten

---

[48] Unter Berücksichtigung von Ausfallzeiten in Höhe von 20 Prozent. Die verbleibenden Zeiten umfassen die Arbeitszeiten mit Kindern und Kinderfreie Arbeitszeiten im Umfang von weiteren 10 Prozent (vgl. unten).

und nicht geleisteten Arbeitsstunden für jede/n Erzieher/in erfolgt über ein Arbeitszeitkonto. So entsteht Transparenz über die Plus- und Reservestunden, deren Ausgleich innerhalb eines festgelegten Zeitrahmens (bspw. eines halben oder eines Jahres) erfolgt. Durch die Arbeitszeitkonten werden demnach entsprechend der vertraglich vereinbarten Arbeitszeit die tatsächlich geleisteten Arbeitsstunden für die Arbeit mit den Kindern und für die Kinderfreien Arbeitszeiten nachgewiesen.

Zu beachten ist dabei besonders der Anteil der Kinderfreien Arbeitszeiten von Vollzeit- und Teilzeitkräften. Zur Umsetzung der pädagogischen Konzeption und zur Erfüllung der Erziehungs- und Bildungsaufgaben müssen Kinderfreie Arbeitszeiten im ausreichenden Umfang bereitgestellt werden, damit diese qualitätsbestimmenden Aufgaben nicht eingeschränkt werden. Die Zeiten dafür, zum Beispiel für Fortbildungen, sind von den Trägern bereitzustellen und von den Mitarbeiter/inne/n in Form der Arbeitszeitkonten nachzuweisen. Besonders Teilzeitkräfte bedürfen ausreichender Kinderfreier Arbeitszeiten, um ihren pädagogischen Aufgaben gerecht zu werden. In seiner „Empfehlung zur Teilzeitarbeit in Kindertageseinrichtungen" (2005) empfiehlt der Kreiselternausschuss im Rhein-Lahn-Kreis, dass bei der Planung des Einsatzes von Teilzeitkräften zu berücksichtigen ist, dass bei ihnen – verglichen mit den Vollzeitkräften – die Verfügungszeit anteilmäßig sogar höher ausfallen muss. Begründet wird dies damit,

- dass auch teilzeitbeschäftigte Erzieher/innen ausreichend Zeit für die Durchführung von Elternabenden, für Elternausschussarbeit, für Gespräche mit Eltern sowie im Einzelfall für notwendige Hausbesuche benötigen
- dass auch für die Sicherstellung des notwendigen Informationsflusses und für eine eindeutige Aufgabenklärung in der Einrichtung und im Team Zeit zur Verfügung gestellt werden muss
- dass, je offener und gruppenübergreifender die pädagogisch-konzeptionelle Arbeit angelegt und je differenzierter die betriebliche Struktur ausgestaltet ist, sich der Bedarf an Abstimmung im Team und nach Berücksichtigung entsprechender Zeitressourcen im Personalkonzept erhöht. (vgl. Kreiselternausschuss im Rhein-Lahn-Kreis 2005: 7f.).

Die Beachtung dessen ist deshalb von besonderer Relevanz, da der Anteil von teilzeitbeschäftigten Mitarbeiter/inne/n in den letzten Jahren gestiegen ist und auch weiterhin zunimmt. Unberührt davon steht jedoch die generelle Forderung an die Landesgesetzgebungen nach Herstellung eines angemessenen Verhältnisses von Kinderfreien Arbeitszeiten und den Anforderungen an die Erziehung, Bildung und Betreuung für alle Mitarbeiter/innen in Tageseinrichtungen für Kinder. In ihrer Studie „Schlüssel zu guter Bildung, Erziehung und Betreuung – Wissenschaftliche Parameter zur Bestimmung der pädagogischen Fachkraft-Kind-Relation" bilanzieren Susanne Viernickel und Stefanie Schwarz (vgl. Der Paritätische et al. 2009), dass bisher in den Bundesländern nur vereinzelt Bemühungen erkennbar sind, die Anforderungen an die qualitative Ausgestaltung der Erziehungs- und Bildungsarbeit aus den rechtlichen Ausführungsbestimmungen mit den zur Verfügung stehenden strukturellen Ressourcen in Relation zu setzen. Sie empfehlen, eine Überprüfung der Angemessenheit der strukturellen Rahmenbedingungen im Verhältnis zu den Anforderungen in den Bildungsprogrammen in allen Bundesländern vorzunehmen und auf der Grundlage der Ergebnisse sowie eines bundesweiten Konsensprozesses angemessene Zeitkontingente für die mittelbare pädagogische Arbeit zu vereinbaren und in den Ländergesetzen festzuschreiben (vgl. Der Paritätische et al. 2009: 47).

Dezentrale Gestaltung der Dienstpläne

Das Wissen um die tatsächlichen Anwesenheitszeiten der Kinder und zum personellen Bedarf an Erziehungs-, Bildungs- und Betreuungsaufwand liegt bei den Mitarbeiter/inne/n selbst. Sie verfügen über den genauen Überblick und können ihren Arbeitseinsatz darauf einstellen. Zeiten, in denen nur wenige Kinder anwesend sind, können zeitnah und in Absprache mit den Kolleg/inn/en dazu genutzt werden, Tätigkeiten im Umfang ihrer Kinderfreien Arbeitszeiten zu verrichten, oder auch kurzfristig (in Form von Reservestunden) ihren privaten Anliegen nutzbar gemacht werden.

Die Einführung und Umsetzung von flexiblen Arbeitszeiten funktioniert nur dann, wenn die Ausgestaltung und Verantwortung bei den Mitarbeiter/inne/n selbst und in den Teams liegt. Nur so kann die Zeitsouveränität jedes/r Beschäftigten in ausreichendem Maße berücksichtigt werden. Die Verantwortung der Mitarbeiter/innen untereinander wird erhöht, indem bspw. gemeinsam darauf geachtet wird, dass nicht unnötig Plusstunden (Überstunden) gesammelt werden. Bezüglich der persönlichen Zeitanliegen der Mitarbeiter/innen entsteht zudem der Vorteil, dass dieses Verfahren durchaus auch der eigenen Vereinbarkeit von Familie und Beruf zugute kommt. Wenn es die Situation in der Kindertageseinrichtung zulässt, können so auch in Absprache mit den Mitarbeiter/inne/n und der Leitung „Freizeiten" genommen werden, die erst zu einem späteren Zeitpunkt ausgeglichen werden (vgl. unten). Durch zum Beispiel die „Mehrarbeit" (Plusstunde) von einer Stunde wöchentlich kann einem persönlichen Zeitanliegen in einem größeren Umfang Rechnung getragen werden. Dies kann zu einer Motivationssteigerung der einzelnen Mitarbeiter/innen und zur Verbesserung des Arbeitsklimas führen.

Dezentrale Planungsgruppen gestalten dabei den Dienstplan für ihren Arbeitsbereich völlig autonom. Sie stellen ihn nicht nur gemeinsam auf, sondern sind auch für die Durchführung verantwortlich. Lösungen zum Beispiel beim Krankheitsausfall werden von der Gruppe entwickelt und der Leitung der Kindertageseinrichtung mitgeteilt. Die Gesamtverantwortung liegt damit weiterhin bei der Leitung. Sie fungiert nicht mehr, wie es in vielen Kindertageseinrichtungen heute noch üblich ist, als „Lückenbüßerin", die bei personellen Engpässen für die Betreuungsverlässlichkeit sorgt, sondern hat für die Erfüllung ihrer zugeschriebenen Leitungsaufgaben Sorge zu tragen. Im Zusammenhang mit der Dienstplangestaltung ist es ihre Aufgabe, das Team hin zu einer flexiblen und dezentralen Dienstplangestaltung zu führen und zu begleiten, auf die Umsetzung der gemeinsamen Aufgaben (Früh- und Spätdienste, Teamsitzungen usw.) zu achten und die Einhaltung der gemeinsam aufgestellten Regeln zu kontrollieren. Damit hat sie Kontrollrechte und interveniert dann, wenn sie die Betreuungssituation gefährdet sieht (Cramer 2003: 87ff.).

Jahresarbeitszeitmodelle

Der flexible und dezentrale Arbeitseinsatz von Mitarbeiter/inne/n erfordert als strukturelle Voraussetzung Konsequenzen, die sich in den Arbeitsverträgen niederschlagen. Hier sind die Träger der Einrichtungen gefordert, Arbeitsverträge so zu gestalten, dass sie den bedarfsgerechten und flexiblen, individuellen Umgang mit den Arbeitszeiten ermöglichen. Das im Rahmen der Nationalen Qualitätsinitiative entwickelte Modell der Trägerqualität stellt dabei die besondere Verantwortung der Träger für die Bildungsqualität heraus. Er hat durch Bereitstellung geeigneter Ressourcen dafür zu sorgen, dass der Auftrag der Erziehung, Bildung und Betreuung in den Kindertageseinrichtungen auch umgesetzt werden kann (vgl. Fthenakis et al. 2003).

Jahresarbeitszeitmodelle bieten besonders für bedarfsgerechte und flexible Angebote Vorteile, da sie den jahreszeitlichen Bedarfsschwankungen Rechnung tragen. Damit kann das Arbeitszeitvolumen mit Hilfe der Arbeitszeitkonten über einen längeren Ausgleichszeitraum flexibel und bedarfsgerecht angepasst werden. So ist für den konkreten Personaleinsatz nicht mehr wie bisher das im Arbeitsvertrag vereinbarte wöchentliche Arbeitsvolumen maßgeblich, sondern es sind die für den pädagogischen Alltag jeweils notwendigen Arbeitsstunden. Unter Berücksichtigung der Interessen der Mitarbeiter/innen kann so zum Beispiel für die Eingewöhnung der Kinder zu Beginn des Kindergartenjahres mehr Personal eingesetzt werden. Während der Ferienzeiten kann bspw. entsprechend mehr Personal Reservestunden für eine gute Qualität zu anderen Zeiten ansparen (vgl. Cramer 2003: 92ff.).

8.4 Mitarbeiterorientierte Dienstplangestaltung aus der Perspektive der Beschäftigten

In der Beschäftigtenbefragung im BOP-Projekt 2007 wurden die Mitarbeiter/innen danach gefragt, ob und inwieweit in ihrer Einrichtung neue Instrumente der Dienstplangestaltung angewandt werden. In Nordrhein-Westfalen und Bayern, so stellte sich dabei heraus, waren neue Formen von Arbeitszeitregelungen wie etwa die hier skizzierten Jahresarbeitszeitmodelle oder das gezielte Arbeiten mit „Plusstunden und Reservestunden" weitgehend unbekannt. Auch die Mitarbeiterbeteiligung und Teamorientierung bei der Dienstplanentwicklung waren in beiden Ländern kein Thema.

In Brandenburg sah die Situation anders aus. Zum einen ist dies dadurch erklärbar, dass die Kombination zwischen langen Öffnungszeiten einerseits und der Dominanz von Teilzeitarbeit (vgl. 4.3.5) andererseits schon seit Jahren deutlich höhere Anforderungen an die Planung des Personaleinsatzes stellen. Zum anderen gab es in Brandenburg vom Land geförderte diesbezügliche Modellprojekte. Martin Cramer (2003) hat in diesem Kontext ein partizipativ gestaltetes Modell von Jahresarbeitszeitkonten entwickelt, das Ausfall- als auch Verfügungszeiten berücksichtigt und der Tatsache Rechnung trägt, dass der Arbeitsanfall in Kitas sowohl über den Tag als auch über die Woche als auch über das Jahr ungleich verteilt ist. Eben dieses Modell liegt den Ausführungen in diesem Kapitel zugrunde. Drei Viertel der in Brandenburg befragten Kitas arbeiteten zum Zeitpunkt der Befragung bereits mit derartigen Arbeitszeitmodellen. Die Bewertung durch die Erzieher/innen fällt fast durchweg positiv aus; nur in einem Fall wurde von Umsetzungsproblemen berichtet, weil einzelne Mitarbeiter/innen sich nicht auf eine Grundbedingung des Modells einlassen wollten: Das Modell basiert darauf, dass im Team entschieden wird, wann Mehrarbeit und wann Zeitausgleich sinnvoll ist. In den meisten Einrichtungen stieß dieser Grundsatz jedoch auf Akzeptanz, weil sich auf diese Weise die Arbeit insgesamt besser – und damit auch weniger individuell belastend – organisieren lässt.

Das Beispiel der Dienstplangestaltung verweist auf die hohe Bedeutung von Managementkonzepten bei steigender Flexibilisierung. Die einzelnen Einrichtungen benötigen dabei eine kompetente Unterstützung durch ihre Träger. Das Brandenburger Beispiel zeigt aber auch, dass entsprechende Konzepte vor allem dann entwickelt werden, wenn die Situation einen entsprechenden Druck auslöst. Sinnvoll wäre es, solche Modelle präventiv einzuführen, insbesondere dann, wenn gesetzliche Veränderungen anstehen, die eine erhöhte Flexibilität bringen sollen.

Gut die Hälfte der befragten Beschäftigten in Bayern gab im Jahre 2007 an, dass sich der Aufwand der Dienstplangestaltung aufgrund der flexiblen Betreuungszeiten erhöht hat oder voraussichtlich erhöhen wird, da kontinuierlich darauf geachtet werden muss, ob der Personalschlüssel über- bzw. unterschritten ist. Die Erfahrungen aus den Modellen in Brandenburg wären hier von hohem praktischem Interesse, waren aber den befragten Erzieher/inne/n nicht bekannt. Mehrfach wurde erwähnt, dass „Leerlaufzeiten" (Überschreitung des Personalschlüssels) nicht mehr existieren und der Personaleinsatz nun sehr effizient ist. Faktisch führt das in der Praxis dazu, dass in vielen Einrichtungen die Verfügungszeit gesunken ist. Vor Einführung des BayKiBiG wurden „Leerlaufzeiten" als Verfügungszeit genutzt – dies galt allerdings vor allem für die Einrichtungen, die weniger stark ausgelastet waren und durch die einheitliche Förderung derartige „Leerlaufzeiten" hatten. Hier zeigt sich, dass Verfügungszeiten in den Förderbedingungen der Länder verbindlich eingeplant werden müssen und nicht eine Art „Zufallsprodukt" bei Leerlaufzeiten darstellen dürfen.

Bei der Nachbefragung im Rahmen des BOP-Projekts, als in Nordrhein-Westfalen auch nach ersten Auswirkungen des KiBiz gefragt wurde (vgl. 5.3.6), erklärten alle Befragten, dass sich der Personaleinsatz verändert habe. Keine der Beteiligten berichtete jedoch darüber, dass sie nun mit veränderten Planungsinstrumenten arbeiten würden, dass ihr Träger derartige Instrumente zur Verfügung stellen würde oder dass es entsprechende Fortbildungen gegeben hätte. Vor diesem Hintergrund ist es nicht erstaunlich, dass hohe Unsicherheiten über die personellen Möglichkeiten und über Spielräume zur Flexibilisierung bestehen. Modellprojekte des jeweiligen Bundeslandes zur Verbreitung von Informationen und zur Fortbildung zu geeigneten Planungsinstrumenten wären vor diesem Hintergrund sinnvoll. Zum anderen wären die Träger gut beraten, frühzeitig in die Entwicklung und Umsetzung adäquater Management-Konzepte zu investieren.

8.5 Fazit

Eine flexible Angebotsgestaltung und damit einhergehend eine flexible Personaleinsatzplanung durch Dienstplangestaltung rückt den Bedarf aller Beteiligten in den Mittelpunkt. Die Ausweitung und die Flexibilisierung der Betreuungszeiten sind nötig, um Familien die notwendige Unterstützung für die Vereinbarkeit von Familie und Beruf zu geben. Davon profitieren nicht nur die Eltern, sondern auch die Kinder – durch gelassenere Eltern und verlässliche Betreuung. Darüber hinaus bewirken flexible Arbeitszeiten für den Träger Planbarkeit und Planungssicherheit, da im Zusammenhang mit Arbeitszeitkonten und Jahresarbeitszeitmodellen personelle Engpässe besser als bisher überwunden werden können und damit einhergehend eine Verlässlichkeit und Kontinuität in der Erziehung, Bildung und Betreuung hergestellt wird. Dies kommt schließlich der Positionierung der Kindertageseinrichtung auf dem Markt zugute, da durch ein für Familien attraktives Angebot das Profil der Einrichtung gestärkt werden kann.

Am Beispiel der Dienstplangestaltung lässt sich zeigen, dass es erhebliche Potenziale für die Organisationsentwicklung in den Kindertageseinrichtungen gibt. Ein Schlüssel hierzu liegt vor allem in der gezielten Berücksichtigung von „mittelbaren" Arbeitszeiten – sowohl in der Gesetzgebung und finanziellen Förderung als auch in der internen Organisation und Dienstplangestaltung. Für die Einführung derartiger Modelle zur flexiblen Personaleinsatzplanung durch Dienstplangestaltung sind Kindertageseinrichtungen auf Initiativen und die Unterstützung ihres Trägers angewiesen.

Karin Altgeld / Sybille Stöbe-Blossey

9 Die Trägerqualität und die Beschäftigungs- und Organisationsentwicklung in Kindertageseinrichtungen

Der Stellenwert der Funktion der Träger von Kindertageseinrichtungen wurde in den verschiedenen Kapiteln mehrfach hervorgehoben. In der Verantwortung der Träger liegt die Gestaltung der Beschäftigungsverhältnisse und Arbeitsverträge, womit Fragen der Befristung, der Teilzeitbeschäftigung und der im letzten Kapitel dargestellten Arbeitszeitkonten angesprochen sind. Des Weiteren wurde hervorgehoben, dass die Träger Instrumente der organisatorischen und EDV-technischen Unterstützung bereitstellen müssen, etwa zur Abwicklung flexibler Buchungen oder zur Gestaltung der Dienstpläne. Auf der inhaltlichen Ebene wurden beispielsweise geeignete Verfahren der Bildungsdokumentation oder die Entwicklung von pädagogischen Konzepten für flexible Betreuung erwähnt. Auch bei der Verteilung von Ressourcen spielt der Träger eine wesentliche Rolle, wie am Beispiel der Freistellung von Leitungskräften in Familienzentren gezeigt wurde. Schließlich ist das Zusammenspiel zwischen Träger und Kommune von Bedeutung. Am Beispiel der Offenen Ganztagsschule, für die es ein deutlich geringeres Maß an Regulierung gibt als auf dem Gebiet der Kindertageseinrichtungen, wurde dieser Aspekt besonders deutlich. Diese Stichwörter mögen genügen, um zu verdeutlichen, wie zentral die Qualität des Trägers für die Beschäftigungs- und Organisationsentwicklung in Kindertageseinrichtungen ist. Trägerqualität bedeutet dabei letzten Endes, dass der Träger gegenüber den Kindertageseinrichtungen sowohl die Entwicklung strategisch steuern als auch die Funktion eines unterstützenden Dienstleisters einnehmen muss.

Vor diesem Hintergrund sollen im Folgenden einige Rahmenbedingungen zur Trägerstruktur in Deutschland in Erinnerung gerufen werden (9.1). Anschließend wird ein Ansatz zur Sicherung und Weiterentwicklung der Trägerqualität skizziert, der im Rahmen der Nationalen Qualitätsinitiative (NQI) erarbeitet wurde (9.2). Zum Abschluss werden Anforderungen an die weitere Forschung und Entwicklung auf diesem Gebiet formuliert (9.3).

9.1 Trägerstrukturen und ihre Entwicklung

Die Trägerstrukturen sind in Deutschland sehr ausdifferenziert und heterogen. Träger von Kindertageseinrichtungen können erstens die Kommunen sein. Zweitens gibt es eine Vielzahl an frei-gemeinnützigen Trägern. Dies können vor allem Kirchengemeinden, kirchliche und nicht-kirchliche Wohlfahrtsverbände sowie Elterninitiativen und andere Vereine sein. Drittens schließlich sind in den letzten Jahren verstärkt gewerbliche Träger entstanden, die allerdings nur in einigen Bundesländern in die öffentliche Förderung einbezogen sind. Die wesentlichen Regelungen über öffentliche und freie Träger trifft das Kinder- und Jugendhilfegesetz (KJHG; 8. Buch des Sozialgesetzbuchs – SGB VIII). Einige zentrale Aspekte sollen hier kurz zusammengefasst werden:

- Das KJHG schreibt den Ländern die Errichtung von überörtlichen und örtlichen Trägern der Jugendhilfe vor. Grundsätzlich ist der örtliche Träger für alle Aufgaben nach dem KJHG zuständig, soweit sie nicht dem überörtlichen Träger zugewiesen sind (§ 85 II). Wichtige Aufgaben des überörtlichen Trägers (§ 85 II) sind u.a. die Beratung der örtlichen Träger und die Entwicklung von Empfehlungen zur Erfüllung der Aufgaben nach dem KJHG, die Planung, Anregung, Förderung und Durchführung von Modellvorhaben zur Weiterentwicklung der Jugendhilfe, die Wahrnehmung der Aufgaben zum Schutz von Kindern und Jugendlichen in Einrichtungen (also die Erteilung von Betriebserlaubnissen und die Aufsicht in Bezug auf bspw. Kindertageseinrichtungen und Jugendeinrichtungen; §§ 45 bis 48a), die Beratung der Träger von Einrichtungen während der Planung und Betriebsführung und die Fortbildung von Mitarbeiter/inne/n in der Jugendhilfe. Das Aufgabengebiet des überörtlichen Trägers umfasst somit sowohl hoheitliche Aufgaben (Schutz des Kindeswohls) als auch Dienstleistungen gegenüber den kommunalen Jugendämtern und den freien Trägern.
- Bislang ist in § 69 I vorgeschrieben, dass die örtlichen Träger der öffentlichen Jugendhilfe die Kreise und kreisfreien Städte sind (§ 69 I), bei denen ein Jugendamt zu errichten ist (§ 69 III). Nach der Föderalismusreform hat der Bund jedoch nicht mehr das Recht, Gemeinden und Gemeindeverbänden Aufgaben zu übertragen (Art. 84 I Satz 7 GG). Daher wurde mit dem am 26.09.2008 vom Deutschen Bundestag beschlossenen „Kinderförderungsgesetz"[49] eine Anpassung der Regelung dahingehend vorgenommen, dass die Träger der öffentlichen Jugendhilfe durch Landesrecht bestimmt

---

[49] Art. 13 des Gesetzes zur Förderung von Kindern unter drei Jahren in Tageseinrichtungen und in der Kindertagespflege (Kinderförderungsgesetz – KiföG); hier und im Folgenden zitiert nach Drucksache 16/9299 des Deutschen Bundestages.

werden. Es ist allerdings nicht zu erwarten, dass sich aus der Gesetzesanpassung wesentliche Strukturveränderungen in den Ländern ergeben werden (soweit nicht künftig auch die Aufgabenverteilung zwischen örtlichen und überörtlichen Trägern nach § 85 II sowie die Vorschriften über die Errichtung und Zusammensetzung von Jugendhilfeausschüssen (siehe unten) geändert werden).

- Mit den Regelungen über den Jugendhilfeausschuss schreibt das KJHG eine Sonderrolle sowohl dieses Ausschusses als auch des Jugendamtes fest. Die organisatorische Besonderheit des Jugendamtes im Vergleich zu allen anderen kommunalen Ämtern besteht in seiner Kollegialverfassung: Seine Aufgaben „werden durch den Jugendhilfeausschuss und durch die Verwaltung des Jugendamtes wahrgenommen" (§ 70 I), wobei die Geschäfte der laufenden Verwaltung durch den Leiter der Verwaltung der jeweiligen Gebietskörperschaft oder – in dessen Auftrag – vom Leiter der Verwaltung des Jugendamtes durchgeführt werden. Der Jugendhilfeausschuss gilt also als Bestandteil des Jugendamtes. Der Jugendhilfeausschuss wiederum unterscheidet sich durch seine Zusammensetzung von den übrigen kommunalen Ausschüssen: Als stimmberechtigte Mitglieder gehören ihm zu drei Fünfteln Mitglieder der Vertretungskörperschaft des Trägers bzw. von ihr gewählte, in der Jugendhilfe erfahrene Männer und Frauen an; zwei Fünftel werden auf Vorschlag der örtlichen anerkannten Träger der freien Jugendhilfe von der Vertretungskörperschaft gewählt, wobei die Vorschläge der Jugend- und der Wohlfahrtsverbände angemessen zu berücksichtigen sind (§ 71 I). Eine analoge Regelung gilt auch für den beim überörtlichen Träger anzusiedelnden Landesjugendhilfeausschuss. Die freien Träger sind somit an der Steuerung der Jugendhilfe beteiligt.

- In der Zusammensetzung der Jugendhilfeausschüsse spiegelt sich die wesentliche Rolle wider, die freie Träger in der Jugendhilfe spielen. Zwar haben die Träger der öffentlichen Jugendhilfe für die Erfüllung der im KJHG enthaltenen Aufgaben „die Gesamtverantwortung einschließlich der Planungsverantwortung" (§ 79 I). Sie sollen gewährleisten, dass die dazu erforderliche Infrastruktur zur Verfügung steht (§ 79 II) und sind in diesem Kontext verpflichtet, eine Jugendhilfeplanung durchzuführen. All dies heißt aber keineswegs, dass die öffentlichen Träger die Einrichtungen selbst unterhalten und die Leistungen selbst erbringen müssten – im Gegenteil. In der Jugendhilfe spielen traditionell freie Träger eine große Rolle[50], welche auch

---

[50] Die bedeutsame Rolle der freien Träger und insbesondere der großen Wohlfahrtsverbände gilt nicht nur für die Jugendhilfe, sondern generell für die sozialen Dienste in Deutschland (vgl. Überblick in Bäcker 2008: 534ff.). Die Besonderheit der Jugendhilfe im Vergleich zu anderen Bereichen sozialer

im KJHG festgeschrieben ist: „Die Jugendhilfe ist gekennzeichnet durch die Vielfalt von Trägern unterschiedlicher Wertorientierungen und die Vielfalt von Inhalten, Methoden und Arbeitsformen." (§ 3 I) Dem Subsidiaritätsprinzip entsprechend sollen öffentliche Träger von eigenen Maßnahmen absehen, wenn geeignete Einrichtungen, Dienste und Veranstaltungen von freien Trägern betrieben oder rechtzeitig geschaffen werden können (§ 4 II).

Darüber hinaus sollen die Träger der öffentlichen Jugendhilfe die Tätigkeit von freien Trägern anregen und unter bestimmten Voraussetzungen fördern. Für eine auf Dauer angelegte Förderung ist in der Regel die Anerkennung als Träger der freien Jugendhilfe Voraussetzung (§ 74 I). Bedingung für diese Anerkennung ist – neben fachlichen Anforderungen – unter anderem die Verfolgung gemeinnütziger Ziele (§ 75 I). Die Kirchen und Religionsgemeinschaften des öffentlichen Rechts sowie die auf Bundesebene zusammengeschlossenen Verbände der freien Wohlfahrtspflege sind per definitionem anerkannte Träger der freien Jugendhilfe (§ 75 III). Letzteres betrifft die Arbeiterwohlfahrt, den Caritas-Verband, das Diakonische Werk, den Deutschen Paritätischen Wohlfahrtsverband, das Deutsche Rote Kreuz und den Zentralwohlfahrtsverband der Juden in Deutschland. Andere Träger haben einen Rechtsanspruch auf Anerkennung, wenn sie seit drei Jahren die für die Anerkennung formulierten Voraussetzungen erfüllen (§ 75 II). Nur auf die anerkannten freien Träger bezieht sich im Übrigen das erwähnte Subsidiaritätsprinzip nach § 4 II; sollten andere Anbieter die gleichen Leistungen bereitstellen, stellt dies keinen Grund für den öffentlichen Träger dar, auf eigene Angebote zu verzichten.

- Qualitätsentwicklung in der Kindertagesbetreuung wurde durch das zum 01.01.2005 in Kraft getretene „Gesetz zum qualitätsorientierten und bedarfsgerechten Ausbau der Tagesbetreuung und zur Weiterentwicklung der Kinder- und Jugendhilfe" (Tagesbetreuungsausbaugesetz – TAG) verstärkt thematisiert. Im neu eingefügten § 22a I heißt es nunmehr: „Die Träger der öffentlichen Jugendhilfe sollen die Qualität der Förderung in ihren Einrichtungen durch geeignete Maßnahmen sicherstellen und weiterentwickeln. Dazu gehören die Entwicklung und der Einsatz einer pädagogischen Konzeption als Grundlage für die Erfüllung des Förderauftrages sowie der Einsatz von Instrumenten und Verfahren zur Evaluation der Arbeit in den Einrichtungen." In der Öffentlichkeit, selbst in der Fachöffentlichkeit, wurde diese Vorschrift zunächst nur begrenzt wahrgenommen; die Diskussion war dominiert von dem im selben Gesetz geforderten Ausbau der Betreuung für unter Dreijährige. Ein Veränderungsprozess ist jedoch im Gange: In wach-

---

Dienste besteht vor allem darin, dass die Rolle der freien Träger nicht nur in der Leistungserbringung, sondern auch in der Steuerung (Jugendhilfeausschuss) verankert ist.

sendem Maße wird die Qualitätsdebatte in den örtlichen Jugendämtern und auch auf der Ebene der Bundesländer aufgegriffen und nach geeigneten Instrumenten gefragt (vgl. dazu Altgeld / Stöbe-Blossey 2009). In jedem Falle spricht das KJHG mit der zitierten Vorschrift die Steuerungsverantwortung des öffentlichen Trägers der Jugendhilfe an: Qualität liegt damit nicht allein in der Verantwortung der einzelnen Organisation (sei es in der der Tageseinrichtung oder in der des Trägers), sondern wird als Aufgabe im öffentlichen Interesse definiert.

- Die konkrete Ausgestaltung der Kindertagesbetreuung wird durch Landesrecht geregelt (§ 26). Wie unterschiedlich die Regelungen im Hinblick auf Finanzierung, Personalstandards, Gruppengrößen usw. sind, wurde im 4. Kapitel dargestellt. Auch das Thema „Qualität" wird im Wesentlichen von den einzelnen Ländern konkretisiert. Dabei werden in den letzten Jahren teilweise trägerübergreifende Regelungen zur Evaluierung eingeführt, teilweise wird davon ausgegangen, dass die Qualitätsentwicklung in erster Linie Sache des Trägers ist. Auch die Ausführungen zu den Bildungsleitlinien im 6. Kapitel zeigen, dass mit der Rolle der Träger in den einzelnen Ländern unterschiedlich umgegangen wird: Während in den meisten Bundesländern die Bildungsleitlinien zwar mehr oder weniger intensiv mit den Trägern abgestimmt, aber dann vom zuständigen Ministerium in Kraft gesetzt wurden, ist beispielsweise Nordrhein-Westfalen den Weg einer Vereinbarung mit den Trägern gegangen.

Deutschland ist somit von einer sehr heterogenen Trägerlandschaft gekennzeichnet. Die Praxis ist sowohl durch das Subsidiaritätsprinzip als auch durch die föderative Struktur mit unterschiedlichen Regelungen in den 16 Ländern geprägt. Mit dem neuen § 22a formuliert das KJHG zwar eine verstärkte öffentliche Verantwortung für die Qualität in der Kindertagesbetreuung. Zum einen werden jedoch aus dieser Regelung nur nach und nach Konsequenzen gezogen. Zum anderen betreffen alle diesbezüglichen Diskussionen in erster Linie die Qualität der Bildung, Betreuung und Erziehung in der Kindertagesbetreuung. Die Trägerqualität findet bislang in diesem Kontext nur wenig Beachtung; trotz der zentralen Bedeutung der Trägerqualität nimmt die öffentliche Hand nur wenig Einfluss.

Diese Situation ist vor dem Hintergrund der Position der freien Träger zu betrachten. Mit dem Subsidiaritätsprinzip und der Mitgliedschaft im Jugendhilfeausschuss haben sie eine starke Position und wirken an der Steuerung des Systems „Kindertagesbetreuung" mit. Außerdem verfügen sie über ein Drohpotenzial (im Hinblick auf einen möglichen Rückzug aus dem Angebot). Dieses Drohpotenzial ist in der zweiten Hälfte der 90er-Jahre durch die Einführung des

Rechtsanspruchs auf einen Kindergartenplatz für 3- bis 6-Jährige erheblich gestiegen. Die Kommunen als öffentliche Träger der Jugendhilfe sind verpflichtet, diesen Rechtsanspruch zu erfüllen; wenn die freien Träger Einrichtungen schließen, müssen die Kommunen die Plätze anderweitig schaffen und, wenn sie dies mangels Alternative in öffentlicher Trägerschaft realisieren, den Trägeranteil übernehmen und damit höhere Kosten tragen. Mit der Erweiterung des Rechtsanspruchs auf Ein- und Zweijährige bis zum Jahr 2013 wird sich diese Problematik möglicherweise verschärfen.

Auf überregionaler Ebene wird diese Mitwirkung an der Steuerung faktisch ausschließlich von den großen Verbänden wahrgenommen. Neben dem Drohpotenzial verfügen sie über die Fähigkeit zur politischen Mobilisierung. Gleichzeitig haben die Verbände institutionelle Eigeninteressen als Unternehmen. Vor diesem Hintergrund sind sie weder an nachfrageorientierten Finanzierungsstrukturen interessiert, die ihre Planungssicherheit reduzieren und sie zu flexiblen Reaktionen auf wechselnde Nachfrage zwingen, noch an verbindlichen Qualitätsstandards, die ihre Autonomie begrenzen und ihre Einrichtungen einer externen Überprüfung unterwerfen würden. Insgesamt ergeben sich im Hinblick auf die politische Steuerung, beispielsweise bezüglich der Durchsetzbarkeit von Reformen, durch die starke Position der Träger erhebliche Einschränkungen für mögliche Alternativen in der Programmformulierung. Rolf Heinze (1985: 209) spricht in diesem Kontext von „neokorporatistischen Wohlfahrtskartellen", die den Markt unter sich aufteilen und ihre Einnahmequellen sichern können.

Trotz der großen Anzahl an Trägern in Deutschland sind die Interessen der Träger in den Spitzenverbänden der freien Wohlfahrtsverbände sehr stringent organisiert und können politisch-administrativen Vorhaben durchaus „den Wind aus den Segeln" nehmen. In politischen Aushandlungsprozessen ist nicht selten zu beobachten, wie sich wertemäßig vollkommen konträr orientierte Spitzenverbände „Hand in Hand" gegen die Landespolitik stellen. In dem Moment, wo landespolitische Vorhaben die Interessen im Hinblick auf die Trägerschaft von Tageseinrichtungen tangieren, können dabei sogar Koalitionen mit den kommunalen Spitzenverbänden entstehen, die dann die Interessen ihrer Mitgliedskommunen nicht aus der Steuerungsperspektive des örtlichen Trägers der öffentlichen Jugendhilfe, sondern aus der Perspektive der Kommune als Träger von Tageseinrichtungen vertreten.

Exemplarisch wurden in Expertengesprächen, die zu Beginn des BOP-Projekts durchgeführt wurden (vgl. 1.), diese Einschätzungen bestätigt. Ein Gesprächspartner gab zu erkennen, dass ohne Vorabzustimmung der Spitzenverbände Veränderungen auf Landesebene unmöglich seien und von politischer Seite daher ein vorauseilender Gehorsam zum Trägerkonsens die Regel ist. In einem anderen Interview äußerte ein Trägervertreter, dass er jedes Gesetz umschiffen und zur vorteilhaften Nutzung seiner Einrichtungen interpretieren und umsetzen könne. Ein dritter Interviewpartner stellte vor dem Hintergrund dieser Machtkonstellationen die Frage, „ob hier eigentlich noch der Hund (stellvertretend für Politik und Verwaltung) mit dem Schwanz (stellvertretend für die Träger) wedelt oder der Schwanz mit dem Hund".

Jenseits aller Steuerungsprobleme wird der Trägerpluralismus generell als eher förderlich angesehen (Roth 2009: 4ff.), da hierdurch eine Vielfalt an Angeboten ermöglicht wird: Von der kleinsten Einrichtung, die von einem ehrenamtlich organisierten Elternverein getragen wird, über mehrere Einrichtungen unter freier oder kommunaler Trägerschaft bis hin zu großen Trägerverbünden oder gewerblich betriebenen Kindergartenketten sind die Ausprägungen der Trägerlandschaft sehr bunt. Die heterogene Trägerlandschaft führt bei den einzelnen Trägern zu sehr unterschiedlichen Ausprägungen des Arbeitsauftrages von Kindertageseinrichtungen, die durch unterschiedliche Werteorientierungen und die historische Entwicklung geprägt sind. Dies ermöglicht eine unvergleichliche Angebotsvielfalt und Befürworter der Trägervielfalt sehen zugleich eine Chance darin, dass „durch das Engagement vieler Akteure, die Wertesysteme und Leitbilder insbesondere der Freien Träger das System innovationsfreudig und freier von kurzfristigen politischen Strömungen" macht und Qualitätsentwicklung vielfach „von innen" kommt, bevor sie von Politik und Administration aufgegriffen wird (Roth 2009: 6).

Allerdings mehren sich auch die kritischen Stimmen dieser Vielfalt an Ausprägungen, indem bspw. die deutsche Trägerlandschaft als ein „Trägerlabyrinth" angesehen wird (Merchel 2003: 7). Durch die Trägervielfalt wird demnach insbesondere die Etablierung eines professionellen, flächendeckenden Kinderbetreuungswesens erschwert. Insbesondere im internationalen Vergleich wirkt das deutsche Trägersystem als undurchsichtig und chaotisch, da sich die Strukturen von Ort zu Ort und von Träger zu Träger unterscheiden. Vor allem gibt es erhebliche Unterschiede in der Professionalisierung. Xenia Roth (2009: 4ff.) fasst plakativ die Herausforderungen unterschiedlicher Trägerstrukturen folgendermaßen zusammen: „Als Bürgermeister sind Politiker bei der letzten Wahl zum Träger einer Kindertageseinrichtung geworden – auch wenn der persönliche Schwerpunkt im Themenfeld ‚Heimische Wirtschaft: Winzer und Bauern' (…) gesehen wird. Als Mitglied im Kirchenvorstand, Pfarrgemeinderat (…) sehen sich Ehrenamtliche plötzlich damit konfrontiert, Arbeitgeberpflichten wahrzunehmen (…). Pfarrerinnen und Pfarrer fühlen sich manchmal von ihren seelsorglichen Aufgaben abgelenkt, weil es wieder Dinge in der KiTa zu regeln gibt. (…) Träger engagieren sich als Mutter oder Vater in der Elterninitiative und sind damit ganz nebenbei Arbeitgeber eines mittelständischen Betriebs, einer Kindertageseinrichtung, geworden. Und dann gibt es diejenigen, die (…) die Geschäftsführerin oder Geschäftsführer eines größeren Unternehmens sind, einer gGmbH, zu der der Betrieb von beispielsweise 50 und mehr Tageseinrichtungen zählt." Dass die Voraussetzungen für ein professionelles Management in diesen Konstellationen, vorsichtig formuliert, höchst unterschiedlich ausgeprägt sind, versteht sich von selbst.

Allerdings führen sowohl die steigende Konkurrenz als auch gesetzliche Änderungen in vielerlei Hinsicht zu einer stärkeren Professionalisierung. In einem Expertengespräch in Bayern gab ein Interviewpartner zu bedenken, dass man zum Bayerischen Kinder- und Bildungsgesetz stehen könne wie immer man wolle, es jedoch aus seiner Perspektive einen wichtigen Vorteil impliziert, der nicht von der Hand zu weisen sei: Die Professionalisierung der Trägerlandschaft, die mit dem steigenden Verwaltungsaufwand durch die Zeitbuchungsverfahren zwangsläufig vorangetrieben würde.

Andererseits kann eine so ausdifferenzierte Trägerlandschaft keinen Standardabläufen folgen, da der Träger von einer Kindertageseinrichtung ganz anderen Herausforderungen gegenübersteht als ein Träger mit 100 Einrichtungen. Die Gesetzesreformen des Kindergartenrechts in den Bundesländern, die insbesondere auf eine Zeitflexibilisierung abzielen, tragen dazu bei, dass Veränderungen in der Trägerlandschaft entstehen, indem Träger sich zu entsprechenden Verbünden zusammenschließen, um insbesondere den administrativen Aufgaben, aber auch den steigenden Bedürfnissen von Kindern und Eltern besser gerecht werden zu können (Praxisbeispiele siehe Kästen).

Praxisbeispiel 1: Die KiTa gGmbH Trier[51]

Die KiTa gGmbH Trier wurde gemeinsam mit der KiTa gGmbH Koblenz und der KiTa gGmbH Saarland im Juni 2000 gegründet. Ziel der KiTa gGmbH ist es, die Kirchengemeinden im Bereich ihrer Kindertageseinrichtung zu entlasten. Dadurch soll die katholische Trägerschaft ebenso wie die pädagogische Qualität von Kindertageseinrichtungen langfristig gesichert werden. Zudem sollten die Trägeraufgaben professionalisiert und die Verhandlungsposition gegenüber den öffentlichen Kostenträgern optimiert werden.

Bis 2000 war die Trägerstruktur durch Einzelträgerstrukturen von Kirchengemeinden und rund 30 Einrichtungen in Trägerschaft von regionalen Caritasverbänden und sonstigen katholischen Trägern gekennzeichnet. Das wichtigste Merkmal ist der Zusammenschluss von mehreren Kindertageseinrichtungen (Standorte) zu einer Gesamteinrichtung, der eine Gesamtleiterin vorsitzt. Die Gesamtleiterin ist Vorgesetzte der Standortleitungen und übernimmt übergeordnete Leitungsaufgaben inkl. der Verantwortung von Personal

---

[51] Zum ausführlichen Prozess der Reorganisation vgl. Larrá/Binninger 2005: 33-44. Vgl. auch zu aktuellen Entwicklungen www.kita-ggmbh-trier.de

und Budget. Die Gesamtleiterin ist zumeist eine pädagogische Fachkraft mit bewährter langjähriger Leitungserfahrung. Dienstvorgesetzte der Gesamtleiter/innen sind zwei Geschäftsführer/innen der gGmbH.

**Praxisbeispiel 2: Das Stuttgarter Kinderhaus Regenbogen –
Trägerverbund für flexible Kinderbetreuung**[52]

Der Träger des Kinderhauses Regenbogen ist die Kirchengemeinde St. Elisabeth, Stuttgart. Das Kinderhaus hat sich in den vergangenen Jahren immer wieder hervorgetan, um den flexiblen Betreuungsbedarfen der Familien vor Ort und dem Anspruch einer „Regeleinrichtung für Alle" gerecht zu werden. Um die Randzeitenbetreuung zu organisieren, wurde ein zweiter Träger integriert: Die I.S.A.R. gGmbH, München. Die I.S.A.R. gGmbH übernahm dabei die Verantwortung für die Randzeitenbetreuung. Der öffentliche Auftritt der I.S.A.R gGmbH wurde mit dem Erscheinungsbild des Hauses in Einklang gebracht und mit dem Träger der Kirchengemeinde St. Elisabeth abgestimmt. Durch die Integration der I.S.A.R gGmbH wurde das Öffnungsangebot auf montags bis freitags von 6.30 Uhr bis 20.00 Uhr ausgedehnt. Zusätzlich wurde ein samstägliches Angebot von 9.00 Uhr bis 16.00 Uhr bereitgestellt.

Zusammenschlüsse von Trägern sind bislang vor allem im konfessionellen Bereich zu beobachten, wo lange Zeit einzelne Kirchengemeinden die Trägerlandschaft prägten. So wurden im Jahre 2006 die katholischen Einrichtungen im Bistum Essen in einen Zweckverband integriert, womit der größte freie Träger Deutschlands entstand. Die im Kasten zitierte Pressemitteilung wirft ein treffendes Licht auf die Gründe, die zu einer solchen Lösung führen.

---

[52] Zur ausführlichen Darstellung des Gesamtprozesses vgl. Klinkhammer 2007a und 2008

Pressemitteilung zur Gründung des Zweckverbandes „Katholische Tageseinrichtungen für Kinder im Bistum Essen"
(Quelle: htp://www.katholisch.de/6496.html)

Armin Laschet, NRW-Minister für Generationen, Familie, Frauen und Integration, begrüßt die Entscheidung der Träger der katholischen Tageseinrichtungen für Kinder im Bistum Essen, sich zu einem Zweckverband zusammenzuschließen. Mit einer gemeinsamen Trägergesellschaft könne die Arbeit effektiver gestaltet und Synergieeffekte geschaffen werden, sagte Laschet am Freitag, 18. August, bei einem Pressegespräch in Essen anlässlich der Gründungsfeier des größten Zweckverbandes eines freien Trägers in Deutschland. Dabei hob der Minister hervor, dass die Kirchen als ein sehr wichtiger Träger von Kindertageseinrichtungen in Nordrhein-Westfalen „eine äußerst verdienstvolle Arbeit zum Wohle unserer Kinder leisten". Heute stelle die Schaffung effizienterer Organisationsstrukturen aber nicht nur die Kirchen, sondern auch alle anderen Träger vor große Herausforderungen. Laschet: „Ich möchte all jenen Mut machen, die ähnliche Wege gehen müssen."

Bereits im kirchlichen Bereich, wo von einer gemeinsamen Wertorientierung ausgegangen werden kann, sind derartige Verbundlösungen nicht leicht zu realisieren, bedeutet doch die Abgabe der Einrichtung an einen Verband für die einzelne Gemeinde trotz allem einen Verlust an Gestaltungsspielraum und – je nach dem Wert, der der Arbeit mit Kindertageseinrichtungen zugemessen wird – auch von Identität. Noch schwieriger stellt sich die Situation für Elterninitiativen und andere kleine Vereine dar. Hier haben sich bei der Gründung nicht selten Menschen zusammengefunden, die ein ganz bestimmtes Konzept realisieren wollten – teilweise durchaus bewusst in Abgrenzung zu der sonstigen Trägerlandschaft. Zusammenschlüsse sind vor einem solchen Hintergrund schwierig zu bewerkstelligen, so dass im Zeichen einer notwendigen Professionalisierung eher nach Kooperationsmöglichkeiten und Unterstützungsstrukturen zu fragen ist.

Nun sollten diese Hinweise auf die Notwendigkeit von Kooperationen und Zusammenschlüssen nicht so interpretiert werden, als seien größere Träger automatisch „besser" als kleine. Zwar haben zweifellos größere Träger eher die Möglichkeit, ihre Qualität aus eigener Kraft heraus weiterzuentwickeln. Es wäre aber verfehlt, daraus auf eine Korrelation zwischen Größe und Trägerqualität zu schließen. Es ist zu vermuten, dass es kleine Träger gibt, die es mit unterschiedlichen Maßnahmen schaffen, eine gute Qualität zu gewährleisten, ebenso wie es wahrscheinlich große Träger gibt, die sich ihren Tageseinrichtungen gegenüber eher als bürokratische Aufsicht denn als unterstützender Dienstleister präsentieren und sich nicht als strategiefähig erweisen. Letztlich gibt es zur Trägerqualität empirisch keinerlei Erkenntnisse. Die Ergebnisse aus den BOP-Interviews, in denen manchmal die Unterstützungsleistungen des Trägers positiv hervorgehoben und manchmal als völlig abwesend gekennzeichnet wurden, lassen vermuten, dass das Spektrum an Qualitätsunterschieden in der Trägerlandschaft sehr breit ist. Mit Sicherheit kann davon ausgegangen werden, dass es sowohl Träger mit sehr guter als auch solche mit sehr schlechter Qualität gibt. Welchen Einfluss dabei die Größe oder die Rechtsform des Trägers haben, darüber gibt es keinerlei Informationen, ebenso wenig wie zu der Frage, wie viele Träger welches Qualitätsniveau aufweisen.

Gerade aber angesichts der Heterogenität der Trägerlandschaft – und den durchaus auch damit verbundenen Vorteilen – „bedarf es einer verantwortungsvollen und sich an aktuellen Heraus- und Anforderungen orientierenden Steuerung (governance) dieses ‚lebendigen' Systems" (Roth 2009: 6), da insbesondere die Leitungen von Kindertageseinrichtungen auf die Unterstützung der Träger angewiesen sind. Eine Top-down-Steuerung dürfte vor dem Hintergrund der dargestellten Situation der Trägerlandschaft kaum realisierbar sein. Umso wichtiger sind Ansätze zur Selbststeuerung. Im Folgenden soll deshalb das Modell der Trägerqualität nach der Nationalen Qualitätsinitiative daraufhin beleuchtet werden.

9.2 Das Teilprojekt „Trägerqualität in der Nationalen Qualitätsinitiative"

Im Jahre 1999 rief das Bundesministerium für Familie, Senioren, Frauen und Jugend (BMFSFJ) einen länder- und trägerübergreifenden Forschungsverbund ins Leben, der eine „Nationale Qualitätsinitiative im System Tageseinrichtungen für Kinder (NQI)" starten sollte. Neben dem BMFSFJ beteiligten sich zehn Bundesländer, die Verbände der Freien Wohlfahrtspflege, der Deutsche Städtetag, Landesjugendämter und Kommunen an diesem Forschungsverbund. Die Forschungsarbeiten wurden vom Deutschen Jugendinstitut, München, koordiniert und von einem Beirat – bestehend aus Bund, Ländern und Verbänden – begleitet (BMFSFJ 2002).

Der Projektverbund bestand aus fünf Teilprojekten, die ab Ende 1999 mit ihrer Arbeit begonnen haben:

- Teilprojekt I und II: Qualität in der Arbeit mit Kindern von 0 bis 6 Jahren; PÄDQUIS, FU Berlin
- Teilprojekt III: Qualität für Schulkinder in Tageseinrichtungen (QUAST); Sozialpädagogisches Institut NRW, Köln
- Teilprojekt IV: Qualität im Situationsansatz (QUASI); INA, Institut für den Situationsansatz, FU Berlin

- Teilprojekt V: Trägerqualität; IFP, Staatsinstitut für Frühpädagogik, München.

Mit dem Teilprojekt V wurde erstmals die Trägerqualität in den Mittelpunkt des Interesses gestellt. Bis zu diesem Zeitpunkt gab es kaum Studien zur Rolle des Trägers in der Kindertagesbetreuung. Im Rahmen der NQI wurde erstmals die wichtige Funktion des Trägers herausgestellt, indem in einem Teilprojekt ein Qualitätshandbuch erarbeitet wurde (Fthenakis et al. 2007). In einer repräsentativen Befragung zur Trägerqualität in diesem Kontext stellte sich heraus, dass die Träger einen echten Bedarf an Methoden und Verfahren zur Qualitätssteuerung verspürten, wobei insbesondere den zentralen Themen der Beschäftigungs- und Organisationsentwicklung (Personalführung, Finanzierung/Betriebswirtschaft und Verwaltung/Organisation) die höchsten Werte zugewiesen werden (Fthenakis et al. 2003: 29).

Im Rahmen des Qualitätshandbuchs wurden zehn Dimensionen zur Trägerqualität (TQ) definiert, die eine Profilierung zugunsten einer ganzheitlichen Qualitätsentwicklung ermöglichen:

- TQ-Dimension 1: Organisations- und Dienstleistungsentwicklung
  Diese Dimension gibt ein Kriteriengerüst zur Optimierung der Arbeit von Trägern vor. Dies umfasst Aspekte wie Leitbilder zum Umgang mit der Kindertageseinrichtung und die Zielbestimmung der eigenen Arbeit. Darüber hinaus werden Managementkonzepte, Definitionen von Verantwortungsbereichen, Evaluationsmöglichkeiten zur Überprüfung der Einrichtungsarbeit und Verfahren zu Kommunikationsabläufen zwischen Träger und Einrichtung eingefordert.
- TQ-Dimension 2: Konzeption und Konzeptionsentwicklung
  Unter dieser Dimension wird die Positionierung des Trägers mit Blick auf die pädagogische Konzeption der Kindertageseinrichtung gefasst. Seine Aufgabe ist demnach, einerseits entsprechende Rahmenbedingungen zur pädagogischen Konzeptionsentwicklung zu schaffen (bspw. Fortbildungsmöglichkeiten), andererseits diese auf ihren Gehalt zu überprüfen bzw. mit der Einrichtung auszuhandeln.
- TQ-Dimension 3: Qualitätsmanagement
  Diese Dimension fordert ein Qualitätsmanagement-System für Träger, um Prozesse der Qualitätsentwicklung und -sicherung zu organisieren.
- TQ-Dimension 4: Personalmanagement
  Unter dieser Dimension werden Kriterien wie Personalplanung, Personalauswahl, Mitarbeitergespräche, Fortbildungsbedarf etc. gefasst.

- TQ-Dimension 5: Finanzmanagement
  Rechtliche und organisatorische Vorgehen zur Finanzierung der Einrichtung, der Haushaltplan, Sponsoren, Akquise von Spenden sind unter dieser Dimension zu finden.
- TQ-Dimension 6: Familienorientierung und Elternbeteiligung
  Diese Dimension enthält die Organisation von Elternbefragungen, Beschwerdemanagement, Rahmenbedingungen für die Zusammenarbeit von Familien und Kindertageseinrichtung.
- TQ-Dimension 7: Gemeinwesen orientierte Vernetzung und Kooperation
  Hierunter werden Konzepte zur Vernetzung in den Sozialraum, Kooperationen zu Ausbildungsstätten, Sozialraumanalysen, Kontakte zu Ämtern und Fachdiensten usw. zusammengefasst.
- TQ-Dimension 8: Bedarfsentwicklung und Angebotsplanung
  Hierbei geht es um die strategische Planung und Umsetzung von bedarfsgerechten Angeboten für Kinder und deren Familien. Hierzu hält der Träger bspw. entsprechende Datenbanken bereit und stellt die entsprechend notwendige Infrastruktur zur Verfügung.
- TQ-Dimension 9: Öffentlichkeitsarbeit
  Eine Konzeption zur Öffentlichkeitsarbeit, die Schaffung einer „Corporate identity" und die Beschaffung von Informationsmaterial über die Kindertageseinrichtung finden unter dieser Dimension Berücksichtigung.
- TQ-Dimension 10: Bau- und Sachausstattung
  Hier geht es um die rechtliche Einhaltung von Vorschriften zum Bau und der Sanierung der Kindertageseinrichtung. Demnach ist der Träger dazu angehalten, bspw. die bauliche Substanz in regelmäßigen Abständen zu prüfen sowie den Bedarf an Sachausstattung unter Einbindung der Kinder, der pädagogischen Fachkräfte und der Eltern zu erfassen.

Das Qualitätshandbuch bietet damit umfassende Leitlinien für die Qualitätsentwicklung von Trägern und damit für ihre Professionalisierung. Es berücksichtigt sowohl Aspekte der Strategiefähigkeit des Trägers als auch die Dienstleistungsfunktion gegenüber den Einrichtungen. Gerade wenn es allerdings um Einrichtungen mit flexiblen Betreuungsangeboten geht, sind die Anforderungen aus dem Handbuch sicher an einigen Stellen zu präzisieren und zu erweitern. Auch die Konsequenzen, die sich seit der Veröffentlichung des Handbuchs im Jahre 2003 aus der Weiterentwicklung der Bildungsarbeit und der Einführung der Bildungsleitlinien ergeben, müssten verstärkt in ein solches Handbuch integriert werden.

Generell muss jedoch festgehalten werden, dass die systematische Entwicklung und insbesondere die Umsetzung von Konzepten zur Trägerqualität – im Gegensatz zur pädagogischen Qualität – in der Praxis eher die Ausnahme als die Regel darstellt. Im Rahmen des Projekts „LEA", eines Projekts zur wertschätzungsorientierten Personalentwicklung[53], das seit Ende 2008 in der Forschungsabteilung BEST am IAQ durchgeführt wird, wurden Anfang 2009 drei Anhörungen mit insgesamt 60 Expertinnen und Experten (Vertreter/innen von Trägern, Berufsverbänden und aus der Jugendhilfe-Administration sowie Wissenschaftler/innen) veranstaltet, wobei es um Anforderungen und Instrumente für die Organisationsentwicklung in Kindertageseinrichtungen ging. Angesprochen auf das Qualitätshandbuch für Träger aus der NQI konnte nur ein Beteiligter die Anwendung dieses bei einem Träger bestätigen. Selbstverständlich handelt es sich hier nicht um eine repräsentative Befragung; dennoch wirft das Ergebnis die Frage auf, warum ein solches Instrument anscheinend relativ selten angewandt wird und wie Impulse für eine verstärkte und gezielte Weiterentwicklung der Trägerqualität gegeben werden könnten.

Auch ein Artikel in einer Fachzeitschrift, in dem letztlich die Leitungskräfte der Kindertageseinrichtungen aufgefordert werden, ihre Träger zu qualifizieren, deutet darauf hin, dass der Entwicklungsbedarf in der Trägerqualität noch nicht in hinreichendem Maße wahrgenommen wird: Xenia Roth schreibt dazu in „das leitungsheft kindergarten heute" (2009: 10) Folgendes: „Es ist also durchaus sinnvoll, sich gegebenenfalls der Führungsaufgabe [als Leitung; d. Verf.] zu stellen ‚Wie erziehe ich meinen Vorgesetzten [den Träger, d. Verf.]?' Beginnen Sie damit – falls Sie nicht in entsprechend professionelle Trägerstrukturen eingebunden sind –, das Routinegespräch[54] mit dem Träger im Alltag zu verankern. Ein Trägervertreter, der sich im Fachgebiet unsicher fühlt, sieht in einer starken, kompetenten Leitungskraft nicht immer gleich eine Chance und Entlastung, sondern auch schon mal eine Bedrohung des eigenen Status. Aber die Leiterin kann den Blick darauf lenken, wie sie den Träger oder seinen Vertreter in seinem Amt unterstützen und ‚fit' machen kann, so dass die Zusammenarbeit für alle Beteiligten zum Gewinn wird." Im individuellen Fall mag dies eine pragmatische Vorgehensweise sein, um „vor Ort" voranzukommen. Allerdings muss die (kritische) Frage gestellt werden, ob dies die geeignete Methode zur Weiterentwicklung der Trägerqualität oder gar ein Ansatz politisch-administrativer Steuerung

---

[53] „LEA" steht für „Lernen – Erfahren – Austauschen für Träger und Leitungen von Kindertageseinrichtungen". Es handelt sich dabei um ein vom Bundesministerium für Bildung und Forschung gefördertes Projekt, das von 2008 bis 2011 am Institut Arbeit und Qualifikation an der Universität Duisburg-Essen durchgeführt wird. Vgl. www.lernen-erfahren-austauschen.de

[54] Hierzu werden im Artikel entsprechende Kriterien zur Zieldefinition, zur Vorbereitung und zum Ablauf des Routinegesprächs dargestellt.

sein kann: Leitungskräfte in Kindertageseinrichtungen, die mit hohen Ansprüchen an die Bildung, Erziehung und Betreuung der Kinder konfrontiert sind und für diese anspruchsvolle Aufgabe Unterstützung bräuchten, sollen stattdessen umgekehrt ihre Vorgesetzten „fit" machen. Wenn Jugendhilfepolitik das Ziel erreichen will, über eine Weiterentwicklung der Trägerqualität die Rahmenbedingungen für die Organisationsentwicklung in den Kindertageseinrichtungen zu verbessern, sind sicher andere Ansätze gefragt.

9.3 Ausblick: Zur Gestaltung von Trägerqualität

Die bisherigen Ausführungen zum Thema „Trägerqualität" haben zum einen gezeigt, dass der Versuch einer Top-down-Steuerung, also quasi die Verordnung von Entwicklungsprozessen oder gar die Vorgabe entsprechender Standards durch die Jugendhilfeadministration, wenig Erfolg versprechend wäre. Zum anderen wird aber anhand der anscheinend eher geringen Rezeption des NQI-Qualitätshandbuchs deutlich, dass die gezielte Qualitätsentwicklung auf Seiten der Träger selbst bei Vorliegen geeigneter Instrumente nicht zum „Selbstläufer" wird. Am ehesten sind es anscheinend Veränderungen in den gesetzlichen Regelungen, die als Reaktion darauf Prozesse der Professionalisierung auslösen, wie die Aussagen aus dem Expertengespräch im Hinblick auf die diesbezüglichen Auswirkungen des Bayerischen Kinderbildungsgesetzes andeuten. Offen ist aber immer, ob auf solche Veränderungen eher konstruktiv – etwa durch die Bereitstellung von geeigneten Management-Instrumenten – reagiert wird oder ob aus einer wachsenden Unsicherheit heraus eher versucht wird, Komplexität zu reduzieren, indem beispielsweise flexible Angebote auf ein notwendiges Minimum begrenzt oder Verträge mit Beschäftigten nur noch befristet abgeschlossen werden.

Wichtig wäre zunächst einmal die Erweiterung der Erkenntnisse darüber, wie die Qualität der Träger aussieht, wie sich „gute" und „schlechte" Qualität verteilen und welchen Einfluss Trägerstrukturen, die Größe und andere Faktoren haben. Will man politisch Prozesse der Professionalisierung und Qualitätsentwicklung gezielt auslösen und fördern, so sind dann zwei Aspekte zu unterscheiden. Erstens geht es um die Frage, inwieweit kleine Träger noch in der Lage sein können, die gestiegenen Anforderungen zu bewältigen. Allein aus eigener Kraft eines einzelnen Trägers, beispielsweise einer einzelnen Kirchengemeinde oder eines kleinen Vereins, dürfte dies kaum noch möglich sein. Zum einen machen schon allein die zu Beginn dieses Kapitels erwähnten Stichwörter deutlich, wie komplex die Anforderungen sind, denen sich ein Träger stellen muss. Zum anderen kann ein kleiner Träger Auslastungsschwankungen kaum durch Änderungen im Personaleinsatz auffangen. An der Entwicklung von neuen Kooperationsstrukturen geht damit kein Weg vorbei. Ob dies allerdings immer bedeuten muss, dass ein kleiner Träger seine Selbstständigkeit komplett aufgibt und sich in einen größeren Organisationskontext integriert, ist fraglich. Von Interesse wäre es, nach Möglichkeiten der Entwicklung von Unterstützungsstrukturen zu suchen, die Kooperation, Synergieeffekte und eigenes Profil auch kleiner Einheiten miteinander verbinden würden. Bislang gibt es keine systematischen Erkenntnisse zu derartigen Fragen, so dass Forschungs- und Entwicklungsprojekte sowie Modellprojekte mit begleitender Evaluierung von Interesse wären.

Die zweite Frage betrifft die gezielte Qualitätsentwicklung und -sicherung, die für alle Träger – egal, welcher Größe – relevant sind. Hierzu liegen fachspezifische Instrumente wie das NQI-Qualitätshandbuch vor; darüber hinaus kann partiell auch auf prozessorientierte Verfahren zur Qualitätssicherung und Qualitätsentwicklung aus anderen Branchen zurückgegriffen werden. Entscheidet sich ein Träger für die letztere Alternative, kommt er allerdings nicht umhin, ergänzende Überlegungen darüber hinzuzuziehen, was einen guten Träger einer Kindertageseinrichtung ausmacht. Trägerqualität ist nämlich kein eindeutig definiertes Produkt, über dessen Ausgestaltung allgemeiner Konsens bestehen würde. Dass ein Auto verlässliche Bremsen haben sollte, muss nicht weiter thematisiert werden; für die Qualitätssicherung reicht es aus, Verfahren zu definieren, die dazu führen, dass die Bremsen ordnungsgemäß hergestellt werden. Trägerqualität hingegen muss erst definiert werden. Vor diesem Hintergrund reicht die Prozessorientierung, so wichtig sie auch ist, für das Qualitätsmanagement nicht aus. Notwendig ist vielmehr die Verknüpfung mit einer inhaltlichen Orientierung über das, was eine gute Trägerqualität ausmacht.

Wenn ein Bundesland – oder auch der Bund im Rahmen einer bundesweiten Initiative – Anstöße für die Weiterentwicklung der Trägerqualität geben will, würden sich daher in einem ersten Schritt Wettbewerbe zur Suche nach den besten Konzepten anbieten. Die Ergebnisse solcher Wettbewerbe würden in unterschiedlicher Weise in die Trägerlandschaft hineinwirken: Mit einer öffentlichkeitswirksamen Gestaltung würden Impulse an die Träger gegeben, sich mit diesem Thema auseinanderzusetzen; eine Debatte über Trägerqualität würde in Gang kommen; gute Konzepte könnten für andere übertragen werden.

Eines sollte aber nicht übersehen werden: Auch Trägerqualität benötigt geeignete Rahmenbedingungen. Dass diese Rahmenbedingungen, beispielsweise im Hinblick auf Handlungsspielräume zur Flexibilisierung der Betreuungsstrukturen oder auf die Ausgestaltung und Konkretisierung von Leitlinien zur Weiterentwicklung der Bildungsarbeit, in den einzelnen Bundesländern höchst unterschiedlich ausgeprägt sind, wurde in dieser Studie immer wieder deutlich. Eine nachhaltige Personal- und Organisationsentwicklung in den Kindertageseinrichtungen benötigt eine nachhaltige Weiterentwicklung der Trägerqualität, und unter beiden Gesichtspunkten sind nachhaltige Regulierungs- und Finanzierungsstrukturen auf Landesebene als Rahmenbedingung erforderlich.

Literatur

AG 3.13 QVTAG, 2008: Arbeitszeitbedarf für die mittelbare pädagogische Arbeit einer Erzieherin in der Kita. http//www.daks-berlin.de/downloads/ag3.13endfassung 080820.pdf

Aliaga, C., 2005: Vereinbarkeit von Familie und Beruf: Unterschiede zwischen Frauen und Männern. In: Statistik kurz gefasst – Bevölkerung und soziale Bedingungen / Eurostat, H. 4, S. 1-7. http://www.eds-destatis.de/de/downloads/sif/nk_05_04.pdf

Altgeld, K. / Klaudy, E.K. / Stöbe-Blossey, S. (Hrsg.), o.J.: Flexible Kinderbetreuung: Online Handbuch. Gelsenkirchen: Institut Arbeit und Qualifikation. http://www.flexiblekinderbetreuung.de/html/handb.html

Altgeld, K. / Stöbe-Blossey, S. (Hrsg.), 2009: Qualitätsmanagement in der frühkindlichen Bildung, Erziehung und Betreuung. Perspektiven für eine öffentliche Qualitätspolitik. Wiesbaden.

Altgeld, K. / Krüger, T. / Menke, A., 2008: Von der Kindertageseinrichtung zum Dienstleistungszentrum: ein internationaler Länderreport. Wiesbaden.

Altgeld, K. / Klaudy, E. K. / Stöbe-Blossey, S., 2007: Kindertageseinrichtungen im Wandel: Anforderungen an eine mitarbeiterorientierte Organisationsentwicklung. Gelsenkirchen, IAQ-Report 2007-03. http://www.iaq.uni-due.de/iaq-report/2007/report2007-03.shtml

Amt für Soziale Dienste Bremen (Hrsg.), 2000: Kindergarten – Eine Institution im Wandel. Reflexion und Neubewertung der Bildungs- und Erziehungskonzeption von Tageseinrichtungen für Kinder. Bremen.

BA (Bundesagentur für Arbeit) (Hrsg.), 2008: Statistik der BA. „Beschäftiguing" 12/2008.

BA (Bundesagentur für Arbeit) (Hrsg.), 2007/2: Analyse des Arbeitsmarktes für Frauen und Männer. Analytikreport der Statistik. Nürnberg, 12-2007.

BA (Bundesagentur für Arbeit) (Hrsg.), 2007/1: Situation von Frauen und Männern auf dem Arbeits- und Ausbildungsmarkt. Nürnberg, 10-2007.

BA (Bundesagentur fürArbeit) (Hrsg.), 2007: IAB-Kurzbericht Nr. 22/2007. Roggentin.

Bäcker, G. / Naegele, G. / Bispinck, R. / Hofemann, K. / Neubauer, J., 2008: Sozialpolitik und soziale Lage in Deutschland. Bd. 2: Gesundheit, Familie, Alter und Soziale Dienste. Wiesbaden. (4., grundlegend überarbeitete und erweiterte Auflage).

BAGLJÄ (Bundesarbeitsgemeinschaft der Landesjugendämter), 2008: Flexible Angebotsformen der Kindertagesbetreuung. Positionspapier der Bundesarbeitsgemeinschaft der Landesjugendämter, beschlossen auf der 104. Arbeitstagung der Bundesarbeitsgemeinschaft der Landesjugendämter vom 23. bis 25. April in Chorin. München: http://www.bagljae.de/Stellungnahmen/Kindertagesbetreuung.pdf

Becker-Textor, I. / Textor, M., 1997: Der offene Kindergarten – Vielfalt der Formen. Freiburg i. Brsg.

Beher, K. / Haenisch, H. / Hermens, C. / Nordt, G. / Prein, G. / Schulz, U., 2007: Die offene Ganztagsschule in der Entwicklung. Empirische Befunde zum Primarbereich in Nordrhein-Westfalen. Weinheim/München.

Beher, K. / Knauer, D. / Rauschenbach, T., 1996: Beruf: ErzieherIn. Daten, Studien und Selbstbilder – zur Situation der ErzieherInnen in Kindertageseinrichtungen und Heimen. In: Böttcher, W. (Hrsg.): Die Bildungsarbeiter. Situation – Selbstbild – Fremdbild, Gewerkschaft Erziehung und Wissenschaft, Initiative Bildung Bd. 2. Weinheim/München: 11-49.

Behrens, F. / Heinze, R. G. / Hilbert, J. / Stöbe-Blossey, S. (Hrsg.), 2005: Ausblicke auf den aktivierenden Staat: von der Idee zur Strategie. Berlin: Modernisierung des öffentlichen Sektors, Sonderbd. 23.

Bertelsmann Stiftung (Hrsg.), 2008: Länderreport Frühkindliche Bildung 2008. Bielefeld.

Bertram, T. / Pascal, C. / Bokhari, S. / Gasper, M. / Holtermann, S., 2002: Early Excellence Centre Pilot Programme, Second Evaluation Report 2000 - 2001, Research Report 361. DfES: London.

Berufe im Spiegel der Statistik. IAB online; http://www.pallas.iab.de.

BMFSFJ (Bundesministerium für Familie, Senioren, Frauen und Jugend) (Hrsg.), 2008a: Familienmonitor 2008. Repräsentative Befragung zum Familienleben und zur Familienpolitik. Allensbach.

BMFSFJ (Bundesministerium für Familie, Senioren, Frauen und Jugend) (Hrsg.), 2008b: Alleinerziehende in Deutschland. Potenziale, Lebenssituationen und Unterstützungsbedarfe. Monitor Familienforschung. Beiträge aus Forschung, Statistik und Familienpolitik. Ausgabe 15. Berlin.

BMFSFJ (Bundesministerium für Familie, Senioren, Frauen und Jugend) (Hrsg.), 2006: Familie zwischen Flexibilität und Verlässlichkeit. Perspektiven für eine lebenslaufbezogene Familienpolitik. 7. Familienbericht. Berlin.

BMFSFJ (Bundesministerium für Familie, Senioren, Frauen und Jugend) (Hrsg.), 2005: Zwölfter Kinder- und Jugendbericht. Bericht über die Lebenssituation junger Menschen und die Leistungen der Kinder- und Jugendhilfen in Deutschland. Berlin.

BMFSFJ (Bundesministerium für Familie, Senioren, Frauen und Jugend) (Hrsg.), 2003: Auf den Anfang kommt es an! – Perspektiven zur Weiterentwicklung des Systems der Tageseinrichtungen für Kinder in Deutschland. Weinheim.

BMFSFJ (Bundesministerium für Familie, Senioren, Frauen und Jugend) (Hrsg.), 2002: Nationale Qualitätsinitiative im System der Tageseinrichtungen für Kinder. Berlin.

Böckler-Impuls, Ausgabe 18/2006. http://www.boecklerimpuls.de

Böttcher, W. (Hrsg.), 1996: Die Bildungsarbeiter. Situation – Selbstbild – Fremdbild, Gewerkschaft Erziehung und Wissenschaft, Initiative Bildung Bd. 2. Weinheim.

Bosch, G. / Wagner, A. 2002: Konvergenz der Arbeitszeitwünsche in Westeuropa. Konturen eines neuen Arbeitszeitstandards. IAT-Report 2002-01. http:/www.iaq.uni-due.de/iat-report/2002/report2002-01.shtml

Bothfeld, S. / Klammer, U. / Klenner, C. / Leiber, S. / Thiel, A. / Ziegler, A., 2005: WSI-Frauendatenreport. Handbuch zur sozialen und ökonomischen Situation von Frauen in Deutschland. Berlin.

Breuer, H. / Weuffen, M., 2006: Lernschwierigkeiten am Schulanfang – Lautsprachliche Lernvoraussetzungen und Schulerfolg. Eine Anleitung zur Einschätzung und Förderung lautsprachlicher Lernvoraussetzungen. Weinheim.

Cornelißen, W. (Hrsg.), 2005: Gender-Datenreport. 1. Datenreport zur Gleichstellung von Frauen und Männern in der Bundesrepublik Deutschland. Im Auftrag des BMFSFJ. München.

Cramer, M., 2003: Arbeitszeitmodelle und Dienstplangestaltung. Wie Kindergärten TOP werden. Weinheim.

Cramer, M. / Schaffranke, D., o.J.: Flexible Arbeitszeiten, Arbeitszeitkonten und Jahresarbeitszeitmodelle in Kindertageseinrichtungen. Ein Beitrag auch zur Diskussion über die Qualität von Kitas.
http://www.brandenburg.de/media/lbm1.a.1231.de/cramer_flexible_arbeitszeiten.pdf

Deinet, U., 2004: Die Bedeutung von Kooperation für den Erfolg der Offenen Ganztagsgrundschule. In: Jugendhilfe aktuell Nr. 3: 7-15.

Denner, L. / Schumacher, E., 2004: Übergänge im Elementar- und Primarbereich reflektieren und gestalten. Beiträge zu einer grundlegenden Bildung. Bad Heilbrunn.

Der Paritätische, 2008: Paritätischer Anforderungskatalog für die Strukturqualität in Kindertageseinrichtungen. http://www.der-paritätische.de/uploads/media/strukturqualität_anforderungskatalog.pdf

Der Paritätische, Diakonie, Gewerkschaft Erziehung und Wissenschaft (Hrsg.), 2009: Schlüssel zu guter Bildung, Erziehung und Betreuung – Wissenschaftliche Parameter zur Bestimmung der pädagogischen Fachkraft-Kind-Relation. Berlin.

Deutsches PISA-Konsortium (Hrsg.), 2001: PISA 2000. Basiskompetenzen von Schülerinnen und Schülern im internationalen Vergleich. Opladen.

Dewe, B. / Wohlfahrt, N., 1991: Verbundsystem und Netzwerkförderung – Ein neues Aufgabenfeld für die Entwicklung der Sozialarbeit? In: Dewe, B. / Wohlfahrt, N. (Hrsg.): Netzwerkförderung und soziale Arbeit. Empirische Analysen in ausgewählten Handlungs- und Politikfeldern. Bielefeld: 7-30.

Diller, A. / Heitkötter, M. / Rauschenbach, T. (Hrsg.), 2008: Familie im Zentrum: Kinderfördernde und elternunterstützende Einrichtungen – aktuelle Entwicklungen und Herausforderungen. Wiesbaden.

Diller, A. / Leu, H.R. / Rauschenbach, T. (Hrsg.), 2004: Kitas und Kosten. Die Finanzierung von Kindertageseinrichtungen auf dem Prüfstand. München. DJI (Deutsches Jugendinstitut e.V.), 2007: Kinder, Krippen, Kosten – Fakten zur Kindertagesbetreuungsdebatte. DJI-online, 1. April 2007.

DJI (Deutsches Jugendinstitut e. V.), 2007: Kinder, Krippen, Kosten – Fakten zur Kindertagesbetreuungsdebatte. DJI-online, 1. April 2007.

DJI (Deutsches Jugendinstitut e.V.), 2005: Eltern-Kind-Zentren: Die neue Generation kinder- und familienfördernder Institutionen. Grundlagenbericht. (erstellt vom Deutschen Jugendinstitut im Auftrag des BMFSFJ)
http://cgi.dji.de/bibs/411_Grundlagenbericht_Eltern-Kind-Zentren.pdf

DJI (Deutsches Jugendinstitut e.V.), 2004: Rechercheberichte Häuser für Kinder und Familien (erstellt vom Deutschen Jugendinstitut im Auftrag des BMFSFJ).
http://cgi.dji.de/bibs/411_Grundlagenbericht_Eltern-Kind-Zentren.pdf

Esch, K. / Klaudy, E. K. / Micheel, B. / Stöbe-Blossey, S., 2006: Qualitätskonzepte in der Kindertagesbetreuung. Wiesbaden.

Esch, K. / Klaudy, E. K. / Stöbe-Blossey, S., 2005: Bedarfsorientierte Kinderbetreuung. Gestaltungsfelder für die Kinder- und Jugendpolitik. Wiesbaden.

FAIF (Frankfurter Agentur für Innovation und Forschung) / Prognos AG, 2009: Evaluationsstudie Modellprojekt Kids & Co. – Kindertagesstätte. Commerzbank AG. Frankfurt.

Faust, G. / Roßbach, H.-G., 2004: Der Übergang vom Kindergarten in die Grundschule In: Denner, L. / Schumacher, E. (Hrsg.): Übergänge im Elementar- und Primarbereich reflektieren und gestalten. Beiträge zu einer grundlegenden Bildung. Bad Heilbrunn: 91-103.

Faust, G. / Götz, M. / Hacker, H. / Roßbach, H.-G. (Hrsg.), 2004: Anschlussfähige Bildungsprozesse im Elementar- und Primarbereich. Bad Heilbrunn.

Forum Bildung, 2001: Empfehlungen des Forum Bildung, 19.11.2001. www.forumbildung.de

Fthenakis, E. W. et al. (Hrsg.), 2007: Träger zeigen Profil. Qualitätshandbuch für Träger von Kindertageseinrichtungen. Weinheim/Basel/Berlin.

Fthenakis, W. E., 2004: Bildung neu konzeptualisiert: Zur (längst fälligen) Reform der frühkindlichen Bildung. In: Henry-Huthmacher, C. (Hrsg.): Kinderbetreuung in Deutschland – Ein Überblick. Krippen – Tagespflege – Kindergärten – Horte und Ganztagsschulen im Vergleich der Bundesländer. Arbeitspapier Nr.144/2005; Konrad-Adenauer-Stiftung, St. Augustin: 32-51.

Fthenakis, W. E. (Hrsg.) / Gisbert, K., 2004: Lernen lernen. Lernmethodische Kompetenzen von Kindern in Tageseinrichtungen fördern. Weinheim/Basel.

Fthenakis, W.E. / Oberhuemer. P., 2004: Frühpädagogik international. Bildungsqualität im Blickpunkt. Wiesbaden.

Fthenakis, W. E. (Hrsg.), 2003: Elementarpädagogik nach PISA. Wie aus Kindertagesstätten Bildungseinrichtungen werden können. Freiburg/Basel/Berlin.

Fthenakis, W. E. et al. (Hrsg.), 2003: Träger zeigen Profil. Qualitätshandbuch für Träger von Kindertageseinrichtungen. Weinheim/Basel.

Fthenakis, W. E., 2000: Kindergarten: Eine Institution im Wandel. In: Amt für Soziale Dienste Bremen (Hrsg.): Kindergarten – Eine Institution im Wandel. Reflexion und Neubewertung der Bildungs- und Erziehungskonzeption von Tageseinrichtungen für Kinder. Bremen: 11-92.

Fuchs-Rechlin, K., 2008: Arbeitsplatz Ganztagsschule – pädagogisch wertvoll? Ergebnisse einer Studie der Max-Traeger-Stiftung. In: GEW (Hrsg.): Arbeitsplatz Ganztagsschule – pädagogisch wertvoll! Handreichung für die sozialpädagogische Arbeit an Ganztagsschulen. Frankfurt: 89-124.

GEW (Gewerkschaft Erziehung und Wissenschaft) Hauptvorstand, 2008: Arbeitsplatz Ganztagsschule – pädagogisch wertvoll! Handreichung für die sozialpädagogische Arbeit an Ganztagsschulen. Frankfurt.

GEW (Gewerkschaft Erziehung und Wissenschaft) (Hrsg.), 2007: Wie geht's im Job? KiTa-Studie der GEW. Frankfurt a.M. 2007.

Gisbert, K., 2004: Neue Bildungsinhalte. In: Wehrmann, I. (Hrsg.): Kindergärten und ihre Zukunft. Weinheim/Basel/Berlin: 138-148.

Goos-Wille, E., 2005: Der Soziale Dialog Niedersachsen. Institutionelles Lernen in der Landessozialpolitik. In: Behrens, F. / Heinze, R. G. / Hilbert, J. / Stöbe-Blossey, S. (Hrsg.): Ausblicke auf den aktivierenden Staat: von der Idee zur Strategie. Berlin: Modernisierung des öffentlichen Sektors, Sonderband. 23: 315-336.

Griebel, W. / Niesel, R., 2002: Abschied vom Kindergarten Start in die Schule. München.

Grundig, B., 2005: Erwerbsbeteiligung von Frauen in Deutschland. Ifo Dresden berichtet, Nr. 6 /2005.

Hardason, O., 2007: Flexible Arbeitszeitgestaltung bei Frauen und Männern. Eurostat – Statistik kurz gefasst – Bevölkerung und soziale Bedingungen, Nr. 96 / 2007.

Haug-Schnabel, G. / Bensel, J. / Stetten, S. v. / Weber, S. / Schnabel, N., 2008: Flexible Betreuung von unter Dreijährigen im Kontext von Geborgenheit, Kontinuität und Zugehörigkeit. Wissenschaftliche Recherche im Auftrag des Landschaftsverbands Rheinland, Köln, Dezernat 4 – Schulen, Jugend. Kindern, Mai 2008.

Heinze, R. G., 1985: Verbandlichung der Sozialpolitik? Zur neuen Diskussion des Subsidiaritätsprinzips. In: Krüger, J. / Pankoke, E. (Hrsg.): Kommunale Sozialpolitik. München/ Wien/Oldenburg: 195-212.

Henry-Huthmacher, C., 2004: Kinderbetreuung in Deutschland – Ein Überblick. Krippen – Tagespflege – Kindergärten – Horte und Ganztagsschulen im Vergleich der Bundesländer. Arbeitspapier Nr.144/2005; Konrad-Adenauer-Stiftung, St. Augustin.

Hensen, G. / Rietmann, S. (Hrsg.), 2008: Tagesbetreuung im Wandel: Das Familienzentrum als Zukunftsmodell. Wiesbaden.

Hochschild, A. R., 2004: Die Warenfront – Zur Kommerzialisierung des privaten Lebens. In: Familiendynamik 29 (3): 185-207.

Hochschild, A. R., 2003a: The Managed Heart: Commercialization of Human Feeling. Twentieth Anniversary Edition. Berkeley.

Hochschild, A. R., 2003b: The Commercialization of Intimate Life: Notes from Home and Work. Berkeley.

Höhmann, K. / Bergmann, K. / Gebauer, M., 2007: Das Personal. In: Holtappels, H-G. / Kieme, E ./ Rauschenbach, T. / Stecher, L. (Hrsg.): Ganztagsschule in Deutschland. Ergebnisse der Ausgangserhebung der „Studie zur Entwicklung von Ganztagsschulen" (StEG). Weinheim/München: 77-85.

Holst, E., 2007: Arbeitszeitwünsche von Frauen und Männern liegen näher beieinander als tatsächliche Arbeitszeiten. DIW-Wochenbericht, Nr.14-15/ 2007.

Holtappels, H-G. / Kieme, E. / Rauschenbach, T. / Stecher, L. (Hrsg.), 2007: Ganztagsschule in Deutschland. Ergebnisse der Ausgangserhebung der „Studie zur Entwicklung von Ganztagsschulen" (StEG). Weinheim/München.

Hopf, A. / Zill-Sahm, I. / Franken, B., 2004: Vom Kindergarten in die Grundschule. Evaluationsinstrumente für einen erfolgreichen Übergang. Weinheim/Basel.

Hugoth, M. / Jansen, F., 2005: Gute Tageseinrichtungen brauchen gute Träger. Neue Trägerstrukturen und Ansätze zur Weiterentwicklung der Trägerqualität. Freiburg.

Hugoth, M. / Roth, X. (Hrsg.), 2006: Handbuch für Träger von Kindertageseinrichtungen. Köln.

IAW, 2007: Evaluation der Experimentierklausel nach §6c SGB II – Vergleichende Evaluation des arbeitsmarktpolitischen Erfolgs der Modelle der Aufgabenwahrnehmung

„Optierende Kommune und „Arbeitsgemeinschaft", Untersuchungsfeld I „Deskriptive Analyse und Matching". Unveröff. Jahresbericht 31.5.2007. Tübingen.

Institut für Soziale Arbeit e.V. (Hrsg.), 2008a: Kulturelle Bildung im GanzTag. Reihe „Der GanzTag in NRW – Beiträge zur Qualitätsentwicklung". 4. Jg. 2008, Heft 7 (Autoren: Fischer, G. / Treudt, P. et al.).

Institut für Soziale Arbeit e.V. (Hrsg.), 2008b: Sozialraumorientierung macht Schule. Reihe „Der GanzTag in NRW – Beiträge zur Qualitätsentwicklung". 4. Jg. 2008, Heft 8 (Autoren: Grimm, M. / Deinet, U.).

Institut für Soziale Arbeit e.V. (Hrsg.), 2008c: Arbeitshilfe zur Umsetzung des Kinderschutzes in der Schule. Empfehlungen für Lehrkräfte und pädagogische Fachkräfte. Reihe „Der GanzTag in NRW – Beiträge zur Qualitätsentwicklung". 4. Jg. 2008, Heft 9 (Autoren: Bathke, S. et al.).

Institut für Soziale Arbeit e.V. (Hrsg.), 2007a: QUIGS – Qualitätsentwicklung in Ganztags-schulen. Grundlagen, praktische Tipps und Instrumente. Reihe „Der GanzTag in NRW – Beiträge zur Qualitätsentwicklung". 3. Jg. 2007, Heft 4.

Institut für Soziale Arbeit e.V. (Hrsg.), 2007b: Kinderschutz macht Schule. Handlungsoptionen, Prozessgestaltung und Praxisbeispiele zum Umgang mit Kindeswohlgefährdung in der offenen Ganztagsschule. Reihe „Der GanzTag in NRW – Beiträge zur Qualitätsentwicklung". 3. Jg. 2007, Heft 5 (Autoren: Bathke, S. / Reichel, N. et al.).

Institut für Soziale Arbeit e.V. (Hrsg.), 2007c: Praxis kommunaler Qualitätszirkel in Nordrhein-Westfalen. Trägerübergreifende Qualitätsdialoge zur Weiterentwicklung der Offenen Ganztagsschule. Reihe „Der GanzTag in NRW – Beiträge zur Qualitätsentwicklung". 3. Jg. 2007, Heft 6 (Autoren: Wegener, S. et al.).

Institut für Soziale Arbeit e.V. (Hrsg.), 2005a: Ganztagsschule und Jugendhilfe. Kooperation als Herausforderung und Chance für die Gestaltung von Bildungsbedingungen junger Menschen. Reihe „Der GanzTag in NRW – Beiträge zur Qualitätsentwicklung. 1. Jg. 2005, Heft 1 (Autor: Maykus, S.).

Institut für Soziale Arbeit e.V. (Hrsg.), 2005b: „Niemand weiß, was ich um die Ohren habe ..." Förderkonzepte von Schule und Jugendhilfe – zwei Blickwinkel auf den „Fall Tim". Teil 1 der Themenfolge: Integration von Kindern mit besonderem erzieherischem Förderbedarf in die Offene Ganztagsschule. Reihe „Der GanzTag in NRW – Beiträge zur Qualitätsentwicklung". 1. Jg. 2005, Heft 2 (Autoren: Ader, S. / Höhmann, K. / Maykus, S.).

Institut für Soziale Arbeit e.V. (Hrsg.), 2005c: Besonderer erzieherischer Förderbedarf und Offene Ganztagsschule. Positionsbestimmungen und Beispiele guter Praxis. Teil 2 der Themenfolge: Integration von Kindern mit besonderem erzieherischem Förderbedarf in die Offene Ganztagsschule. Reihe „Der GanzTag in NRW – Beiträge zur Qualitätsentwicklung". 1. Jg. 2005, Heft 3 (Autoren: Berndt, W. et al.).

Janssen, K. / Dreier, H. / Selle, M., 2008: Kindertagesbetreuung in Nordrhein-Westfalen. Kurzkommentar KiBiz. O.O.

Klenner, C. / Pfahl, S., 2008: Jenseits von Zeitnot und Karriereverzicht. Wege aus dem Arbeitszeitdilemma. WSI-Diskussionspapiere.

Klenner, C. / Pfahl, S. / Reuyß, S., 2003: Flexible Arbeitszeiten aus der Sicht von Eltern und Kindern. In: Zeitschrift für Soziologie der Erziehung und Sozialisation 23 (3): 268-285.

Klinkhammer, N., 2008 (unter Mitarbeit von A. Diller und C. Barthelt): Flexible und erweiterte Kinderbetreuung in Deutschland. Ergebnisse einer Recherche zu ausgewählten Beispielen. München.

Klinkhammer, N., 2007a: Bedarfsgerechte Angebote im Trägerverbund? München.

Klinkhammer, N., 2007b: Flexibilität ermöglichen, Qualität sichern: Herausforderungen für die Veränderungen in der zeitlichen Angebotsstruktur von Kindertageseinrichtungen. In: Altgeld, K. / Klaudy, E.K. / Stöbe-Blossey, S. (Hrsg.), o.J.: Flexible Kinderbetreuung: Online Handbuch. Gelsenkirchen: Institut Arbeit und Qualifikation. http://www.flexiblekinderbetreuung.de/html/handb.html

Klinkhammer, N., 2005: Tageseinrichtungen mit flexiblen Angebotsstrukturen. Neue Herausforderungen für die Gestaltung des pädagogischen Alltags von ErzieherInnen und Kindern. Projektbericht. München.

Kösters, W., 1999: Politik für die nächste Generation. Kinder-, Jugend- und Familienpolitik in Deutschland. München.

Kreiselternausschuss im Rhein-Lahn-Kreis (KEA Rhein-Lahn), 2005: Empfehlungen zur Teilzeitarbeit in Kindertagesstätten. Entwurfsstand 2005. http://www.kea-rhein-lahn.de/userfiles/Teilzeitarbeit.pdf

Krüger, J. / Pankoke, E. (Hrsg.), 1985: Kommunale Sozialpolitik. München/Wien/Oldenburg.

Kümmerling, A. / Jansen, A. / Lehndorff, S., 2008: Immer mehr Frauen sind erwerbstätig – aber mit kürzeren Wochenarbeitszeiten. IAQ-Report 2008-4. http://www.iaq.uni-due.de/iaq-report/2008/report2008-04.shtml

Laewen, H.-J., 2004: Bildung in Kindertageseinrichtungen: Der schwierige Weg in die Praxis. In: Wehrmann, I. (Hrsg.): Kindergärten und ihre Zukunft. Weinheim/Basel/Berlin: 149-166.

Larrá, F. / Binninger, G., 2005: Das Trierer Modell der Kita GmbH. In: Hugoth, M. / Jansen, F. (Hrsg.): Gute Tageseinrichtungen brauchen gute Träger. Neue Trägerstrukturen und Ansätze zur Weiterentwicklung der Trägerqualität. Freiburg: 33-44.

Liebenau-Strube, L. (2007): Externe Fachberatung. Neue Wege der Fachberatung. In: Altgeld, K. / Klaudy, E.K. / Stöbe-Blossey, S. (Hrsg.), o.J.: Flexible Kinderbetreuung: Online Handbuch. Gelsenkirchen: Institut Arbeit und Qualifikation. http://www.flexiblekinderbetreuung.de/html/handb.html

LIGA der Spitzenverbände der Freien Wohlfahrtspflege im Land Brandenburg (2008): Neue Herausforderungen in Kindertageseinrichtungen – Standortbestimmung der LIGA der Spitzenverbände der Freien Wohlfahrtspflege im Land Brandenburg. Potsdam.

Merchel, J., 2003: Trägerstrukturen in der Sozialen Arbeit. Weinheim.

Meyer-Ullrich, G., 2008: Familienzentren NRW: Qualitative Ergänzungsstudien zur Weiterentwicklung von Einrichtungen nach der Pilotphase (Arbeitsbericht 6 der wissenschaftlichen Begleitung „Familienzentren NRW"), Berlin. http://www.paedquis.de/down/Arbeitsbericht%206.pdf

Meyer-Ullrich, G. / Schilling, G. / Stöbe-Blossey, S., 2008: Der Weg zum Familienzentrum – Eine Zwischenbilanz der wissenschaftlichen Begleitung. Berlin. www.paedquis.de.

MGFFI (Ministerium für Generationen, Familie, Frauen und Gesundheit des Landes Nordrhein-Westfalen), 2007: Das Gütesiegel Familienzentrum NRW. Zertifizierung der Piloteinrichtungen. Düsseldorf. (Neuauflage 2008).
MSJK (Ministerium für Schule, Jugend und Kinder des Landes Nordrhein-Westfalen) (Hrsg.), 2003: Erfolgreich starten! Schulfähigkeitsprofil als Brücke zwischen Kindergarten und Grundschule. Düsseldorf.
MSW (Ministerium für Schule und Weiterbildung), 2006: Runderlass des Ministeriums für Schule und Weiterbildung v. 26. 1. 2006 (ABl. NRW. S. 29): Offene Ganztagsschule im Primarbereich.
Netta, B. / Weigl, M., 2006: Hand in Hand. Das Amberger Modell – ein Kooperationsprojekt für Kindertagesstätten und Grundschulen. Oberursel.
Netzwerk Kinderbetreuung und andere Maßnahmen zur Vereinbarkeit von Beruf und Familie für Frauen und Männer der Europäischen Kommission, 1996: Qualitätsziele in Einrichtungen für kleine Kinder. Vorschläge für ein zehnjähriges Ausbauprogramm. Ohne Ort: Selbstverlag.
Neuhaus, B., 2002: Bedarfsgerechte Flexibilisierung von Ganztagsangeboten in Kindertagesstätten in Rheinland-Pfalz – Beispiel einer kundenorientierten Angebotserweiterung. In: KiTa aktuell 10: 209-211.
OECD, 2001: OECD Employment Outlook, Juni 2001, Paris.
Rauschenbach, T., 1996a: Erzieherin – ein Teilzeitberuf? Teil 1. In: Klein und Groß, Heft 4: 40-43.
Rauschenbach, T., 1996b: Erzieherin – ein Teilzeitberuf? Teil 2. In: Klein und Groß, Heft 5: 42-43.
Regel, G. / Wieland, A. J. (Hrsg.), 1993: Offener Kindergarten konkret. Veränderte Pädagogik in Kindergarten und Hort. Hamburg.
Roppelt, U., 2003: Kinder – Experten ihres Alltags? Frankfurt a.M.
Roth, X., 2009: Starker Träger – starke KiTa. Die Aufgaben des Trägers verstehen und kooperieren. In: Das Leitungsheft. Kindergarten heute. 1/2009: 4-10.
Rürup, B. / Gruescu, S., 2003: Nachhaltige Familienpolitik im Interesse einer aktiven Bevölkerungsentwicklung. Gutachten im Auftrag des Bundesministeriums für Familie, Senioren, Frauen und Jugend. Berlin/Bonn.
Sachverständigenrat Bildung bei der Hans-Böckler-Stiftung, 2001: Bildung in der frühen Kindheit. Diskussionspapiere der Hans-Böckler-Stiftung Nr. 4/2001. Düsseldorf.
Schäfer, G. E., 2003: Bildung beginnt mit der Geburt. Ein offener Bildungsplan für Kindertageseinrichtungen in Nordrhein-Westfalen. Weinheim/Berlin/Basel.
Schäfer, G. E., 1995: Bildungsprozesse im Kindesalter. Weinheim/München. (Neuauflage 2002/2005).
Schilling, M., 2004: Berechnung der Platzkosten als finanzielle Grundlage für den quantitativen und qualitativen Ausbau. In: Diller, A. / Leu, H.R. / Rauschenbach, T. (Hrsg.): Kitas und Kosten. Die Finanzierung von Kindertageseinrichtungen auf dem Prüfstand. München: 31-54.
Schridde, H., 2005: Die „Soziale Stadt" und „Ganzheitliches Regieren" im aktivierenden Sozialstaat. In: Behrens, F. / Heinze, R. G. / Hilbert, J. / Stöbe-Blossey, S. (Hrsg.): Ausblicke auf den aktivierenden Staat: von der Idee zur Strategie. Berlin: Modernisierung des öffentlichen Sektors, Sonderband. 23: 289-314.

Seehausen, H., 2008: Flexibilisierung von Angebotsformen und Betreuungszeiten. In: KiTa aktuell, Ausgabe Hessen, Rheinland-Pfalz, Saarland (HRS), Nr. 11: 220-223.
Seehausen, H., 2007: Zur Flexibilisierung von Angebotsformen und Betreuungszeiten in Tageseinrichtungen für Kinder. In: Stadt Münster (Hrsg.): Flexible Kinderbetreuung. Dokumentation der Fachtagung vom 31.01.2007. Münster: 39-47.
Seifert, H., 2008: Magazin Mitbestimmung 12/2008. http://boeckler.de/163_93569.html
Stadt Münster (Hrsg.), 2007: Flexible Kinderbetreuung. Dokumentation der Fachtagung vom 31.01.2007. Münster.
Ständige Konferenz der Kultusminister der Länder in der Bundesrepublik Deutschland (KMK) in Gütersloh (13.und 14. Mai 2004): Gemeinsamer Rahmen der Länder für die frühe Bildung in Kindertageseinrichtungen – Ergebnisse der Jugendministerkonferenz.
Statistisches Bundesamt, 2008a: Datenreport 2008. Ein Sozialbericht für die Bundesrepublik Deutschland. Bonn.
Statistisches Bundesamt, 2008: Statistiken der Kinder- und Jugendhilfe. Kinder und tätige Personen in Tageseinrichtungen am 15.03.2007. Wiesbaden.
Statistische Ämter des Bundes und der Länder, 2007: Kindertagesbetreuung regional 2006. Wiesbaden.
Statistisches Bundesamt, 2004: Kindertagesbetreuung in Deutschland 1990 bis 2002. Wiesbaden.
Statistisches Bundesamt, 2003: Bevölkerung Deutschlands bis 2050. 10. koordinierte Bevölkerungsprognose. Wiesbaden.
Stöbe-Blossey, S., 2008a: Auf dem Weg zum Familienzentrum: erste Erfahrungen zu nachgefragten Leistungen. In: KiTa aktuell, Ausgabe NRW, Nr. 17: 155-157.
Stöbe-Blossey, S., 2008b: Gütesiegel für ein breites Leistungsspektrum: Familienzentren in Nordrhein-Westfalen. In: TPS – Theorie und Praxis in der Sozialpädagogik H. 6: 16-19.
Stöbe-Blossey, S., 2008c: Qualitätsentwicklung und Qualitätssteuerung in Familienzentren. In: Hensen, G. / Rietmann, S. (Hrsg.): Tagesbetreuung im Wandel: Das Familienzentrum als Zukunftsmodell. Wiesbaden: 101-120.
Stöbe-Blossey, S., 2008d: Familienzentren in Nordrhein-Westfalen – eine neue Steuerung von niedrigschwelligen Angeboten für Kinder und Familien. In: Diller, A. / Heitkötter, M. / Rauschenbach, T. (Hrsg.): Familie im Zentrum: Kinderfördernde und elternunterstützende Einrichtungen – aktuelle Entwicklungen und Herausforderungen. Wiesbaden: 195-210.
Thoring, W., 2004: Ein Jahr offene Ganztagsschule – Erfahrungen aus der Fachberatung. In: Jugendhilfe aktuell, Nr. 3: 3-7.
Tietze, W. et al., 2008: Evaluierung der Personalausstattung in Kindertageseinrichtungen sowie Struktur und Angebote der Fachberatung für Kindertageseirichtungen und Kindertagespflege in Sachsen. Abschlussbericht. Sächsisches Staatsministerium für Soziales. Dresden.
Trzcinski, E. / Holst, E., 2003: Hohe Lebenszufriedenheit teilzeitbeschäftigter Mütter. Wochenbericht des DIW Berlin, Nr. 35/2003.
Vogelsberger, M., 2002: Kindertagesbetreuung. Paderborn/München/Wien/Zürich.

Wahler, P. / Preiß, C. / Schaub, G., 2005: Ganztagsangebote an der Schule. Erfahrungen, Probleme, Perspektiven. München.

Weber, S. (Hrsg.), 2003: Die Bildungsbereiche im Kindergarten. Basiswissen für Ausbildung und Praxis. Freiburg/Basel/Wien.

Wehrmann, I. (Hrsg.), 2004: Kindergärten und ihre Zukunft. Weinheim/Basel/Berlin.

Wieners, T., 1999: Familientypen und Formen außerfamilialer Kinderbetreuung heute. Vielfalt als Notwendigkeit und Chance. Opladen.

ZEW / IAQ / TNS Emnid, 2007: Evaluation der Experimentierklausel nach §6c SGB II – Vergleichende Evaluation des arbeitsmarktpolitischen Erfolgs der Modelle der Aufgabenwahrnehmung „Optierende Kommune" und „Arbeitsgemeinschaft", Untersuchungsfeld 3: „Wirkungs- und Effizienzanalyse". Unveröffentlichter Zwischenbericht, Mannheim, Gelsenkirchen und Bielefeld, Juni 2007.

Zimmer, A. / Schrapper, C., 2006: Zukunft der Erziehungsberatung. Herausforderungen und Handlungsfelder. Weinheim/München.

Thema Ganztagsbildung

Thomas Coelen / Hans-Uwe Otto (Hrsg.)
Grundbegriffe Ganztagsbildung
Das Handbuch
2008. 992 S. Geb. EUR 59,90
ISBN 978-3-531-15367-4

Ganztagsbildung ist zu einem Schlüsselbegriff in der gegenwärtigen Bildungsdebatte geworden, der neue Perspektiven auf ein umfassendes Bildungsverständnis in der Wissensgesellschaft eröffnet. Er kennzeichnet innovative Kooperationsformen zwischen Schule, Jugendhilfe und anderen soziokulturellen Einrichtungen, mit dem Ziel, allen Kindern und Jugendlichen eine ganzheitliche Erziehung und Bildung zu ermöglichen. Die Grundbegriffe bieten als Handbuch erstmalig einen umfassenden Gesamtüberblick, in dem das Handlungsfeld terminologisch geklärt und systematisch erörtert wird. In ihrer bildungstheoretischen Fundierung und empirischen Verankerung werden Entwicklungen der Ganztagsbildung mit neuen Strukturen einer Politik des gerechten Aufwachsens verbunden und in bildungs- und sozialpolitischen Forderungen konkretisiert.

Peter Bleckmann / Anja Durdel (Hrsg.)
Lokale Bildungslandschaften
Perspektiven für Ganztagsschulen und Kommunen
2009. 276 S. Br. EUR 24,90
ISBN 978-3-531-16354-3

Helmut Fend
Schule gestalten
Systemsteuerung, Schulentwicklung und Unterrichtsqualität
2008. 395 S. Br. EUR 24,90
ISBN 978-3-531-15597-5

Angelika Henschel / Rolf Krüger / Christof Schmitt / Waldemar Stange (Hrsg.)
Jugendhilfe und Schule
Handbuch für eine gelingende Kooperation
2. Aufl. 2009. 780 S. Br. EUR 59,90
ISBN 978-3-531-16373-4

Hans-Uwe Otto / Thomas Rauschenbach (Hrsg.)
Die andere Seite der Bildung
Zum Verhältnis von formellen und informellen Bildungsprozessen
2., erw. Aufl. 2008. 257 S. Br. EUR 24,90
ISBN 978-3-531-15799-3

Anke Spies / Nicole Pötter
Soziale Arbeit an Schulen
Das Handlungsfeld Schulsozialarbeit im Überblick
2009. ca. 200 S. (Beiträge zur Sozialen Arbeit an Schulen Bd. 1) Br. ca. EUR 16,90
ISBN 978-3-531-16346-8

Erhältlich im Buchhandel oder beim Verlag.
Änderungen vorbehalten. Stand: Juli 2009.

www.vs-verlag.de

VS VERLAG FÜR SOZIALWISSENSCHAFTEN

Abraham-Lincoln-Straße 46
65189 Wiesbaden
Tel. 0611.7878-722
Fax 0611.7878-400

Soziale Passagen –
Journal für Empirie und Theorie Sozialer Arbeit

Soziale Passagen

– sind ein interaktives Projekt, das sich den durch gesellschaftliche Veränderungen provozierten Herausforderungen stellt und sich dezidiert als wissenschaftliche Publikationsplattform zu Fragen der Sozialen Arbeit verstehen.

– stehen für eine deutlich konturierte empirische Fundierung und die ‚Entdeckung' der Hochschulen, Forschungsprojekte und Forschungsinstitute als Praxisorte. Sie bieten einen diskursiven Raum für interdisziplinäre Debatten und sind ein Forum für empirisch fundierte und theoretisch elaborierte Reflexionen.

– enthalten in jeder Ausgabe einen Thementeil und ein Forum für einzelne Beiträge. Einen weiteren Schwerpunkt bilden Kurzberichte aus laufenden Forschungsprojekten. Die inhaltliche Qualität ist über ein peer-review-Verfahren gesichert.

– richten sich an Mitarbeiterinnen, Mitarbeiter und Studierende an Universitäten, Fachhochschulen und Instituten sowie an wissenschaftlich orientierte Leitungs- und Fachkräfte in der sozialpädagogischen Praxis.

1. Jahrgang 2009 – 2 Hefte jährlich
www.sozialepassagen.de

Abonnieren Sie gleich!
vs@abo-service.info
Tel: 0611. 7878151 · Fax: 0611. 7878423

Erhältlich im Buchhandel oder beim Verlag.
Änderungen vorbehalten. Stand: Juli 2009.

VS-JOURNALS.DE

Abraham-Lincoln-Straße 46
65189 Wiesbaden
Tel. 0611. 7878 - 722
Fax 0611. 7878 - 400